学校法人
会計入門
第8版

増田 正志【編】

税務経理協会

第8版に向けて

　本書は、学校法人が準拠すべき会計をより平易に解説することを目的として、平成13年に初版を刊行して以来、多くの読者の方に手に取って頂き版を重ねて参りました。第7版では学校法人会計基準の改正を受けて改訂し、その後の委員会報告等の新たな内容を加筆し、併せて自己収入の確保のために活発な活動となってきました学校法人に対する寄附金募集に関して、最近の寄附金税制の改正による新たな展開を追加して第8版を刊行いたしました。

　日本の人口ピラミッドが紙面に載ることが多くなり、少子化が声高に言われて久しい感があります。このことは学校法人の経営にも大きく影を落としており、入学適齢期の生徒・学生が年々少なくなってきています。

　学校法人の経営環境は厳しくなることが予測されますが、建学の精神を守って時代の要請に応え、より良質の教育を提供することで社会から高い評価を受けなければなりません。法人経営の永続性を確保するため、そして父兄を始めとする法人の利害関係者への情報発信のために適正な会計情報を把握する必要があります。その会計処理を律しているのが学校法人会計基準になります。

　本書が、学校法人の経理実務担当者にとって、特色ある会計基準の理解の一助になることを願っております。

平成31年3月　　　　　　　　　　　　　　　編著者　増田正志

はじめに

　日本人は昔から教育には熱心な国民であると言われてきました。その喩(たとえ)としてこのようなことを聞いたことがあります。「かつて南米に入植した日本人が、親は食うや食わずの生活をしていても、子供には教育を付けさせるために都会に出して高等教育を受けさせた。その人たちの多くが、現在南米各国の政財界で活躍している日系人2世、3世になっている。」というのです。

　日本の教育制度では、中学校までが義務教育とされていますが、8割強の生徒が高等学校に進学し、その多くが専門学校や大学に進学しています。前期高齢者となった終戦後のベビー・ブーム世代が高校生時代では、大学進学を希望する人数に比べて大学の入学定員は大幅に少なく、「受験生ブルース」という歌が流行したように、半分以上の高校生が浪人を強いられる状態でした。最近では多くの大学が新増設されたために入学定員は増加し、一方少子化が進んで受験生である高校生が激減しています。希望する者は全員大学に入学できるようになっていますが、その反面各大学は学生の確保のために、魅力のある講座や講義を提供できるように努力しています。併せて、都市圏にある特定の大学に学生が集中しないように定員を厳しく守る旨の指示が文部科学省より発せられている一方、地方の国立大学では定員を確保するのに苦労しています。

　このような環境下で、学校法人の経営は格段に難しい局面を迎えています。学校法人の経営陣である理事会の経営判断を誤らせることの

ないように、学校の財務・経理部署としては、適時に的確な会計情報つまり資金収支バランス、事業活動収支バランス、そして資産、負債と基本金に関する財政状態に係る情報を提供しなければなりません。

　この本は、学校法人の会計実務に従事する初学者を対象として書かれています。一般の企業会計とは異なる学校法人特有の会計処理がありますが、その基礎的な理解の習得を意図して書かれたものです。読者の皆さんが学校会計を勉強される際に、この本がお役に立てば幸いです。

平成31年3月

著者一同

第 8 版に向けて
はじめに

第 1 章　学校会計の意義

1 − 1　学校法人にとっての会計とは……………2
1　学校会計とは　2
2　私立学校の重要性　4
3　学校会計の必要性　7

1 − 2　学校会計の生成……………9
1　「学校法人会計基準」の制定　9
2　「学校法人会計基準」の改正　10
3　「私立学校振興助成法」について　13
4　補助金と監査　15
5　「学校法人会計基準」の適用について　16
6　学校法人会計の予算主義　16

第2章　学校法人における計算書類の作成

- 2－1　計算書類作成の法律的根拠························ 20
- 2－2　学校法人会計の基本原則························· 22
  - 1　真実性の原則（学校法人会計基準第2条第1号）　22
  - 2　複式簿記の原則（学校法人会計基準第2条第2号）　22
  - 3　明瞭性の原則（学校法人会計基準第2条第3号）　23
  - 4　継続性の原則（学校法人会計基準第2条第4号）　23
  - 5　その他の原則（学校法人会計基準第1条第2項）　24
- 2－3　学校法人会計の目的と計算書体系··················· 25
- 2－4　学校法人が作成する計算書類とは··················· 26
- 2－5　資金収支計算書と事業活動収支計算書の関係········ 28
- 2－6　貸借対照表と収支計算書の関係····················· 32
  - 1　資金収支計算書と貸借対照表　32
  - 2　事業活動収支計算書と貸借対照表　32
  - 3　貸借対照表　33
- 2－7　知事所轄学校法人の特例·························· 34
  - 1　学校法人の所轄庁　34
  - 2　知事所轄学校法人に対する特例　34
- 2－8　計算書類の作成期限······························ 36
  - 1　計算書類の作成期限　36
  - 2　所轄庁への提出期限と会計監査　36

第3章　学校法人会計の簿記

- 3－1　簿　　　記······································ 38

1　単式簿記　38
　　　2　複式簿記　38
　3－2　会計上の取引とは･･････････････････････････････ 39
　　　1　取引とは　39
　　　2　会計上の取引の2面性　39
　3－3　仕　　　訳･･････････････････････････････････････ 41
　　　1　仕訳とは　41
　　　2　仕訳の要素　41
　　　3　仕訳の要素の組み合わせ　42
　　　4　要素の8つの組み合わせ　43
　　　5　勘定科目とは　43
　3－4　簿記一巡の手続き･････････････････････････････ 45
　　　1　簿記の流れ　45
　　　2　実際の仕訳　47
　　　3　総勘定元帳への転記　50
　　　4　帳簿体系　52
　　　5　試算表の作成　53
　　　6　精算表の作成　55
　3－5　学校法人会計の特徴･･････････････････････････ 56
　　　1　学校法人会計の簿記の特徴　56
　　　2　企業会計の帳簿体系との違い　56
　　　3　学校会計での元帳の記入　60
　3－6　計算書類の作成：資金収支計算書･････････････ 62
　　　1　資金収支計算書における仕訳　62
　　　2　支払資金とは　62
　　　3　資金収支計算書を作ってみましょう　63

3－7　計算書類の作成：事業活動収支計算書と貸借対照表･･･72
　　1　事業活動収支計算と財産計算における仕訳　72
　　2　事業活動収支計算書の勘定科目　72
　　3　貸借対照表の勘定科目　74
　　4　事業活動収支計算書を作ってみましょう　75

第4章　資金収支計算

4－1　資金収支計算の目的･････････････････････････84
　　1　資金収支計算のイメージ　84
　　2　家計簿と資金収支計算との違い　86
　　3　資金収支計算の目的　87
　　4　支払資金の意味　88
　　5　資金収支調整勘定(資金収入調整勘定と資金支出調整勘定)　89
　　6　資金収支計算書　92
4－2　学生生徒等納付金収入･････････････････････････94
4－3　手数料収入･････････････････････････101
4－4　寄付金収入･････････････････････････104
4－5　補助金収入･････････････････････････107
4－6　資産売却収入･････････････････････････109
4－7　付随事業・収益事業収入･････････････････････112
4－8　受取利息・配当金収入･････････････････････116
4－9　雑　　収　　入･････････････････････････120
4－10　借入金等収入･････････････････････････123
4－11　前受金収入･････････････････････････125
4－12　その他の収入･････････････････････････126

目 次

4 － 13　人件費支出‥‥‥‥‥‥‥‥‥‥‥‥‥‥‥‥ 130
4 － 14　教育研究経費支出と管理経費支出‥‥‥‥‥‥ 134
4 － 15　借入金等利息支出と借入金等返済支出‥‥‥‥ 139
4 － 16　施設関係支出‥‥‥‥‥‥‥‥‥‥‥‥‥‥‥ 140
4 － 17　設備関係支出‥‥‥‥‥‥‥‥‥‥‥‥‥‥‥ 142
4 － 18　資産運用支出‥‥‥‥‥‥‥‥‥‥‥‥‥‥‥ 143
4 － 19　その他の支出‥‥‥‥‥‥‥‥‥‥‥‥‥‥‥ 147
4 － 20　資金収入・支出調整勘定‥‥‥‥‥‥‥‥‥‥ 148
4 － 21　資金収支計算書及び付属する内訳表等‥‥‥‥ 149
　　1　資金収支計算書の作り方　149
　　2　資金収支内訳表の作り方　151
　　3　人件費内訳表の作り方　152
　　4　活動区分資金収支計算書の作り方　152

第 5 章　事業活動収支計算と財産計算

5 － 1　事業活動収支計算と財産計算の目的‥‥‥‥‥ 158
　　1　事業活動収支計算と財産計算のイメージ　158
　　2　事業活動収支計算の目的　159
　　3　財産計算の目的　159
　　4　貸借対照表と財産目録　159
5 － 2　事業活動収入と事業活動支出‥‥‥‥‥‥‥‥ 161
　　1　事業活動収入　161
　　2　事業活動支出　161
　　3　事業活動収支計算　162
5 － 3　資金収入と事業活動収入の違い‥‥‥‥‥‥‥ 164

5	－	4	資金支出と事業活動支出の違い･･････････････ 166
5	－	5	資産、負債及び純資産･････････････････････ 168

 1 資 産 168
 2 負 債 168
 3 純 資 産 168

5	－	6	事業活動収支計算書と貸借対照表･･････････ 170

 1 事業活動収支計算書と貸借対照表の大枠 170
 2 事業活動収支計算書と貸借対照表 170

5	－	7	事業活動収支計算特有の収支･･････････････ 172
5	－	8	減価償却とは･････････････････････････････ 174

 1 減価償却とは 174
 2 価値の減少（減価） 175

5	－	9	減価償却の対象となるもの････････････････ 176
5	－	10	減価償却の方法･･････････････････････････ 178
5	－	11	減価償却額の計算の具体例････････････････ 182
5	－	12	中古資産の耐用年数･･････････････････････ 184
5	－	13	会計年度の途中で取得した固定資産の減価償却･･･ 186
5	－	14	減価償却の計算手法･･････････････････････ 188
5	－	15	減価償却の会計処理･･････････････････････ 190
5	－	16	資産売却差額と資産処分差額･･････････････ 192
5	－	17	退職給与引当金･･････････････････････････ 196
5	－	18	徴収不能引当金と徴収不能額･･････････････ 201
5	－	19	現 物 寄 付･･････････････････････････････ 204
5	－	20	事業活動収支計算書及び附属する事業活動収支内訳表の作り方･･････････････････････････････････ 206

 1 事業活動収支計算書の作り方 206

2　事業活動収支内訳表の作り方　210
5 － 21　**貸借対照表科目の概略**・・・・・・・・・・・・・・・・・・・・・・・・・・・・・・・211
5 － 22　**有形固定資産及び無形固定資産**・・・・・・・・・・・・・・・・・・・212
5 － 23　**ソフトウェア**・・・・・・・・・・・・・・・・・・・・・・・・・・・・・・・・・・・・・・・216
5 － 24　**固定資産の評価**・・・・・・・・・・・・・・・・・・・・・・・・・・・・・・・・・・217
5 － 25　**リース取引**・・・・・・・・・・・・・・・・・・・・・・・・・・・・・・・・・・・・・・・218
　　1　リース取引の種類　218
　　2　リース取引の会計処理　219
　　3　リース物件の固定資産計上額　220
　　4　固定資産に計上されたリース物件の減価償却額　221
5 － 26　**有 価 証 券**・・・・・・・・・・・・・・・・・・・・・・・・・・・・・・・・・・・・・・・222
5 － 27　**貯　蔵　品**・・227
5 － 28　**特 定 資 産**・・・・・・・・・・・・・・・・・・・・・・・・・・・・・・・・・・・・・・・228
5 － 29　**その他の資産**・・・・・・・・・・・・・・・・・・・・・・・・・・・・・・・・・・・230
　　1　収益事業元入金　230
　　2　貸　付　金　230
　　3　前　払　金　230
　　4　未 収 入 金　231
5 － 30　**負債及び純資産**・・・・・・・・・・・・・・・・・・・・・・・・・・・・・・・・・232
　　1　借　入　金　232
　　2　学　校　債　232
　　3　手 形 債 務　232
　　4　未　払　金　232
　　5　前　受　金　233
　　6　預　り　金　233
　　7　基　本　金　233

8　繰越収支差額　233
5－31　貸借対照表及び附属明細表の作り方・・・・・・・・・・・・・　234
        1　貸借対照表の作り方　234
        2　附属明細表の作り方　235

第6章　基本金

6－1　基本金とは・・・・・・・・・・・・・・・・・・・・・・・・・・・・・・・・・・・・・・・　238
6－2　基本金は学校を作る場合の元手・・・・・・・・・・・・・・・・・・　240
6－3　基本金の意義・・・・・・・・・・・・・・・・・・・・・・・・・・・・・・・・・・　241
6－4　基本金の組入対象・・・・・・・・・・・・・・・・・・・・・・・・・・・・　242
6－5　第1号基本金・・・・・・・・・・・・・・・・・・・・・・・・・・・・・・・・・　244
        1　第1号基本金の意義　244
        2　組入対象資産とは　245
        3　基本金への組入れ　246
        4　基本金への組入処理　247
6－6　基本金とリース契約・・・・・・・・・・・・・・・・・・・・・・・・・・　252
6－7　固定資産の基本金組入と減価償却との関係・・・・・・・・　254
        1　基本金組入と減価償却との関係についての疑問　254
        2　疑問に対する解釈　256
6－8　第2号基本金・・・・・・・・・・・・・・・・・・・・・・・・・・・・・・・・・　258
6－9　第3号基本金・・・・・・・・・・・・・・・・・・・・・・・・・・・・・・・・・　262
6－10　第4号基本金・・・・・・・・・・・・・・・・・・・・・・・・・・・・・・・・　264
6－11　基本金の取崩し・・・・・・・・・・・・・・・・・・・・・・・・・・・・・・　269
        1　基本金取崩しとは　269
        2　基本金取崩しの具体例（取崩要因）　271

3　基本金の「組入対象額」と「取崩対象額」の比較　272
　　　4　基本金組入対象資産の除売却に係る基本金の処理類型　273
6 － 12　基本金明細表････････････････････････････････････ 280
6 － 13　基本金に関する管理････････････････････････････････ 282

第7章　注記事項

7 － 1　学校法人会計で記載が求められる注記事項･･････ 286
　　　1　学校法人会計基準の規定　286
　　　2　(通知)による取扱い　286
7 － 2　重要な会計方針の内容･･････････････････････････････ 290
　　　1　重要な会計方針とは　290
　　　2　会計方針の記載内容　290
7 － 3　重要な会計方針の変更等の注記････････････････････ 293
7 － 4　その他財政及び経営の状況を正確に判断するために
　　　必要な事項等･･･････････････････････････････････････ 295
7 － 5　注記事項の記載例････････････････････････････････ 300

第8章　学校法人と税金

8 － 1　学校法人と収益事業･･････････････････････････････ 310
　　　1　学校法人と税金　310
　　　2　収益事業とは　311
8 － 2　私立学校法上の収益事業････････････････････････ 312
8 － 3　税務上の収益事業････････････････････････････････ 314
8 － 4　収益事業の会計処理････････････････････････････ 316

8－5　学校法人にかかる税金の種類 ············· 317
8－6　所得を課税対象としている税金 ············· 318
　1　法　人　税　318
　2　住　民　税　320
　3　事　業　税　320
　4　確　定　申　告　320
8－7　所得以外を課税対象にしている税金 ············· 322
　1　固定資産税　322
　2　事業所税　322
8－8　消　費　税 ············· 323
　1　消費税の考え方　323
　2　消費税法上の課税取引　324
　3　学校にとっての課税取引　325
　4　消費税の会計処理　326
　5　納付すべき消費税額の計算　327
8－9　源泉徴収義務 ············· 331
　1　源泉徴収とは　331
　2　源泉徴収義務　332

補章　寄附金について

補－1　寄附者の税務上の手当 ············· 334
補－2　受配者指定寄付金制度 ············· 336
補－3　財産の贈与又は遺贈 ············· 338

【参考法令】　学校法人会計基準 ············· 343

第1章

学校会計の意義

　学校法人は教育と研究を通して社会に貢献するという崇高な目的を持った組織です。そしてその法人には法人格が付与され、学校を永続的に運営していく責務を負っていますので、法人として健全な財政状態と経営成績を維持していかなくてはなりません。その経営判断に資する財務・会計情報を適時かつ的確に提供するための手段が、会計の大きな役割になります。学校会計の生成とその必要性を理解してください。

第1章 学校会計の意義

1-1 学校法人にとっての会計とは

1．学校会計とは

　学校会計の意義というタイトルから始まりますと、肩が凝るような話が続くのかと思われるでしょう。あえて「学校会計」という言葉で表現しましたが、これに対応する言葉として「企業会計」があります。会計を記録する手法は同じ複式簿記の方法を採りますが、その目的が異なるために作成する計算書類に違いが出てきます。つまり企業会計では利益の稼得を目的にしている企業を対象にしていますので、収益力を示すことが大前提となりますが、学校会計では学校そのものが利益の稼得を目的にはしておりませんので、収益力を示す必要はなく、学校の本文である教育・研究をどのように安定的、永続的に提供しているのか、またできるのかを示すことが会計の役割になります。

　学校法人は会計情報を伝えるために計算書類を作成するのですが、その際に日々の取引を記録し整理する技術、手法が必要になります。それは、家庭で毎日の家計費支出を記録するのと同じです。ここに「簿記」が登場します。パソコンを例に考えてみますと、簿記は取引という経済事象を会計上の記録とするためのソフトウェアになります。言い方を変えますと、簿記とは会計上の共通言語になるのです。ですからこの簿記上の仕訳（処理のことです。）で示しますと、その背後にある取引を推測できるのです（筆者の経験ですが、かつてバングラディシュに仕事に行った際に、会話の内容が分からなかったのですが、会計伝票の仕訳を見て取引の内容が分かりました。）。

簿記と言うと「日商簿記」を思い浮かべますが、学校会計で対象にしている取引は商業を対象にしている簿記とは趣を異にしています。学校法人は非営利法人ですので、営利を目的にしている企業とは異なり、その作成する計算書類も違います。学校法人本来の目的に沿った経営状況を把握するための手法として学校会計が登場するのです。

もちろん、私立の学校ですから、その収入によって学校を維持していかなければなりません。そのために、資金の収入と支出の状況を示す計算書類である「資金収支計算書」と、学校に帰属するいわば収益となる収入とそれに対応する費用である支出を示す「事業活動収支計算書」を作成します。また、年度末の財政状態を示す「貸借対照表」も作成します。この計算書類によって学校法人の財政状態と経営成績が分かるわけですが、その作成する手法は第3章で説明します複式簿記によります。

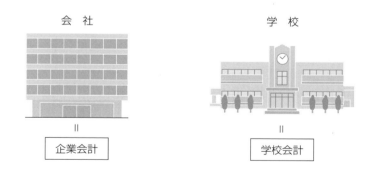

第1章 学校会計の意義

2．私立学校の重要性

　日本の学校制度では、小学校と中学校、学齢ですと満6歳から15歳が義務教育となっており、高等学校及び大学は本人の希望によって進学するものとされています。ただ、最近はほとんどの生徒が高等学校までは進学しており、義務教育化しているのが現状で、その後に大学・短大進学者の進学率が約57.9％で過去最高となり、専門学校進学者が約22.7％に及んでおり、多くの者が高等教育を受けています。

　世界的にも教育熱心な国民性が高等教育機関へ通う学生の多さに現れていますが、彼ら学生に対して教育研究の場を公的分野がすべて提供しているわけではありません。国によっては公的機関のみが高等教育を担っている例もありますが、日本では多くを私立の学校法人が提供しています。このように日本の学校教育制度では、学校法人に負う所が極めて大となっており、社会的な存在意義が認められます。

　日本の学校の現状を見てみましょう。

	学校数			在学者数		
	国公立	私立	計	国公立	私立	計
幼稚園	3,786	6,688	10,474	192,093	1,015,793	1,207,886
小学校	19,661	231	19,892	6,350,070	37,837	6,427,849
中学校	9,492	778	10,270	3,013,358	238,326	3,251,684
高等学校	3,574	1,323	4,897	2,193,504	1,042,637	3,236,141
短期大学	17	314	331	6,221	112,814	119,035
大学	179	603	782	764,436	2,144,700	2,909,135

（文部科学省・平成30年度　学校基本調査（速報値））

1-1　学校法人にとっての会計とは

　義務教育となっている小学校・中学校では在学者数の割合が、国公立の小学校で 98.8％、中学校で 92.7％ と高い率を示していますが、高等学校では 67.8％ となり、私立が 32.2％ となっています。それが大学になると私立の割合が 73.7％ となり、高等教育になるほど学校法人が担っていることが分かります。

	大学			短期大学		
	国公立	私立	計	国公立	私立	計
学校数	179	603	782	17	314	331
増減	1	0	1	−1	−20	−21
学生数	764,435	2,144,700	2,909,135	6,221	112,814	119,035
（％）	26.6	73.4	100.0	5.2	94.8	100.0
増減	3,885	49,722	53,607	−1,167	−16,332	−17,499

（文部科学省学校基本調査・平成 26 年度・平成 30 年度比較）

　大学の増減を見てみますと、平成 26 年（本書の第 7 版）に比べて国公立で 1 校増加、私立では主に看護系の新設と募集停止による減少があり、その増減の結果で±ゼロとなっています。短期大学では国公立で 1 校減、私立では定員未達の学校が多かったために 20 校の減少となりました。一方学生数では進学率の上昇に伴って国公立大学及び私立大学で共に増加しました。それに対して短期大学では平成 4 年をピークに減少が続いています。短期大学が 4 年制の大学に改組していることもこの減少傾向の一因になっています。

　18 歳人口が減少している中で高等教育への志望者は多く、学生数からして学校法人が大きな使命を担っているのは事実です。このことは女性の社会進出も大きく影響しており、大学として女性を意識しな

第1章 学校会計の意義

ければならなくなっています。

　学校法人では、創立者の建学の精神を掲げ、独自の教育理念を持ち、社会に有用な多くの人材を輩出しており、また他の学校にない特色を示して、多様化する学生・生徒のニーズ、そして社会のニーズに応じられるように、その学校教育面での工夫が図られています。

　ただ残念なことは、多くの大学がその独自色や魅力、そして受験生や父兄に対してアピールする機会が乏しいため、新聞広告や交通機関の車内広告、テレビやラジオのスポンサーとなることで多額の費用を支出していることです。この学生募集費用を本来の教育・研究のために支出したのならば、より大きな教育効果が期待できると考えている学校関係者は少なからずおられることと思います。それだけ現在の学校経営にとって学生・生徒の確保が大きな課題となっているということです。

　受験生や保護者にとって志望校を知るための情報としては、「大学

ポートレート」をインターネットで見ることができます。ここでは開示する項目を共通のフォーマットにまとめていますので、私立大学と国公立大学を相互に比較することができます。

3．学校会計の必要性

　学校は教育・研究を通じて人格の形成と知識・能力の育成を担当する、いわば社会システムの一翼を担っている機関です。先生とそして先生が教育を行う施設・設備を備え、良好な教育環境の下で、継続的・安定的に学生・生徒に対して自らの研究成果を以って授業を行わなければならないのです。

　このような学校を人的な面、すなわち教職員に支払う給与や法定福利費等の人件費と、物理的な面、すなわち校舎、研究施設、教育用の機器備品、そして学校に必要不可欠な図書を取得し、教育研究に必要な経費をまかなう経済的な基盤がなければなりません。と言っても、学生やその父兄から多額の授業料を徴収すればいいというわけにはいきません。限られた収入によって一個の社会的存在、いわば公器として社会に受け入れられ、学校の健全な維持、そして学生及び社会が学校教育に求めるサービス、すなわち教育・研究を提供していかなければならないのです。そのためには、場当たり的な経営では学校の存続を危うくしてしまいます。学校経営者が経営状態を的確に把握するために、学校の会計情報が適時に提供されなければなりません。そのために会計が登場するのであり、日々の取引（会計上の動き）を帳簿に記録し、その記録を整理して計算書類を作成することになるのです。

　一般の事業法人（いわゆる会社のこと）では、事業を展開して利益の稼得に最大の努力を払っていますが、そこでも会計記録が重要な経営情報を提供して、会社の舵取りに大いに役立っていますので、この点

第1章 学校会計の意義

においては学校法人も例外ではありません。

　しかし、学校は一般の企業のように利益の稼得を目的にした組織体ではありません。利益追求を目的とするのならば、提供する教育サービスの価値よりも高い料金、つまり授業料を徴収することで高採算を達成し、経営者や出資者に対して大きな利益分配を行うことになるでしょう。巷でよく目にする学習塾や受験予備校の中には、収益性をまず第一に考え、ただちに目に見える形の成果、たとえば資格試験に多くの合格者を出すなどといった結果を、「〇〇大学の合格者××人を！」とか「××試験に〇〇人合格！」といった広告で積極的に生徒や受験生を確保し、学校という組織を経営しているものもあります。

　では、私立の学校法人にとって学校経営はどのようなものなのでしょうか。もちろん営利を目的とはしていませんが、学生の確保・収入の確保は学校の存続のための重要な課題であり、収入と支出のバランスが取れなければ学校を維持することができなくなります。そこで学校法人の経営実態を会計面から把握できるように、一定のルールによって処理することが考え出されました。それが、昭和46年に文部省令によって定められた「学校法人会計基準」です（現在の基準は平成25年に最終改正された文部科学省令第15号となっています。）。

1-2 学校会計の生成

1．「学校法人会計基準」の制定

　我が国の私立学校は、大学及び短期大学で917校、高等学校で1,323校、専修学校2,962校、幼稚園ですと6,688校と、小・中・高以外の学校では国公立を上回っており、我が国の教育の大黒柱となっています。このように教育面で社会的に重要な地位を占めておりながら、寄附行為によって設立されている学校法人の財政基盤は欧米に比べて脆弱な状況にありました。昭和22年の「学校教育法」に続いて昭和24年に「私立学校法」が制定され、私立学校の教育行政に関する法制が整備されました。

　この「私立学校法」で、学校法人の管理面での整備が図られ、毎年3月の決算期後2カ月以内、つまり5月末までに決算を確定し、法人の機関である評議員会への報告を要するとしました（私立学校法第46条）。

　さてここで言っている決算ですが、計算書類を作成するその作成方法が問題となりました。実は第2次大戦終戦後、会計処理に関しては確たるルールがない状態がしばらく続きました。昭和40年代になってから私立学校に対する公費助成の意見が出されましたが、学校法人の経営状態を所轄する官庁において十分に把握できないということが問題になったのです。そこで学校法人の会計処理のルールを定めなければならないという機運が高まり、「学校法人会計基準」が昭和46年に文部省令第18号として制定されたのです。この「学校法人会計基

第1章 学校会計の意義

準」は、学校法人の会計処理及び表示に関しての一定の基準を示したもので、いわば企業会計に関して「企業会計原則」が示されているのと同様、学校会計に関するルールであり、学校の会計に関与する担当者は当然理解しておかなければならない規則です。

2.「学校法人会計基準」の改正

(1) 改正の趣旨

学校法人会計基準が制定されておよそ50年が経過しました。社会・経済状況の大きな変化、様々な会計基準の改正、私学を取り巻く環境の変化等を受けて公教育の一端を担う私立学校の経営状態について社会にわかりやすく説明する仕組みが求められています。こうした趣旨から、主に収支の開示方法を見直した改正が行われ、平成25年4月22日に「学校法人会計基準の一部を改正する省令」（文部科学省令第15号）が公布されました。

(2) 改正の概要

今回の主な改正内容は次の3点です。

① 資金収支計算書の付表として新たに活動区分ごとの資金の流れがわかる「活動区分資金収支計算書」を作成する。
② 経常的収支及び臨時的収支を把握できるように、従前の「消費収支計算書」の名称を変更した「事業活動収支計算書」を作成する。
③ 貸借対照表の一部の勘定科目名及び注記事項を見直した。

(3) 適用時期

改正後の学校法人会計基準の規定は、平成27年度以降の会計処理及び計算書類の作成に適用されています。ただし、知事所轄法人につ

いては平成 28 年度以降に適用されています。

　改正後の学校法人会計基準は、巻末に【参考法令】（文部科学省令第 15 号）として掲載されていますので、この本の中で「学校法人会計基準第××条」と引用されていましたら、巻末を開いて該当する条文を確認されると、理解する手助けになります。また、この基準で定められていない事項については、文部科学省の通知や日本公認会計士協会実務指針等で具体的な指示をしています。

第1章 学校会計の意義

（参考）「学校法人会計基準の一部改正について」（25文科高第90号）
　　　文部科学省

改正の概要

改正内容	関連条文	参照先
資金収支計算書について、新たに活動区分ごとの資金の流れがわかる「活動区分資金収支計算書」を作成する	第14条の2第1項	4-21
従前の「消費収支計算書」の名称を変更した「事業活動収支計算書」について、経常的及び臨時的収支に区分して、それらの収支状況を把握できるようにする	第15条	5-20
現行の基本金組入れ後の収支状況に加えて、基本金組入れ前の収支状況も表示する	第16条第3項	5-20
貸借対照表について、「基本金の部」と「消費収支差額の部」を合わせて「純資産の部」とする	第32条	5-30
第4号基本金について、その金額に相当する資金を年度末時点で有していない場合には、その旨と対応策を注記するものとする	第34条第7項	7-4
第3号基本金について、対応する運用収入を「第3号基本金引当特定資産運用収入」として表示する	第1号様式	4-8
第2号基本金について、対応する資産を「第2号基本金引当特定資産」として表示する	第7号様式	5-27
固定資産の中科目として新たに「特定資産」を設ける	第7号様式	5-27
第2号基本金及び第3号基本金について、組入れ計画が複数ある場合に、新たに集計表を作成する	第10号様式 様式第1の1及び様式第2の1	6-8 6-9
「消費支出準備金」を廃止する	改正前の第21条	―

3.「私立学校振興助成法」について

　昭和30年代後半になると、戦後のベビーブームの世代が高等学校に進学するようになり、その進学率も高くなったため、多くの私立高等学校がその受け皿になりました。当時の東京ですと、都立高校に入るのは極めて難しく、多くの私立高校が生徒を収容しました。ただ、教育機関としてその環境を整えるには財政的に厳しく、父兄の負担だけでは維持するのが難しくなりました。学校法人の財政状態は、教育環境の整備という支出の増大と学生生徒等納付金収入などの伸びが乖離することによって、悪化が進みました。そこで昭和50年に「私立学校振興助成法」が制定され、行政による財政的な援助が行われるようになりました。この法律の目的に「……学校教育における私立学校の果たす重要な役割にかんがみ、国及び地方公共団体が行う私立学校に対する助成の措置について規定することにより、私立学校の教育条件の維持及び向上並びに私立学校に在学する幼児、児童、生徒又は学生に係る修学上の経済的負担の軽減を図るとともに私立学校の経営の健全性を高め、もつて私立学校の健全な発達に資することを目的とする。」(第1条) とされています。

　ではどのような援助が行われるのかと言いますと、「国は、大学又は高等専門学校を設置する学校法人に対し、当該学校における教育又は研究に係る経常的経費について、その2分の1以内を補助することができる。」(第4条第1項) として、文部科学大臣所轄法人に対する援助の方法を規定しています。

　また、知事所轄法人に対しては、「都道府県が、その区域内にある幼稚園、小学校、中学校、高等学校、中等教育学校又は特別支援学校を設置する学校法人に対し、当該学校における教育に係る経常的経費

第 １ 章 学校会計の意義

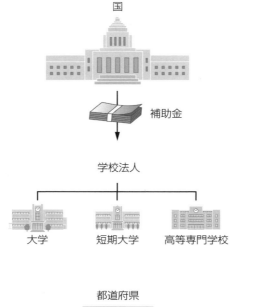

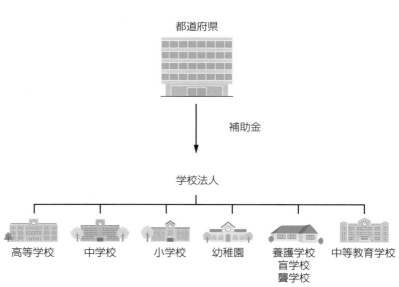

について補助する場合には、国は、都道府県に対し、政令で定めるところにより、その一部を補助することができる。」(第9条)と規定し、文部科学大臣所轄の法人と同様に財政的援助ができることになっているのです。

4．補助金と監査

　3．で「私立学校振興助成法」の制定過程を説明しましたが、公費によって補助金を交付するのですから、交付を受ける学校法人の会計に関するルールを規定しています。「……補助金の交付を受ける学校法人は、文部科学大臣の定める基準に従い、会計処理を行い、貸借対照表、収支計算書その他の財務計算に関する書類を作成しなければならない。」(第14条第1項)としており、この文部科学大臣が定める基準というのが「学校法人会計基準」(文部科学省令第15号)のことなのです。

　つまり補助金の交付申請をする学校法人は、この「学校法人会計基準」に従って会計処理を行い、計算書類を作成しなければならないのです。

　さて、学校法人に国(日本私立学校振興・共済事業団)又は地方公共団体が補助金を交付した場合、その後の調査、つまりこの補助金が本来の目的に使用されたのか否かを調べる必要があります。当然この補助金は国の予算措置によって交付されるものですので、無駄使いや不正に使われたのでは、交付した趣旨が生かされないことになります。過去にはこの補助金の交付を受けていた学校法人が、不適切な支出や不必要な資産の取得をした実例がありました。そこでこの補助金が本来の目的である学校法人の教育・研究活動に適正に使われているかをチェックする必要があります。

補助金を受ける学校法人が所轄官庁に提出する計算書類には「……所轄庁の指定する事項に関する公認会計士又は監査法人の監査報告書を添付しなければならない。」(第14条第3項)とし、外部の第三者であり、職業的専門家の公認会計士又は監査法人の監査を求めているのです。

5．「学校法人会計基準」の適用について

これまでに説明したように、この「学校法人会計基準」は国や地方公共団体の公費による補助金の交付を申請する学校法人が守らなければならない会計基準です。ですから、補助金を受け取っていない学校法人には適用を求めていないことになりますが、学校という非営利事業を行っている法人には、一般企業で採用している「企業会計原則」の適用は現実的ではなく、補助金の申請如何にかかわらず学校法人が遵守する会計基準と言えるでしょう。

ただ、学校法人には収益事業を行うことが許容されています。学校法人が保有する校地に賃貸用ビルを建設して賃貸収益を稼得している実例がありますが、その収益事業に係る会計処理及び計算書類の作成は、一般に公正妥当と認められる企業会計の原則に従うことが求められています(学校法人会計基準第3条：後述の第8章を参照してください。)。

6．学校法人会計の予算主義

学校法人は国又は地方公共団体に対して補助金の交付申請を行うために、「……収支予算書を所轄庁に届け出なければならない。」(私立学校振興助成法第14条第2項)とされています。学校法人の経営は健全性と永続性を強く求められていますので、年度が始まる前に予算を組んで、その予算に従って執行することになります。このことは、行

政と同様であり、目的を定めてその達成のための収支計画を立て、その予算に従って実行することで、その目的としている教育・研究活動を支障なく行うことができるのです。ただ、行政と同じ予算主義とは言っても、実績と予算が完全に一致する例は少なく、収支計算書の表示方法が実績と予算を比較形式で併記していますが、定形的な支出以外ですと一致することは稀と言っていいでしょう。1年前に費用等の支出額を見込んで計画を立てるのですから、1円たりとも差異がないことはありえないことで、当然予実差は生じます（予算と実績が一致するという神業を官庁会計では執行しているのですから信じ難いことです。）。

一般企業においても予算管理をしていますが、学校法人の予算とはその目的とするところが異なり、一般企業の予算では収益面では目標値を定めてその目標値以上の稼得を目指し、費用については予算額を上回らないようにコントロールして、利益の極大化を図りますが、学校法人では当初に予算化した収支額を実行することで、教育・研究活動の質の低下を回避し、一定の水準を保つために予算が使われるのです。したがって、支出予算が余ってしまったということは、当初の計画に従った予算の執行ができていないため、当初計画していた教育・研究水準を維持できていないのではないかとの虞が生じることになります。

第2章

学校法人における計算書類の作成

　学校法人は自らの財政及び経営の状況について真実な情報を開示するために、一定のルールに従って計算書類を作成しなければなりません。このことは、営利を目的にしている一般企業と変わりません。
　その作成手順を理解しましょう。

第 章 学校法人における計算書類の作成

2-1 計算書類作成の法律的根拠

学校法人が計算書類を作成しなければならない根拠としては以下の2つの法令があります。

(1) 私立学校法第46条、第47条に基づくもの
私立学校法

> 第四六条（評議員会に対する決算等の報告）
> 　　理事長は、毎会計年度終了後二月以内に、決算及び事業の実績を評議員会に報告し、その意見を求めなければならない。
> 第四七条（財産目録等の備付け及び閲覧）
> 　　学校法人は、毎会計年度終了後二月以内に財産目録、貸借対照表、収支計算書及び事業報告書を作成しなければならない。
> 2　学校法人は、前項の書類及び第三十七条第三項第三号の監査報告書（第六十六条第四号において「財産目録等」という。）を各事務所に備えて置き、当該学校法人の設置する私立学校に在学する者その他の利害関係人から請求があった場合には、正当な理由がある場合を除いて、これを閲覧に供しなければならない。

このように学校法人は会計年度ごとに計算書類を作成し、評議員会に報告するとともに、各事務所に備え置いて、学生その他の利害関係人の請求に応じて閲覧に供しなければなりません。

(2) 私立学校振興助成法第14条に基づくもの
私立学校振興助成法

> 第十四条（書類の作成等）
>   第四条第一項又は第九条に規定する補助金の交付を受ける学校法人は、文部科学大臣の定める基準に従い、会計処理を行い、貸借対照表、収支計算書その他の財務計算に関する書類を作成しなければならない。
> 2　前項に規定する学校法人は、同項の書類のほか、収支予算書を所轄庁に届け出なければならない。
> 3　前項の場合においては、第1項の書類については、所轄庁の指定する事項に関する公認会計士又は監査法人の監査報告書を添付しなければならない。ただし、補助金の額が寡少であって、所轄庁の許可を受けたときは、この限りでない。

　私立学校振興助成法に基づいて、経常的経費についての補助金を受ける学校法人は、文部科学大臣の定める基準に従って計算書類を作成し、所轄庁に提出しなければなりません。

第2章 学校法人における計算書類の作成

2-2 学校法人会計の基本原則

学校法人会計基準では、以下の4つの基本原則を定めています。

1．真実性の原則（学校法人会計基準第2条第1号）

> 財政及び経営の状況について真実な内容を表示すること。

この原則は会計が目的としている根本的な概念を規定しているもので、次に説明する原則や個々の会計処理のすべてを包括する原則です。

ここでいう「真実」とは、絶対的な真実を示しているのではなく、会計そのものがその社会・時代を反映して適宜対応していく性格を有しているため、その時点で適正と判断される会計処理方法を採用することで、その「真実性」が確保されるのです。いわゆる「相対的な真実性」です。後の章で説明していますが、有価証券の評価方法、図書の処理方法等、会計処理方法の中には複数の処理方法が認められていることがありますが、いずれの処理を採るにしても、それぞれの処理に合理性があれば、採用した方法による会計処理が真実な内容を示していることになるのです。

2．複式簿記の原則（学校法人会計基準第2条第2号）

> すべての取引について、複式簿記の原則によって、正確な会計帳簿を作成すること。

簿記には前にもお話しましたように、単式簿記と複式簿記がありま

す。単式簿記は日本の官庁会計が採用していますが、簡単に言ってしまいますと、信楽焼のたぬきが下げている大福帳が単式簿記の例で、法人化した国の機関である独立行政法人や国立大学法人では複式簿記に変更しています。学校会計でも当初から複式簿記を採用しており、計算書類を作成するためにすべての取引を会計帳簿に記録しています。

3．明瞭性の原則（学校法人会計基準第2条第3号）

> 財政及び経営の状況を正確に判断することができるように必要な会計事実を明瞭に表示すること。

　会計帳簿に記録された種々の取引を、計算書類に反映させ、その計算書類を見る利用者の誤解を招かないように作成することを定めたものです。この原則によって、各計算書類の記載方法、記載する勘定科目名、様式等が定められています。

4．継続性の原則（学校法人会計基準第2条第4号）

> 採用する会計処理の原則及び手続並びに計算書類の表示方法については、毎会計年度継続して適用し、みだりにこれを変更しないこと。

　ある取引について複数の会計処理や表示の方法が認められている場合があることは前述のとおりです。しかし、同一種類の取引を毎期異なる方法で会計処理した場合、同じ取引であるにもかかわらず、異なる結果が記録されることになり、計算書類の利用者が判断を誤る原因になる虞が生じます。計算書類には、各会計年度間の期間比較可能性が求められますので、一旦採用した会計方針及び表示方法は正当な理

由なしに変更してはならないとしているのです。

では、正当な理由ですが、適用される法令の改正、取引の内容が従来に比べて変化した場合、新たな処理方法の登場によってより適切な方法が適用されることになった場合などが考えられ、恣意的に変更することはできないのです。

5．その他の原則（学校法人会計基準第1条第2項）

> 学校法人は、この省令に定めのない事項については、一般に公正妥当と認められる学校法人会計の原則に従い、会計処理を行ない、計算書類を作成しなければならない。

ここで言っている省令は「学校法人会計基準」のことです。この基準に定められていない事項については、日本公認会計士協会の学校法人委員会実務指針や実務問答集、そして企業会計で一般的に採用している会計慣行に従うことになるのです。

学校法人会計の目的と計算書体系

　企業会計の目的は、株主、経営者、債権者、投資家等企業を取り巻く利害関係者に対して、企業の財政状態及び経営成績を明らかにすることです。この目的を達成するために、企業会計では貸借対照表と損益計算書を作成します。

　一方、学校法人会計の目的ですが、法人の財政状態及び収支状況を、学生・生徒、父兄、債権者、公的機関等に明らかにすることです。一見すると企業会計と同じように思いますが、企業が利益の稼得を目的にしているのに対し、学校法人は利益の稼得を目的にするのではなく、教育研究を行う非営利の組織ですので、企業会計で作成している損益計算書は作成しません。学校会計では次の３つの計算書を作ります。

第 2 章　学校法人における計算書類の作成

2-4　学校法人が作成する計算書類とは

　学校法人は文部科学省令で定めている「学校法人会計基準」に従って、次に掲げる計算書類を作成します（学校法人会計基準第4条）。

(1)　**資金収支計算書**

　収支計算書には(2)で示す事業活動収支計算書がありますが、この資金収支計算書は読んで字の如く、資金の動きを示す計算書です。毎会計年度の諸活動に対応するすべての収入及び支出の内容を資金の収支で表すことになります。ここでいう資金とは現金及びすぐに引き出すことができる要求払い預金のことで、支払資金といいます。授業料や寄付金、国等からの補助金、資産の売却、借入金といった収入と、人件費や教育研究経費の支払い以外に、資産の購入や有価証券の購入、長期の定期預金への預入れなどの支出を計上することになります。つまり手元資金の収支を示すことになるのです。

(2)　**事業活動収支計算書**

　学校法人の各活動に対応する事業活動収支の内容を明らかにするとともに、基本金へ組み入れる額を控除した事業活動収支の均衡を明らかにする書類です。学校法人の収支を経常的な収支と臨時的な収支に区分し、経常的な収支をさらに教育活動収支と教育活動外収支に区分し、事業活動別の収支のバランスを把握することができます。

(3) 貸借対照表

貸借対照表は企業会計でも作成されている計算書類で、会計年度末の財政状態を示しています。保有する資産とその財源である負債と純資産を表します。

(4) 内訳表及び明細表

前述の3表にそれぞれ附属する計算書類を作ることになります。内訳表とは収支計算書の部門別の内訳を示すものです。部門とは学校法人が設置する大学の学部ごと、附属学校ごと、附属病院ごとに分けて表示するもので、各部門ごとの収支の状況を示すものです。

活動区分資金収支計算書は、資金収支を3つの活動区分に区分し、活動区分ごとの資金の流れを表すものです。

明細表は貸借対照表の重要な科目についてその明細を示すものです。

資金収支計算書	資金収支内訳表	部門別の資金収支を表示
	人件費内訳表	部門別の人件費を表示
	活動区分資金収支計算書	活動区分ごとの資金の流れを表示
事業活動収支計算書	事業活動収支内訳表	部門別の事業活動収支を表示
貸借対照表	固定資産明細表	固定資産の増減・残高を科目別に表示
	借入金明細表	借入金の増減・残高を長期・短期毎の明細を表示
	基本金明細表	第1号から4号までの基本金の組入状況を表示

なお、学校法人会計基準では作成が求められていませんが、私立学校法では財産目録と事業報告書の作成を求めています（私立学校法第47条）。

第 2 章 学校法人における計算書類の作成

資金収支計算書と事業活動収支計算書の関係

　資金収支計算は、1会計年度内の学校法人の活動による資金の動き、つまり収入額と支出額を把握するものです。一方、事業活動収支計算は1会計年度内の事業活動収入（学校法人の負債にならない収入）と必要経費の負担額を示す事業活動支出の額を把握するもので、その計上内容には同じ収支計算ではありますが、差異が生じることになります。

(1) **収入について**

収入について図表で示してみます。

←──────── 総収入 ────────→	
資金収入	非資金収入
資産売却収入・負債収入	事業活動収入

　資金収入：資金収支計算書に記載する収入額
　事業活動収入：事業活動収支計算書に記載する収入額
　①資金収入＋非資金収入＝総収入
　②総収入－資産売却収入・負債収入（資産の減少又は負債の増加による収入）＝事業活動収入
　非資金収入とは、資金の増加を伴わない収入で、現物寄付金や収入の未収計上額などが該当します。

(2) **支出について**

支出についても図表で示してみましょう。

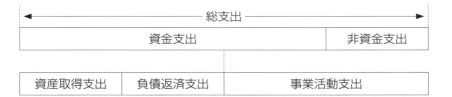

資金支出：資金収支計算書に記載する支出額
事業活動支出：事業活動収支計算書に記載する支出額
①資金支出＋非資金支出＝総支出
②総支出－資産取得支出－負債返済支出＝事業活動支出

非資金支出とは、資金の流出を伴わない支出のことで、減価償却費や退職給与引当金繰入額等が該当します。

資産取得支出とは、資金の流失を伴いますが、費用にはならない支出のことです。

負債返済支出とは、資金の流出となりますが、費用にはならない支出です。

(3) **資金収支計算の重要性**

一般事業会社においても資金管理は重要ですが、学校法人では入金のタイミングが限られており、手元資金の管理が重要となります。学校法人の収入といいますと、授業料、補助金等入金の時期が特定しており、想定外の入金は期待できません。それゆえに手元資金の管理は重要なのです。

第6章で詳しく説明しますが、この支払資金の重要性に鑑み、恒常的に必要な支払資金を基本金に組み入れることになっています。

(4) 事業活動収支計算の重要性

　事業活動収支計算の概要は(1)と(2)の事業活動収入と支出を見てもらうことになりますが、事業活動収支計算書の収入と支出の差額である収支差額は、6つあります。

収支差額名	収支差額の意味するもの
① 教育活動収支差額	経常的な教育活動による収支がどの程度プラスかマイナスかがわかる
② 教育活動外収支差額	経常的な教育以外の活動による収支がどの程度プラスかマイナスかがわかる
③ 特別収支差額	臨時的な収支がどの程度プラスかマイナスかがわかる
④ 経常収支差額	当年度の経常的な活動による収支がどの程度プラスかマイナスかがわかる
⑤ 基本金組入前当年度収支差額	当年度の基本金組入前の収支がどの程度プラスかマイナスかがわかる。
⑥ 当年度収支差額	当年度の基本金組入額を控除した収支がどの程度プラスかマイナスかがわかる。従前の「当年度消費収支超過額」に該当する。

　重要な収支差額の1つとしては、事業活動収入と事業活動支出の差額としての基本金組入前当年度収支差額であり、毎年度の収支バランスを見ることができます。

　もう1つは、基本金組入前当年度収支差額から基本金組入額を加減した当年度収支差額です。基本金組入の詳細については第6章で説明していますが、概略を述べますと、学校にとって欠くべからざる資産が維持できているかを財務的に把握するのが基本金制度であり、短期的にはプラス・マイナスが変動したとしても、長期的には当年度収支差額をバランスさせることになります。

　学校法人会計基準の改正により、毎年度の収支バランスと長期的な

収支バランスの２つの側面から収支バランスを把握することができるようになります。

　この事業活動収支のバランスは、学校法人の経営状況を見る重要な指標となっています。学校法人は、収支均衡を目的としており、収入を使い切って教育・研究のための支出を賄っている状態が望ましいのですが、必ずしもそのようにはなりません。

① プラスの基本金組入前当年度収支差額

　当年度の収支バランスがプラスの状態で、学校法人の経営は安定しているといえます。しかし、このプラスがあまり多額に上りますと、収入に見合う教育・研究がなされていないということになりますので、プラスは事後の年度の支出に充てることになります。

② マイナスの基本金組入前当年度収支差額の場合

　当年度の収支バランスがマイナスの状態で、支出を賄い得る収入がないことを示しており、学校法人の永続性が脅かされることになります。企業会計で考えてみますと、赤字経営ということになり、収支のバランスの回復が必要になります。

③ 当年度収支差額

　学校にとって欠くべからざる資産の取得の状況により、単年度では当年度収支差額がプラスになったり、マイナスになったりしますが、繰越収支差額を長期的には均衡させることが必要となります。

第 2 章　学校法人における計算書類の作成

2-6　貸借対照表と収支計算書の関係

1．資金収支計算書と貸借対照表

　資金収支計算書は今まで説明してきましたように、資金の動きを収入と支出に分けて示しています。その計算構造は、以下のとおりです。

| 当年度資金収入と前年度繰越支払資金 | − | 当年度資金支出 | = | 翌年度繰越支払資金 |

　支払資金は、常時支払可能な現金及び要求払預金で構成されていますので、翌年度繰越支払資金の金額は当該年度の貸借対照表の流動資産の現金預金の金額に一致します。

2．事業活動収支計算書と貸借対照表

　事業活動収支計算書は、事業活動ごとに収入と支出を区分して示しており、以下のとおりです。

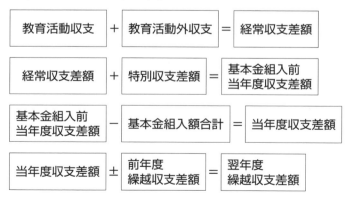

　この翌年度繰越収支差額が、貸借対照表の繰越収支差額の金額に符

合するのです。企業会計の損益計算書の当期純利益が包括利益計算書を通じて貸借対照表の純資産の部の剰余金に符合するのと同じです。

3．貸借対照表

　学校法人の特徴の1つとして、教育研究活動を始め様々な活動を行うために膨大な資産、つまり校地、校舎、研究設備、図書等の固定資産を保有しています。大規模な学校法人ですと、総資産7千億円を超える法人もあります。

　学校法人がどのような資産を保有しているのか、そしてその資産はどのような財源によって取得されているのかを明らかにする計算書が貸借対照表です。財源といいましたが、借入金等の負債なのか、自己財源である基本金なのかを金額的なバランスで、学校法人の財政状態を明らかにしているのです。

```
20××年度資金収支計算書
学校法人           ＊＊＊
収入の部           ＊＊＊
支出の部           ＊＊＊
翌年度繰越         ＊＊＊

20××年度貸借対照表
学校法人           ＊＊＊＊
資産の部           ＊＊＊
現金預金           ＊＊＊
負債の部           ＊＊＊
純資産の部         ＊＊＊
翌年度
繰越収支差額       ＊＊＊

20××年度事業活動収支計算書
経常収支差額       ＊＊＊＊
特別収支差額       ＊＊＊＊
当年度収支差額     ＊＊＊＊
翌年度繰越         ＊＊＊＊
```

第 2 章 学校法人における計算書類の作成

2-7 知事所轄学校法人の特例

1．学校法人の所轄庁

　学校法人を所轄する官庁は、その法人が設置する学校の種類によって文部科学大臣及び都道府県知事になり、私立学校法第4条で次のように定めています。

第1号	私立大学及び私立高等専門学校	文部科学大臣
第2号	上記1号に掲げる以外の私立学校並びに私立専修学校及び私立各種学校	都道府県知事
第3号	上記1号に掲げる私立学校を設置する学校法人	文部科学大臣
第4号	上記2号に掲げる私立学校を設置する学校法人及び私立専修学校又は私立各種学校を設置する学校法人	都道府県知事
第5号	上記1号に掲げる私立学校と2号に掲げる私立学校、私立専修学校又は私立各種学校とを併せて設置する学校法人	文部科学大臣

2．知事所轄学校法人に対する特例

(1)　計算書類の作成に関して、活動区分資金収支計算書及び基本金明細表を作成しないことができます。ただし、高等学校を設置するものにあっては、活動区分資金収支計算書に限り、作成しないことができます。

(2) **高等学校を設置するものを除く知事所轄学校法人には、会計処理について、以下の特例があります。**
① 徴収不能見込額を徴収不能引当金に繰り入れないことができる。
② 恒常的に保持すべき資金の金額に相当する金額の全部又は一部を基本金に組み入れないことができる。

第 章　学校法人における計算書類の作成

2-8　計算書類の作成期限

1．計算書類の作成期限

　学校法人は毎会計年度終了後2月以内に、財産目録、貸借対照表、収支計算書及び事業報告書を作成しなければなりません（私立学校法第47条）。

　会計年度は4月1日に始まり翌年の3月31日に終わります（私立学校法第48条）ので、計算書類の作成期限は5月31日までとなります。ただし、法人内の手続きとして、5月31日までに決算及び事業の実績を評議員会に報告し、その意見を求めなければなりませんので、実質的な作成期限は評議員会の開催日までとなります（私立学校法第46条）。

2．所轄庁への提出期限と会計監査

　学校法人が私立学校振興助成法に基づいて国又は地方自治体から補助金を受け取る場合には、6月30日までに会計監査人（公認会計士又は監査法人）の監査報告書を添付して、所轄庁に提出しなければなりません。

　会計監査と計算書類の作成期限の関係ですが、計算書類は5月末までに作成して、理事会の承認と評議員会への報告をすることになります。会計監査は理事会の承認を受けた計算書類を監査することになります。計算書類の作成は私立学校法、会計監査は私立学校振興助成法によって規定されているため、法律的な根拠が異なることで期限の違いが生じています。

第 3 章

学校法人会計の簿記

　学校法人が行う取引は、簿記という作業で記録されます。この簿記には単式簿記と複式簿記がありますが、学校法人会計では一般の事業会社と同じ複式簿記を採用しています。では、単式簿記はどこで使われているかといいますと、日本の官庁会計で使われていますが、世界的には極めて稀な例で、一般企業をはじめ各国政府などの公的機関のほとんどが複式簿記を採用しており、近い将来には日本の官庁も複式簿記に変わるといわれています。この簿記について初歩から説明します。

第 3 章 学校法人会計の簿記

3-1 簿記

　前にも述べましたが、簿記といいますと日本商工会議所が行っている「日商簿記」を思い浮かべますが、学校会計の簿記とは大きな違いがあります。日商簿記ですと、取引の対象となる商製品の受払記録や売掛金、受取手形、買掛金、支払手形の会計処理が大きなテーマとなりますが、学校会計では商製品の販売、売掛債権の回収、手形の受払いは基本的にはありません。このような点で、学校会計に係る簿記は日商簿記とはその対象とする取引範囲が狭いとも言えますが、一方で日商簿記が貸借対照表と損益計算書を作成するのに対して、学校会計では資金収支計算書、事業活動収支計算書、貸借対照表の作成が求められている点に相違があります。

1．単式簿記

　単式簿記は主に「資金」に着目して記録する方法であり、帳簿間の勘定科目の相関関係や金額的整合性を考慮しない備忘的な記録方法です。例えてみますと、子供の「小遣帳」、家庭の「家計簿」が該当します。冒頭にも述べましたが、企業会計を始め公益法人、独立行政法人、そして諸外国の政府でも複式簿記によって会計記録が取られており、近い将来地方自治体に続いて日本の政府も複式簿記を採用する方向に進んでいます。

2．複式簿記

　企業会計をはじめ多くの分野で採用されている記帳方法で、学校法人会計基準でも採用を規定しています。

3-2 会計上の取引とは

1．取引とは

　簿記の処理の対象を明確にしておきましょう。まず簿記で考えています「取引」ですが、一般的に使っている言葉とやや異なる点があります。商品を販売した場合は当然ですが取引と考えますが、人件費を支払った場合に取引と言うでしょうか。また、火災で建物が消失した場合や保有する有価証券が値下がりして評価損を出した場合、これを取引と言うでしょうか。会計上は財産の増減を伴う事実、もちろん貨幣で測定できるものですが、このことを会計上の取引といいます。

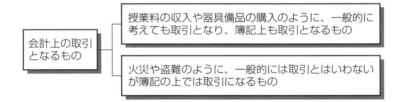

2．会計上の取引の2面性

　複式簿記では、1つの取引を2つの面で捉えることになります。つまりその取引の原因と結果ということです。この2面性を捉えて借方と貸方として記録するのですが、この借方と貸方という言葉の意味をあまり考える必要はありません。元々外来語のDebit（借方）とCredit（貸方）から来ているからです（実は筆者が初めて簿記の勉強を始めたときに、この借方・貸方の意味が分からず、混乱したことを憶えています。）。

第3章 学校法人会計の簿記

例題 具体的な取引を見てみましょう。

① 授業料 1,500,000 円を現金で受け取った。
② 教育用機器備品 500,000 円を現金で購入した。
③ 教職員に給料 5,600,000 円を預金から支払った。
④ 銀行に借入金 3,000,000 円を預金から返済した。
⑤ 国からの補助金 10,000,000 円が預金に振り込まれた。

この取引を、原因と結果の組み合わせで考えてみましょう。

①の取引は、授業料の受け取りという原因と現金が増えたという結果の組み合わせになります。②の取引は、教育用機器備品を購入したという原因で機器備品が増え、現金が減少したという結果になります。

表記してみますと、以下のとおりです。

取引	原因	結果
①	授業料の受け取り	現金の増加
②	教育用機器備品の購入	現金の減少
③	給料の支払い	預金の減少
④	借入金の返済	預金の減少
⑤	補助金の受け取り	預金の増加

このような原因と結果の組み合わせになり、このような考え方で処理するのが複式簿記の考え方です。

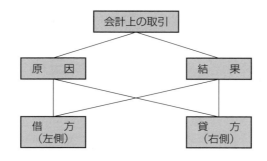

3-3 仕訳

1．仕訳とは

　仕訳で使う借方と貸方については前節で説明しました。仕訳、つまり会計処理の対象となる取引の2面性に着目して、原因と結果の組み合わせで記録していく訳です。

　仕訳とは、発生した様々な取引について、取引の発生した日、借方及び貸方の勘定科目、金額及び取引の内容を会計帳簿や伝票に記録することです。

2．仕訳の要素

　仕訳の始まりはその対象となる取引の内容を分解して、5つの要素に区分することになります。5つの要素とは、資産、負債、資本（学校会計では基本金が該当します。）、収益（同じく学校会計では収入です。）、費用（学校会計では支出です。）です。

① 　資産とは、ある経営主体（ここでは学校法人ですが）が、その活動に役立つ物いわゆる財産をいい、具体的には現金預金を始め土地、建物、構築物、機器備品のような有形資産、借地権、電話加入権、施設利用権のような無形資産で構成されています。学校の教育・研究活動に投下されている財産を示しています。

② 　負債とは、経営に必要な資産を調達するための資金源泉で、将来支払わなければならない義務を会計上認識しているもので、具体的には銀行等からの借入金、物品等の購入による未払金、源泉所得税

等の預り金、そして退職給与引当金等があります。
③　基本金とは学校法人独特の勘定科目で、企業会計の資本金に類似した内容です。学校法人に対する寄付金と事業活動収入から組み入れられた、いわば学校法人の財産の源泉となる基金的なものです（詳しくは第6章で説明します。）。
④　収入とは、一般企業でいう収益であり売上ですが、学校法人では授業料等の学生生徒等納付金、手数料、寄付金、補助金、資産運用収入等の収入になります。
⑤　支出とは、一般企業では売上原価や費用となりますが、学校法人では教職員に対する人件費、教育研究経費、管理経費、借入金等利息、資産処分差額等がこの支出となります。

3．仕訳の要素の組み合わせ

前記の①～⑤の要素は、それぞれホームポジションが決まっています。先に説明しましたように、仕訳は借方と貸方の組み合わせになりますが、それぞれの要素が借方（左側）なのか、それとも貸方（右側）なのかを判断しなければなりません。ここに複式簿記の基本的なルールがあります。①～⑤のホームポジションは、次のようになっています。

借方：左側	貸方：右側
①資　　産	②負　　債
⑤支　　出	③基　本　金
	④収　　入

さて、このホームポジションがどのような意味を持つのかですが、そのホームポジションは資産が増えるのであれば、必ず借方に記載することになります。減少する場合には逆に貸方に記載することになる

のです。支出についても同じで、支出が発生したらその勘定科目は借方に記載します。一方、負債が増加する場合には必ず貸方に記載することになり、減少する場合には借方に記載します。基本金及び収入も負債と同じホームポジションですので、増加の場合には貸方、減少の場合には借方に記載します。

4．要素の8つの組み合わせ

3．の要素によって仕訳を起こす（伝票を書く場合に、起票、伝票を切る、起こすなどといいます。）場合、その組み合わせが決まります。

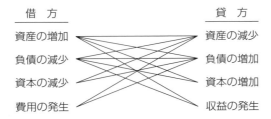

複式簿記による仕訳は、上記の組み合わせのいずれかに該当します（基本金の増減取引については、第6章で説明します。）。

5．勘定科目とは

会計処理をする際に、その取引の内容を明確にするために借方・貸方で使う用語つまり勘定科目を特定しています。学校会計で一般的に使われている勘定科目は、次ページのとおりです。

勘定科目は、原則として収入、支出、資産、負債の各経済実態の内容を表す形態別に設けるのを原則にしています。それは、その計算書類を読む利用者を意識しているためで、勘定科目の名前を見てその内容が分かるものでなくてはならないからです。科目そのものの内容が分からないようでは、計算書類が伝えようとしている会計情報は利用

グループ	主な勘定科目
資産グループ	現金、預金、未収入金、貯蔵品、貸付金、有価証券、土地、建物、構築物、教育研究用機器備品、管理用機器備品、図書、車両、借地権、電話加入権、施設利用権、ソフトウェア
負債グループ	借入金、未払金、前受金、預り金、学校債、退職給与引当金
基本金グループ	第1号～第4号基本金
収入グループ	学生生徒等納付金、手数料、寄付金、補助金、付属事業収入、雑収入、受取利息・配当金、資産売却差額
支出グループ	人件費、教育研究経費、管理経費、徴収不能額、借入金等利息、資産処分差額

者の理解を得られません。

　この形態別分類に対して、その内容の果たすべき機能によって分ける機能別分類又は目的別分類という方法もあります。例えば一定の支出は特定された研究に使われているような場合、「○○研究費」という勘定科目を用いことが考えられます。それは保有する固定資産にもいえることで、「○○研究施設」という名称で表示する方法です。しかし、研究費の具体的な支出内容はこれでは分かりませんし、研究施設がどのような物理的存在なのかも分かりません。

　学校法人会計では、原則として形態別分類によって勘定科目を設けていますが、一部に機能別分類を使っている科目もあります。機器備品を「教育研究用機器備品」と「管理用機器備品」に、その機能に着眼して分けて表示している例もあります。

　学校法人会計では、計算書類に開示すべき勘定科目を「学校法人会計基準」で明示していますので、取引によって発生する科目は、会計基準に従った勘定科目を使用することになります。

3-4 簿記一巡の手続き

1．簿記の流れ

簿記の一連の流れを示しますと、次のようになります。

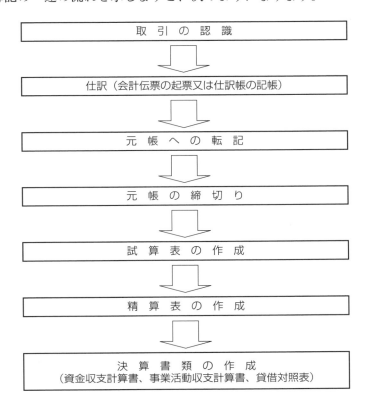

第 3 章 学校法人会計の簿記

　前ページの流れでは、会計上の取引の認識、そして伝票の起票は経理担当者が日々行っている作業ですが、この伝票の内容をコンピューターに入力すると、その先の作業は全て機械的に記録、処理されています。ただ、知っておいて欲しいのは、コンピューターにデータを入力した後は、手作業でやっていたことが機械内で同じように行われているということです。40年前ですと、多くの企業や学校法人では、手作業で毎日記帳が行われていました。その作業をコンピューターのプログラムで処理しているのです。もう一点気を付けて欲しいのですが、会計伝票の内容を一旦入力しますと、あとは機械内で処理されますが、間違った仕訳を入力してもコンピューターはその正否の判断はしません。借方と貸方の金額が不一致であれば、金額不一致としてデータの入力更新ができないように機械的にロックされますが、勘定科目が違っていてもその間違いを指摘はしませんし、借方と貸方を逆に入力してもロックはかかりません。会計システムへの入力には細心の注意が必要になります。データ更新によって帳簿が書き換えられてしまうため、システムへの入力は、データ更新する前に必ずチェックする必要があります。

2．実際の仕訳

では、簿記の入口を入ることにしましょう。いくつかの設例で仕訳をしてみます。

> **例題1**
> 4月10日　学生から授業料 500,000 円を現金で受け取った。

この取引を、前に説明した「取引の2面性」から考えてみると、原因は授業料の受取りです。そして結果は現金の増加です。授業料は収入の発生ですから、ホームポジションは貸方：右側です。現金は資産でその増加ですから、ホームポジションは借方：左側です。つまり、

（原因）学生からの授業料の受取り　──────────▶ 授業料
（結果）現金の増加　──────────────────▶ 現金

そして、

授業料は収入 ──────▶ 収入の発生 ──────▶ 貸方
現金は資産 ──────▶ 資産の増加 ──────▶ 借方

という組み合わせになります。

この結果、取引を仕訳で示してみますと、

| 4月10日 | （借方）現金 | 500,000 | （貸方）授業料 | 500,000 |

となります。

> **例題2**　4月15日　事務用品 100,000 円を現金で購入した。

この取引も2面性を考えてみましょう。取引の原因は事務用品の購入です。そして結果は代金の支払いによる現金の減少です。

（原因）事務用品の購入 ──────────────→ 事務用品費
（結果）現金の減少 ────────────────→ 現金

そして、

事務用品費は支出 ──────→ 支出の発生 ──────→ 借方
現金は資産 ──────────→ 資産の減少 ──────→ 貸方

という組み合わせになります。

取引の仕訳は、

| 4月15日 | （借方）事務用品費 | 100,000 | （貸方）現金 | 100,000 |

となります。

> **例題3** 4月20日　給料800,000円を預金から支払った。

この取引についても従前通り、2面性から考えましょう。原因は給料の支払いで、結果は預金の減少になります。

では、直接仕訳をしてみましょう。

給料の勘定科目は人件費となり、その人件費の支出、つまり借方になりますし、預金から支払ったのですから、預金という資産の減少、つまり貸方になります。

| 4月20日 | （借方）人件費 | 800,000 | （貸方）預金 | 800,000 |

大事なことは、取引によってどのような勘定科目に該当するのか、そしてその勘定科目はどのグループに属するのか。資産か、負債か、収入か、支出か、いずれであるのかを判断しなければなりません（期中の取引で基本金が増減する取引はなく、期末での決算の際に検討してその増加又は減少の会計処理をします。）。

そして、その勘定科目の増加なのか、減少なのか、発生なのかを判断します。

3-4　簿記一巡の手続き

　そこで念頭に置いておかなければならないのは、各グループのホームポジションです。

　簿記の世界ではよく下のようなT字のような表し方をします。このT字の表で各グループの借方・貸方を見てみましょう

資産（ホームポジションは借方）

借方：増加	貸方：減少

負債（ホームポジションは貸方）

借方：減少	貸方：増加

基本金（ホームポジションは貸方）

借方：減少	貸方：増加

　前にも説明しましたが、基本金に関する会計処理は年度末になります。

収入（ホームポジションは貸方）

借方：減少（取消）	貸方：発生（増加）

　収入の減少とは、入金額の返金又は取引の取消・修正が考えられます。

支出（ホームポジションは借方）

借方：発生（増加）	貸方：減少（取消）

　収入又は支出の減少とは、取引の解消・修正などが考えられます。
　各取引を構成する勘定科目がどのグループに属するのかによって、借方・貸方のいずれに仕訳するのかが決まります。
　このような仕訳は、手書きの帳簿を用いた当時には仕訳帳という帳簿に記載していましたが、現在では一般的に会計伝票を用いています。使用する伝票にも大きく分けて2つのパターンがあり、1種類の振替

伝票ですべて起票する場合と、3種類の伝票を用いる場合があります。3種類の伝票を用いる場合は、現金の増減の時に入金伝票と出金伝票、そして現金の増減を伴わない取引に振替伝票を使うことになります。

3．総勘定元帳への転記

　会計処理によって仕訳された取引は、それぞれの勘定科目別に元帳に記帳されます。会計伝票（又は仕訳帳）から元帳に記帳することを転記といいます。

　例題1の伝票を2つの勘定科目に転記してみます。

現　　　金

月	日	摘　　要	借方	貸方	残高
4	1	前期繰越			1,000,000
	10	授業料の入金	500,000		1,500,000

授　業　料

月	日	摘　　要	借方	貸方	残高
4	10	現金入金		500,000	500,000

　例題2の伝票を上記同様に元帳に転記します。

現　　　金

月	日	摘　　要	借方	貸方	残高
4	1	前期繰越			1,000,000
	10	授業料の入金	500,000		1,500,000
	15	事務用品購入		100,000	1,400,000

3-4 簿記一巡の手続き

事務用品費

月	日	摘要	借方	貸方	残高
4	15	現金で購入	100,000		100,000

例題3の取引の伝票を同じように元帳に転記してみましょう。

預　　金

月	日	摘要	借方	貸方	残高
4	1	前期繰越			2,000,000
	20	人件費の支払		800,000	1,200,000

人 件 費

月	日	摘要	借方	貸方	残高
4	20	預金で支払	800,000		800,000

　このような転記は既に説明しましたように、コンピューター内で処理している内容ですから、現在は手作業で元帳に記入することはありません。しかし、システムの中で瞬時に行われている作業を、昔は手作業で経理担当者が元帳に記入していました。次に説明します帳簿体系を見ますと、同じ勘定科目を数種類の帳簿に転記しなければならなかったので、現在の経理事務に係る負担がいかに軽減されたのかが分かります。

　この節のタイトルに「総勘定元帳」と記載しましたが、これはすべての勘定科目についての勘定口座を収録した帳簿で、帳簿組織の中心に位置しています。総勘定元帳を単に元帳と呼ぶ場合もあります。

第 3 章 学校法人会計の簿記

4．帳簿体系

簿記一巡の手続きの中に帳簿のタイトルが出てきていますので、ここで帳簿体系について説明します。

(1) 帳簿の種類

学校法人の帳簿体系は、使用する勘定科目の違いから一般企業とは一部異なるところがあります。また、作成する計算書類の違いから特殊な帳簿が作成されることもあります。例えば、主要簿では「資金収支元帳」や「総勘定元帳」、補助簿では「基本金元帳」又は「基本金管理台帳」、学校会計が予算主義を採用していることを反映して「予算執行管理台帳」又は「予算差引簿」等が考えられます（導入するシステムによって出力される帳票が異なります。）。

(2) 学校法人の帳簿体系

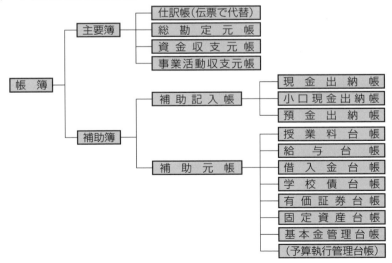

5．試算表の作成

　試算表という新しい名称が出てきましたが、これは Trial Balance の日本語訳で、総勘定元帳に記載したすべての勘定残高を一表にまとめたものです。今までの仕訳で見てきたように、すべての取引は必ず借方の金額と貸方の金額が必ず一致するように仕訳されています。その仕訳を勘定科目ごとに総勘定元帳に転記したのですから、総勘定元帳のすべての勘定科目の借方の総合計額と貸方の総合計額の金額は必ず一致するはずです。もし一致しない場合には、どこかにミスがあったことになります。この試算表を作成することによって、複式簿記の自動チェック機能が働くことになるのです（日商簿記の検定試験で試算表の作成問題がよく出題されますが、試験会場であがってしまい、借方と貸方の合計額が合わないことがあります。どこかが間違っているからです）。

　では、例題1、2、3と下記の前期繰越高を用いて精算表を作成することにしましょう。

前期繰越

現金	1,000,000	基本金	3,000,000
預金	2,000,000		
合計	3,000,000		3,000,000

　この前期繰越高に設例の仕訳を書き入れていくことになります。1～3の仕訳を見てみましょう。

（借方）現金	500,000	（貸方）授業料	500,000
（借方）事務用品費	100,000	（貸方）現金	100,000
（借方）人件費	800,000	（貸方）預金	800,000

第 3 章 学校法人会計の簿記

この3つの仕訳を、合計残高試算表に入れていくことになります。

合計残高試算表

借方		勘定科目	貸方	
残高	合計		合計	残高
1,400,000	1,500,000	現金	100,000	
1,200,000	2,000,000	預金	800,000	
		基本金	3,000,000	3,000,000
		授業料	500,000	500,000
800,000	800,000	人件費		
100,000	100,000	事務用品費		
3,500,000	4,400,000	合　計	4,400,000	3,500,000

　この試算表の金額は各勘定の元帳より転記したものです。
・現金の借方：合計は、前期繰越高 1,000,000 に授業料の入金額 500,000 を足した額です。
　現金の貸方：事務用品費 100,000 の現金による支払いです。
・預金の借方：前期繰越高 2,000,000 です。
　預金の貸方：人件費の預金による支払いです。
・基本金の貸方：前期繰越高の 3,000,000 です。
・授業料の貸方：授業料 500,000 の受取りです。
・人件費の借方：人件費 800,000 の支払いです。
・事務用品費の借方：事務用品費 100,000 の支払いです。

なるほど。
試算表は左右の金額合計が一致するんだ！

6．精算表の作成

5．で作成した試算表をもとに精算表を作ってみましょう。

勘定科目	残高試算表		決算整理記入		事業活動収支計算書		貸借対照表	
現金	1,400,000						1,400,000	
預金	1,200,000						1,200,000	
基本金		3,000,000						3,000,000
授業料		500,000				500,000		
人件費	800,000				800,000			
事務用品費	100,000				100,000			
収支差額						400,000	400,000	
合計	3,500,000	3,500,000			900,000	900,000	3,000,000	3,000,000

　この精算表では、流れを簡略化するために決算整理記入を省略しています。精算表では、残高試算表の数値を受けて、その勘定科目が事業活動収支計算書・貸借対照表のどちらに表示されるのかを見極めて、それぞれの指定位置に数値を移動させるのです。事業活動収支計算書では、収入が授業料500,000に対して支出が人件費800,000と事務用品費100,000の合計900,000ですから、収支差額△400,000となります。貸借対照表では、資産の現金1,400,000と預金1,200,000の合計2,600,000で、基本金が3,000,000です。その差額が収支差額△400,000となります。

　企業会計で考えてみますと、損益計算書で400,000の赤字、貸借対照表の純資産の部に400,000の赤字が計上されることになります。

　この事業活動収支計算書と貸借対照表の関係は、企業会計の損益計算書と貸借対照表の関係に似ています。

第3章 学校法人会計の簿記

3-5 学校法人会計の特徴

1．学校法人会計の簿記の特徴

　学校法人が作成する計算書類には、資金収支計算書、事業活動収支計算書と貸借対照表があることは既に説明しました。いずれも複式簿記による仕訳の記録から作成するのです。ただ、資金収支計算書は支払資金に着目して作成されるのに対して、事業活動収支計算書と貸借対照表は相互に関連し合って作成されることになります。その点では、資金収支計算書は単式簿記的な特徴をもっています。

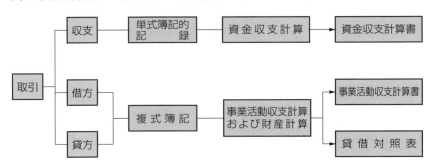

2．企業会計の帳簿体系との違い

　学校法人会計における簿記一巡の手続きは、企業会計のそれと基本的には変わるところはありませんが、上記のように作成する計算書類の違いから、伝票の起票と元帳への転記で多少の工夫が必要になります。
　企業会計では、複式簿記によってすべての取引が起票されて、総勘

定元帳に転記されます。その総勘定元帳の各勘定科目の合計欄を試算表に、そして精算表を作成して、「損益計算書」と「貸借対照表」を作成します（このプロセスはシステム内で自動化されていますが、流れは次のとおりに展開しています。)。

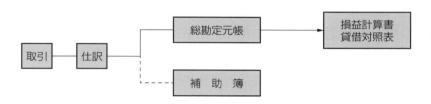

では、学校会計ではどうでしょうか。学校会計で作成しなければならない計算書類は、「資金収支計算書」、「事業活動収支計算書」と「貸借対照表」です。「資金収支計算書」は支払資金の出入りを記録する資金収支元帳から作成されますが、この元帳は総勘定元帳とは記録内容の流れが別になります。支払資金と言っても感覚的に分からないかと思いますので、例をあげますと、

① 固定資産を購入したが代金は未払である
② 銀行より借り入れをした
③ 有価証券を購入した
④ 来年の新入生の授業料を受け取った
⑤ 前年度の未払金を支払った

以上の取引を支払資金の面から考えてみましょう。

① は固定資産を購入して代金を支払うと、資金支出となりますが、代金が未払いですので単に負債が増加するだけで、資金取引にはなりません。
② は銀行から借り入れたのですから、借金をしたのですが、資金が増加するので、資金収入になります。

③ は有価証券に投資したため、手元の支払資金が減少するので、資金支出になります。

④ は来年度の新入生からの授業料の前受けですから負債であって、当期に帰属する授業料ではないのですが、資金の増加になりますので資金収入です。

⑤ は前年度の未払金の支払いで、今年度に発生した負債ではないのですが、資金の減少になりますので、資金支出となります。

このように、支払資金に着目して処理をする必要があります。そこで、作成する帳簿間の流れが変わってきます。

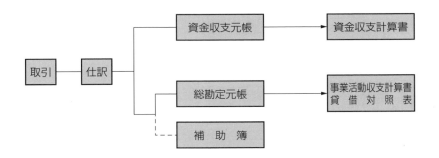

このように、学校法人会計では「資金収支計算」と「事業活動収支計算及び財産計算」の2つの計算体系があるため、それぞれの計算目的の達成のために、日々の取引の伝票起票から元帳転記を別々の流れで捉えることになります。それが「資金収支元帳」と「総勘定元帳」のそれぞれを作成することになるのです。

2つの計算体系の違いから、2つの元帳を作成することになるのですが、取引には資金収支を伴うものと、伴わないものがあります。例えば、固定資産等の減価償却額や退職給与引当金繰入額等のように資金支出を伴わない非資金取引もあります。

資金収支を伴う取引は、同時に事業活動収支計算及び財産計算上の

取引でもありますので、資金収支の伝票起票とともに事業活動収支・財産計算に取り込むことができ、総勘定元帳に記載されます。一方、非資金取引は資金収支元帳には記載されませんが、総勘定元帳に記載されます。

例題1 授業料 500,000 円を現金で収納した。

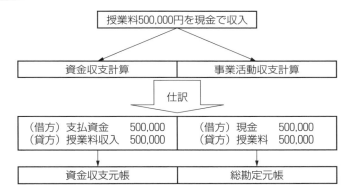

このように、資金収支元帳と総勘定元帳に記載されることになります。では、次の例ではどうでしょう。

例題2 固定資産の減価償却額 200,000 円を計上した。

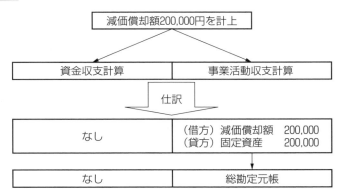

第3章 学校法人会計の簿記

このように、非資金取引では資金収支計算には何も反映されません。

3．学校会計での元帳の記入

学校法人で発生する取引は、授業料や入学金の受取り、人件費や諸経費の支払いなど資金の収支を伴うものが大半を占めます。ところが、これらの取引は同時に事業活動収支取引でもあります。このような点から考えると、資金収支取引と事業活動収支取引を別に処理するのではなく、同時に処理することも考えられます。実際のシステム内の処理は、同じ取引を一方では資金収支取引とし、他方で事業活動収支取引の処理を自動的に起こしています。

2．で示した例題1の仕訳の流れを見てください。1つの取引で資金収支計算と事業活動収支計算の2つの流れに分かれていますが、いずれかの会計伝票を起こすことで自動的に他の会計伝票の仕訳も起こすことができればいいわけです。例題2の取引は資金収支を伴わない取引ですので、それを認識して会計伝票を起票すればいいのです。現在多くの学校法人で使われている財務会計システムでは、入力する勘定科目のコード番号によって会計処理方法が適切に選択されるように

なっています。

　具体的な各帳簿への記入ですが、毎日の資金収支取引すべてを資金収支元帳と総勘定元帳に記載する場合と、日次の取引は資金収支元帳だけに記載し、月次のデータをまとめた月次合計を総勘定元帳に一括振替計上する場合とがあります。いずれの方法を採るかの選択は、会計事務にとって使いやすい方法を選択することになります。学校法人専用の財務会計システムでは、使い勝手を考えたソフトウェアを用意しています。

3-6 計算書類の作成：資金収支計算書

1．資金収支計算書における仕訳

　資金収支計算は、単式簿記的な発想が働いている計算手法であることは先に説明しました。支払資金の収入及び支出を記録して１表にまとめたのが資金収支計算書ですので、現金及び預金を含む出納簿と同じです。出納簿に記入するために敢えて複式簿記を用いなくてもいいのではないかとの考えも当然あるでしょう。しかし、資金収支計算書ではその資金の収支内容を細かく分けて記載することになるため、収入又は支出の相手、つまり収入又は支出の原因を記録しなければならないのです。出納簿の適用欄にその原因を記載していても、大量の取引をその原因別に集計する手間を考えますと、やはり原因と結果を組み合わせる複式簿記の手法を使ったほうが事務効率がいいことに気がつきます。そこで、この資金収支計算においても、複式簿記によって伝票が起票され、資金収支元帳の勘定ごとに原因が記録されることになります。

2．支払資金とは

　資金収支計算書で収支を表している資金を「支払資金」といいます。この支払資金とはどのような範囲を指しているのでしょうか。
　支払資金の具体例や範囲は、通常、学校法人の経理規程等で定めている例が多いのですが、企業会計上での「現金及び預金」の規定は次のようになっています。

現金：小口現金、手元にある当座小切手、送金小切手、送金為替手形、預金手形、郵便為替証書、振替貯金払出証書、期限の到来した公社債の利札その他金銭と同一の性質を持つもの

預金：金融機関に対する預金、貯金及び掛金、郵便貯金、郵便振替貯金、未渡小切手

　企業会計では、満期まで1年を超える預金は固定資産に属するとして、資金とは考えていないのですが、学校会計では特にこの1年超について規定してはいません。ただ、あくまでも支払資金ですから、即支払いに充てることができる預金ということになるでしょう。そこで通常考えられるのは、

　　支払資金の範囲＝現金＋即時換金性及び元本保証されている預貯金
　　　　　　　（銀行等では預金で、ゆうちょ銀行では貯金といいます。）

となります。

3．資金収支計算書を作ってみましょう

　今まで説明してきました簿記の一巡の流れに従って、簡単な取引事例を使って仕訳、資金収支元帳記入、合計残高試算表及び精算表を作成してみましょう。

例題　計算事例ですので、取引金額を少額にしています。
① 期首繰越現金残高200、預金残高4,000
② 授業料800を預金入金で受け入れ
③ 教育用の消耗品150を現金で購入
④ 車両400を購入、代金は未払い
⑤ 預金より現金200を引き出す
⑥ 寄付金300を預金入金で受け入れ

第3章 学校法人会計の簿記

⑦ 受験手数料400を、現金に100、預金に300受け入れ
⑧ 銀行より500借り入れ、預金に入金
⑨ 建物の増築2,000を、現金で100、預金から900、残金1,000は未払い
⑩ 教職員の給与1,200を預金より支払い
⑪ 図書250を預金出金にて購入
⑫ 水道代、電気料金の前期分600を預金より支払い、当期分550は未払い
⑬ 来年度の新入生の入学金900を現金に350、預金に550受け入れ

では、順番に仕訳をしてみましょう。なお、資金取引を前提にしていますので、「現金・預金」という科目名に代えて「支払資金」という勘定科目を使います。

〔仕訳〕

番号	借　　方		貸　　方	
①	支払資金	4,200	前年度繰越支払資金	4,200
②	支払資金	800	授業料収入	800
③	消耗品費	150	支払資金	150
④	車両支出	400	支払資金	400
	支払資金	400	期末未払金	400
⑤	支払資金	200	支払資金	200
⑥	支払資金	300	寄付金収入	300
⑦	支払資金	400	手数料収入	400
⑧	支払資金	500	借入金等収入	500
⑨	建物支出	2,000	支払資金	2,000
	支払資金	1,000	期末未払金	1,000
⑩	人件費支出	1,200	支払資金	1,200
⑪	図書支出	250	支払資金	250
⑫	前期末未払金支払支出	600	支払資金	600
	光熱水費支出	550	支払資金	550
	支払資金	550	期末未払金	550
⑬	支払資金	900	前受金収入	900

解説を加えますと、

④では、車両を購入しますが、代金は未払いですので、一旦購入の事実を支払資金に反映しますが、未払いのため支払資金に戻す処理をしました。

⑨でも、建物を購入しましたが、その代金のうち1,000が未払いですので、支払資金に戻す処理をしています。

⑫では、前期分600を払いましたが、当期の光熱水費ではないので前期末未払金支出とし、光熱水費550は当期分ですので一旦支払資金より支出し、期末未払いですので支払資金に戻す処理をしています。

〔元帳に転記〕

支 払 資 金

①前年度繰越支払資金	4,200	③消耗品費	150
②授業料収入	800	④車両支出	400
④期末未払金	400	⑨建物支出	2,000
⑥寄付金収入	300	⑩人件費支出	1,200
⑦手数料収入	400	⑪図書支出	250
⑧借入金等収入	500	⑫前期末未払金支払支出	600
⑨期末未払金	1,000	⑫光熱水費	550
⑫期末未払金	550		
⑬前受金収入	900		
計	9,050	計	5,150
		翌年度繰越支払資金	3,900
合計	9,050	合計	9,050

⑤の仕訳は支払資金内の取引なので元帳への転記を省略します。

第 3 章 学校法人会計の簿記

前年度繰越支払資金

		①支払資金	4,200

授業料収入

		②支払資金	800

消耗品費

③支払資金	150		

車両支出

④支払資金	400		

期末未払金

		④支払資金	400
		⑨支払資金	1,000
		⑫支払資金	550

寄付金収入

		⑥支払資金	300

手数料収入

		⑦支払資金	400

借入金等収入

		⑧支払資金	500

建物支出

⑨支払資金	2,000		

人件費支出

⑩支払資金	1,200		

図 書 支 出

⑪支払資金	250		

前期末未払金支払支出

⑫支払資金	600		

光熱水費支出

⑫支払資金	550		

前受金収入

		⑬支払資金	900

　以上が資金収支元帳になります。現金と預金の元帳を分けて記帳するのが一般的でしょうが、資金収支を捉えるには現金と預金はともに支払資金を構成しているのですから、敢えて分けずに「支払資金」として処理しています。

　では、次に進みます。

第 3 章 学校法人会計の簿記

〔合計残高試算表の作成〕

合計残高試算表

借方		勘定科目	貸方	
残 高	合 計		合 計	残 高
		授業料収入	800	800
150	150	消耗品費		
400	400	車両支出		
		期末未払金	1,950	1,950
		寄付金収入	300	300
		手数料収入	400	400
		借入金等収入	500	500
2,000	2,000	建物支出		
1,200	1,200	人件費支出		
250	250	図書支出		
600	600	前期末未払金支払支出		
550	550	光熱水費支出		
		前受金収入	900	900
		前年度繰越支払資金	4,200	4,200
	9,050	支払資金	9,050	
3,900	3,900	翌年度繰越支払資金		
9,050	18,100	合　　計	18,100	9,050

〔資金収支計算書の作成〕

　資金収支計算書の雛形は「学校法人会計基準」第一号様式（P. 364）ですが、使う勘定科目名は学校法人会計基準の別表第一（P. 357）に示されており、その概要は次のとおりです。

3-6 計算書類の作成：資金収支計算書

〔資金収支計算科目〕

区　分	勘定科目名	区　分	勘定科目名
資金収入科目	(大科目) 　(小科目) 　学生生徒等納付金収入 　　授業料収入 　　入学金収入 　手数料収入 　　入学検定料収入 　　試験料収入 　寄付金収入 　　特別寄付金収入 　　一般寄付金収入 　補助金収入 　　国庫補助金収入 　　地方公共団体補助金収入 　資産売却収入 　　施設売却収入 　　有価証券売却収入 　付随事業・収益事業収入 　　補助活動収入 　　受託事業収入 　受取利息・配当金収入 　　第2号基本金引当特定 　　資産運用収入 　　第3号基本金引当特定 　　資産運用収入 　雑収入 　　施設設備利用料収入 　　廃品売却収入 　借入金等収入 　　長期借入金収入 　　学校債収入 　前受金収入 　　授業料前受金収入 　　入学金前受金収入 　その他の収入 　　引当特定資産取崩収入 　　前期末未収入金収入 　　貸付金回収収入 　　　　　など	資金支出科目	(大科目) 　(小科目) 　人件費支出 　　教員人件費支出 　　職員人件費支出 　教育研究経費支出 　　消耗品費支出 　　光熱水費支出 　管理経費支出 　　消耗品費支出 　　光熱水費支出 　借入金等利息支出 　　借入金利息支出 　借入金等返済支出 　　借入金返済支出 　　学校債返済支出 　施設関係支出 　　土地支出 　　建物支出 　設備関係支出 　　教育研究用機器備品支出 　　図書支出 　資産運用支出 　　有価証券購入支出 　　第2号引当特定資産繰入支出 　　第3号引当特定資産繰入支出 　その他の支出 　　貸付金支払支出 　　前期末未払金支払支出 　　預り金支払支出 　　前払金支払支出 　　　　　など

第3章 学校法人会計の簿記

では、前記の試算表の残高欄の数値を用いて、資金収支計算書に記入してみましょう。なお、雛形にあります予算欄及び差異欄は省略します。

資金収支計算書

収入の部	
授業料収入	800
手数料収入	400
寄付金収入	300
借入金等収入	500
前受金収入	900
前年度繰越支払資金	4,200
収入の部合計	7,100
支出の部	
人件費支出	1,200
消耗品費支出	150
光熱水費支出	550
建物支出	2,000
車両支出	400
図書支出	250
前期末未払金支払支出	600
期末未払金	△1,950
翌年度繰越支払資金	3,900
支出の部合計	7,100

少ない取引事例によって資金収支計算書を作成してみました。決算修正事項も含んでいましたので、精算表の作成は割愛しています。何か変だと思うところがありますか。

資金収支取引をすべて表示するために、未収・未払・前受・前払の

いわゆる経過勘定を取り込んでいます。したがって、前期の光熱水費の未払金600の支払、次年度の新入生の入学金900の入金、今年度発生した車両購入代金400、建物購入代金1,000、光熱水費550の未払分を一旦支出で計上した上で、未払なので支出額から控除しています。

第3章 学校法人会計の簿記

3-7 計算書類の作成：事業活動収支計算書と貸借対照表

1．事業活動収支計算と財産計算における仕訳

　資金収支計算は支払資金の入出金取引を1表にまとめたもので、複式簿記の手法を使ってはいますが、重点は結果としての資金の動きでした。これに対して事業活動収支計算では原因と結果の組み合わせによって、収支計算と財産計算を同時に行うことになるのです。

　前述のグループ分けの確認ですが、

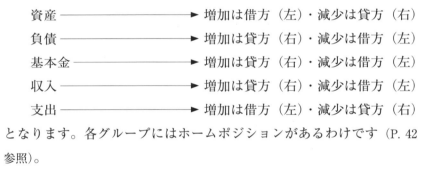

となります。各グループにはホームポジションがあるわけです（P. 42参照）。

2．事業活動収支計算書の勘定科目

　資金収支で使った勘定科目を同じように事業活動収支計算でも使います。ただし、各科目に「収入」又は「支出」が漏れなく付くわけではありません。事業活動収支計算書の雛形は「学校法人会計基準」第五号様式（P. 372）ですが、使う勘定科目名は学校法人会計基準の別表第二（P. 359）に示されており、その概要は次のとおりです。

3-7 計算書類の作成：事業活動収支計算書と貸借対照表

〔事業活動収支計算科目〕

区分	勘定科目名	区分	勘定科目名
教育活動収支			
事業活動収入の部	（大科目） 　（小科目） 学生生徒等納付金 　授業料 　入学金 手数料 　入学検定料 　試験料 寄付金 　特別寄付金 　一般寄付金 　現物寄付 経常費等補助金 　国庫補助金 　地方公共団体補助金 付随事業収入 　補助活動収入 　附属事業収入 雑収入 　施設設備利用料 　廃品売却収入	事業活動支出の部	（大科目） 　（小科目） 人件費 　教員人件費 　職員人件費 　退職給与引当金繰入額 教育研究経費 　消耗品費 　光熱水費 　減価償却額 管理経費 　消耗品費 　光熱水費 　減価償却額 徴収不能額等 　徴収不能引当金繰入額 　徴収不能額
教育活動外収支			
	受取利息・配当金 　第3号基本金引当特定 　資産運用収入 　その他の教育活動外収入 　収益事業収入		借入金等利息 　借入金利息 　学校債利息 その他教育活動外支出
特別収支			
	資産売却差額 その他の特別収入 　施設設備寄付金 　現物寄付 　過年度修正額		資産処分差額 その他の特別支出 　災害損失 　過年度修正額
基本金組入前当年度収支差額			
基本金組入額			
当年度収支差額			
前年度繰越収支差額			
基本金取崩額			
翌年度繰越収支差額			

第3章 学校法人会計の簿記

3．貸借対照表の勘定科目

貸借対照表の雛形は「学校法人会計基準」第七号様式（P.377）ですが、使う勘定科目名は学校法人会計基準の別表第三（P.362）に示されており、その概要は次のとおりです。

〔貸借対照表科目〕

区分	勘定科目名	区分	勘定科目名
資産の部		負債の部	
（大科目）固定資産	（中科目）（小科目）有形固定資産　土地　建物　構築物　教育研究用機器備品　管理用機器備品　図書　車両　建設仮勘定　特定資産　第2号基本金引当特定資産　第3号基本金引当特定資産　（何）引当特定資産　その他の固定資産　借地権　電話加入権　施設利用権　ソフトウェア　有価証券　現金預金　未収入金　貯蔵品	（大科目）固定負債　　　　　　流動負債	（小科目）長期借入金　学校債　長期未払金　退職給与引当金　短期借入金　1年以内償還予定学校債　未払金　前受金　預り金
		純資産の部	
		基本金	第1号基本金　第2号基本金　第3号基本金　第4号基本金
流動資産		繰越収支差額	翌年度繰越収支差額
	など		

4．事業活動収支計算書を作ってみましょう

　前掲の資金収支計算書に倣って事業活動収支計算書を、複式簿記の手順に従って作ってみましょう。取引は資金収支計算書を作成した際の取引を使いますが、事業活動収支計算は財産計算を示す貸借対照表と一体となっていますので、条件を追加することにします。

　前期末の貸借対照表は次のとおりです。

土地	20,000	長期借入金	2,000
建物	12,000	退職給与引当金	5,500
教育研究用機器備品	8,000	未払金	600
図書	4,600	前受金	50
車両	1,100	基本金	40,000
電話加入権	30	翌年度繰越収支差額	1,850
現金預金	4,200		
未収入金	70		
資産合計	50,000	負債及び純資産の部合計	50,000

　期中の取引は次のとおりです。

> 例題

① 期首繰越現金残高 200、預金残高 4,000
② 授業料 800 を預金入金で受け入れ
③ 教育用の消耗品 150 を現金で購入
④ 車両 400 を購入、代金は未払い
⑤ 預金より現金 200 を引き出す
⑥ 寄付金 300 を預金入金で受け入れ
⑦ 受験手数料 400 を、現金に 100、預金に 300 受け入れ
⑧ 銀行より 500 を長期で借り入れ、預金に入金

⑨ 建物の増築 2,000 を、現金で 100、預金から 900、残金 1,000 は未払い
⑩ 教職員の給与 1,200 を預金より支払い
⑪ 図書 250 を預金出金にて購入
⑫ 水道代、電気料金の前期分 600 を預金より支払い、当期分 550 は未払い
⑬ 来年度の新入生の入学金 900 を現金に 350、預金に 550 受け入れ

では、順番に仕訳をしてみましょう。

〔仕訳〕

番号	借 方		貸 方	
①	なし		なし	
②	現金預金	800	授業料	800
③	消耗品費	150	現金預金	150
④	車両	400	未払金	400
⑤	現金預金	200	現金預金	200
⑥	現金預金	300	寄付金	300
⑦	現金預金	400	手数料	400
⑧	現金預金	500	長期借入金	500
⑨	建物	2,000	現金預金 未払金	1,000 1,000
⑩	人件費	1,200	現金預金	1,200
⑪	図書	250	現金預金	250
⑫	未払金 光熱水費	600 550	現金預金 未払金	600 550
⑬	現金預金	900	前受金	900

　資金収支計算での仕訳と原則的には同じですが、支払資金の増減に着目しているわけではないので、その点が事業活動収支計算の方が分かりやすいかもしれません。

3-7 計算書類の作成：事業活動収支計算書と貸借対照表

では、各仕訳を総勘定元帳の該当する勘定科目に転記します。

〔総勘定元帳に転記〕

現 金 預 金

前年度繰越高	4,200	③消耗品費	150
②授業料	800	⑨建物	1,000
⑥寄付金	300	⑩人件費	1,200
⑦手数料	400	⑪図書	250
⑧借入金	500	⑫未払金	600
⑬前受金	900		
計	7,100	計	3,200
		翌年度繰越高	3,900
合計	7,100	合計	7,100

前年度繰越高は前期末の貸借対照表の金額はあるものとして、⑤の仕訳は現金預金内の取引なので元帳への転記を省略します。

授 業 料

		②現金預金	800

消 耗 品 費

③現金預金	150		

車 両

④現金預金	400		

未 払 金

⑫現金預金	600	④車両	400
		⑨建物	1,000
		⑫光熱水費	550

寄　付　金

		⑥現金預金	300

手　数　料

		⑦現金預金	400

長期借入金

		⑧現金預金	500

建　　物

⑨現金預金・未払金	2,000		

人　件　費

⑩現金預金	1,200		

図　　書

⑪現金預金	250		

光熱水費

⑫現金預金	550		

前　受　金

		⑬現金預金	900

　以上が事業活動収支計算の総勘定元帳になります。

　では、期首貸借対照表に期中取引を加えて残高試算表をつくります。期中取引は総勘定元帳の金額を転記します。

3-7 計算書類の作成:事業活動収支計算書と貸借対照表

〔残高試算表〕

勘定科目	期首貸借対照表		期中取引		残高試算表	
土地	20,000				20,000	
建物	12,000		2,000		14,000	
教育研究用機器備品	8,000				8,000	
図書	4,600		250		4,850	
車両	1,100		400		1,500	
電話加入権	30				30	
現金預金	4,200		2,900	3,200	3,900	
未収入金	70				70	
長期借入金		2,000		500		2,500
退職給与引当金		5,500				5,500
未払金		600	600	1,950		1,950
前受金		50		900		950
基本金		40,000				40,000
翌年度繰越収支差額		1,850				1,850
授業料				800		800
消耗品費			150		150	
寄付金				300		300
手数料				400		400
人件費			1,200		1,200	
光熱水費			550		550	
計	50,000	50,000	8,050	8,050	54,250	54,250

これで残高試算表ができました。この残高試算表を出発点にして、精算表を作成してみましょう。

第3章 学校法人会計の簿記

〔精算表〕

勘定科目	残高試算表		事業活動収支計算書		貸借対照表	
土地	20,000				20,000	
建物	14,000				14,000	
教育研究用機器備品	8,000				8,000	
図書	4,850				4,850	
車両	1,500				1,500	
電話加入権	30				30	
現金預金	3,900				3,900	
未収入金	70				70	
長期借入金		2,500				2,500
退職給与引当金		5,500				5,500
未払金		1,950				1,950
前受金		950				950
基本金		40,000				40,000
翌年度繰越収支差額		1,850				1,850
授業料		800		800		
消耗品費	150		150			
寄付金		300		300		
手数料		400		400		
人件費	1,200		1,200			
光熱水費	550		550			
当年度収支差額			400		400	
計	54,250	54,250	1,900	1,900	52,750	52,750

　残高試算表から収支科目を事業活動収支計算書に、財産（貸借）科目を貸借対照表に移動させます。当年度の収支差額は△400でした。

　この精算表の数値をそれぞれ事業活動収支計算書と貸借対照表の雛

形に記入していきます。この雛形では、事業活動収支計算書で収支差額の計算を、

　当年度収支差額±前年度繰越収支差額＝翌年度繰越収支差額

のように表示していますので、この設例の数値を当てはめていきます。

　当年度は収支差額が△400、前年度から繰り越された収支差額 1,850 で、その結果翌年度への繰り越す収支差額は 1,450 となり、この数値が事業活動収支計算書に記載されることになります。

〔**事業活動収支計算書の作成**〕

事業活動収支計算書

教育活動収支	
授業料	800
手数料	400
寄付金	300
教育活動収入計	1,500
人件費	1,200
消耗品費	150
光熱水費	550
教育活動支出計	1,900
教育活動収支差額	△400
当年度収支差額	△400
前年度繰越収支差額	1,850
翌年度繰越収支差額	1,450

第 3 章 学校法人会計の簿記

〔貸借対照表の作成〕

貸借対照表

土地	20,000	長期借入金	2,500
建物	14,000	退職給与引当金	5,500
教育研究用機器備品	8,000	未払金	1,950
図書	4,850	前受金	950
車両	1,500	基本金	40,000
電話加入権	30	翌年度繰越収支差額	1,450
現金預金	3,900		
未収入金	70		
資産の部合計	52,350	負債及び純資産の部合計	52,350

第 **4** 章

資金収支計算

　学校会計では、まず資金の動きを示す書類として、資金収支計算書が作成されます。学校といえども企業と同様に経営をしているわけですから、日々の資金繰りには当然神経を使わなければなりません。学校法人の資金収入は、学生や生徒などからの授業料、国や地方自治体からの補助金、卒業生や教育・研究を援助してくれる方からの寄付金などであり、資金支出は、教職員の人件費や教育研究経費です。

第 4 章　資金収支計算

4-1　資金収支計算の目的

1．資金収支計算のイメージ

　資金収支計算とは、一体どのようなもので、何のために必要なのかを理解するために、基本的なイメージづくりをしましょう。

　資金について一定期間の収入と支出を明らかにし、その結果、手許に現在いくら資金が残っているかを知るために行うものが資金収支計算で、身近なもので考えると家計簿になります。

　皆さんが家計簿を付ける場合、一定期間（1日や1カ月など）の収入がいくらあり、それを食費や水道光熱費など生活に必要な支出にいくら使用し、結果として、手許にお金がいくら残っているかを記録することでしょう。そして、家計簿は月別に比較したり、内容を検討したりすることによって、今後のお金の使い方の参考に役立てようとしているかと思います。

【例】

　あるサラリーマン家庭の、1年間（1月1日～12月31日）の家計簿を例に考えてみます。

　1年間の支出は、食費、水道光熱費、教育費等の生活費として280万円かかりました。この他に、年末になってクレジットカードで30万円のパソコンを買いましたが、カードの支払いは翌年の1月末になっています。なお、毎月1日に支払うことになっている家賃10万円について、翌年の1月分を前もって年末に支払ったため、生活費280万円に含まれています。

4-1 資金収支計算の目的

　このサラリーマンの月給が30万円とすると、1年間の収入は30万円×12ヵ月で360万円です。年初には現金が1万円と預金が9万円で合計10万円（以下、便宜的に現金＋預金を「資金」とします。）あるのみで、他に財産はないものとします。

　この家庭の1年間の資金収支計算をしてみます。

　収入は360万円になります。では、支出はいくらでしょうか。

　生活費の支出は、前もって支払った家賃10万円を含めた280万円です。

　その結果、資金残高は90万円（10万円＋360万円－280万円）となります。

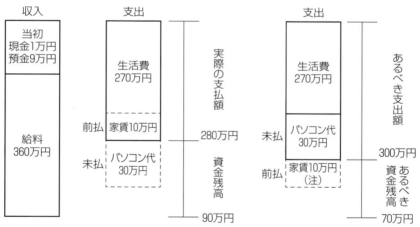

（注）前払家賃は、本来、来年1月に支払えばよいものを、今年の12月に支払ったので、今年に支出すべき額とは考えないことになっています。

2．家計簿と資金収支計算との違い

　一般家庭なら1．で記載した程度のことで十分でしょう。

　でも、本当に今年の支出として扱われるべき金額は、いくらになるでしょうか？

　あるべき支出額は、300万円（実際の支出280万円＋パソコン代30万円－家賃10万円）となります。なぜなら、代金の支払いはまだ終わっていませんが、パソコンは年内に買ってしまっています。また、家賃は来年の1月分に対応するものであり、支払いは終わってもまだ1月が来ていません。支払いという事実ではなく、今年中にいくら支払うべきであったかという観点からは、パソコン代は今年の支出として扱い、家賃は来年の支出とするのが妥当だといえるからです。

　では、あるべき資金残高はいくらになるでしょうか。

　年初資金残高10万円＋収入360万円－あるべき支出額300万円＝資金残高70万円となります。

　これが資金収支計算の基本です。

　学校法人の行う資金収支計算も、基本的な考え方は変わりません。

　特徴を簡潔に述べるならば、資金収支計算は資金（内容は**4-1の4．支払資金の意味**で説明します。）の収支の状況とその結果としての残高という事実を把握するために行う計算方法です。ただし、資金の収支の事実とは、当期の活動に対するあるべき収支の事実であり、結果としての残高の事実とは、あるべき収支の事実の結果としての資金の有高をいいます。

　家計簿のように単純な資金収支だけで完結しないところが、学校法人会計の資金収支計算を難しくしている点であるといえるでしょう。

3．資金収支計算の目的

　学校法人会計基準第6条によると、資金収支計算の目的は「毎会計年度、当該会計年度の諸活動に対応するすべての収入及び支出の内容並びに当該会計年度における支払資金の収入及び支出のてん末を明らかにするため」とされており、2つの目的を挙げています。

① 当該会計年度の諸活動に対応するすべての収入と支出の内容を明らかにする
② 当該会計年度における支払資金の収入と支出のてん末を明らかにする

　学校法人における諸活動とは、当年度の教育研究活動及びこれに付随して行われた活動です。すべての収入と支出とは、当年度の諸活動に対応した、適正な、あるべきすべての収入と支出という意味で、当年度の実際の収支とは若干異なります。これらの諸活動の内容が具体的に分かるように、収支を対応させて資金収支計算をしようというのが第1の意味です。

　また、過年度、当年度、次年度のいずれに属する取引であっても、当年度に支払資金の実際の収支があれば、すべて取り込んでその経緯を示し、支払資金の期末残高を正しく計算すべきである、というのが第2の意味です。

　資金収支計算は当期の諸活動に対する、あるべき資金の収支と残高の事実を明示するために行うものなのです。

第4章 資金収支計算

4．支払資金の意味

　学校法人会計基準第6条では、資金を「支払資金」と呼び、現金及びいつでも引き出すことのできる預貯金と定義しています。一般の家庭であれば、資金とはまず現金であり、広く考えても普通預金くらいでしょうが、学校法人ではもう少し広く資金（＝支払資金）の概念をとらえています。

　「支払資金」という用語は、テクニカル・タームですから、「支払い」という言葉にあまりとらわれる必要はありません。現金やいつでも引き出して支払いに充てることで現金と同等の働きをする預貯金を「支払資金」と定義しただけであり、支払資金には、文字通りの「支払い」だけでなく、当然、「受取り」もあります。支払資金とは、「支払手段として利用できる資金」というくらいの意味と考えてください。

　また、現金といっても通貨だけを指すのではなく、手許にある他人が振り出した小切手、郵便為替証書、振替貯金払出証書などが含まれます。また、預貯金にも、郵便貯金、普通預金ばかりではなく、当座預金や通知預金等も含まれます。

　では、定期預金はどうでしょうか。

　3年定期で、学校法人の意思としても満期まで解約するつもりがな

家計簿で扱う資金よりも学校法人会計で扱う資金の範囲の方が広い。

く、支払資金とするつもりがない、ということであれば支払資金とはなりません。

しかし、通常定期預金はいつでも解約可能であることから、支払資金として使用する可能性があるなら支払資金とすることもできます。支払資金には学校法人会計基準の定義から、必ず支払資金としなければいけないものと各学校法人の裁量に任されているものとがあります。

ただし、預貯金でも通常の支払資金に充てないで、退職給与引当特定資産等のように使途を制限して長期に保有するような預金は、支払資金とは別に管理しなければなりません。

なお、貸付信託など金融商品取引法にいう有価証券に該当するものは、支払資金に該当しないことになります。

5．資金収支調整勘定（資金収入調整勘定と資金支出調整勘定）

(1) 資金収入調整勘定

4-1の3．**資金収支計算の目的**の①で述べた、「当年度の実際の収支とは若干異なる、当年度の諸活動に対応した、あるべきすべての収入と支出」とは具体的にどういうことか考えてみましょう。

例えば、来年度に入学する予定の新入生から受け取った授業料は、当年度のあるべき収入となるでしょうか。

新入生の授業料は、通常入学年度の前年度末までに支払資金（例えば、普通預金）として収納されます。新入生に対する諸活動つまり授業自体は入学した年度から行われるため、実施された授業に対応する収入としては入学した年度（すなわち来年度）の収入とするのが妥当であり、受け取った年度（すなわち当年度）の収入とすべきではありません。

第4章 資金収支計算

　そのため、支払資金を受け入れた年度では前受金収入として処理し、入学年度に授業料収入（仕訳上、貸方に計上すること）として計上するとともに、資金収入調整勘定、具体的には前期末前受金勘定（仕訳上、借方に計上すること）を用いて調整します。

　一方、授業料が未納となった場合はどうでしょうか。

　授業は当年度に行われていますが、支払資金の収納はまだありません。この場合でも、諸活動に対応する収入としては授業の行われた年度の収入とすべきとなります。ただし、実際の支払資金の入金はないため当年度では資金収入調整勘定、具体的には期末未収入金勘定（仕訳上、借方に計上すること）を用いて、入金があった時点で前期末未収入金収入として処理します。

　前年度にあらかじめ受け入れた新入生の授業料のように、当年度の諸活動に対応する収入ではありますが、前年度に支払資金の収納が行われているもの、また、授業料の未収のように、当年度の諸活動に対応する収入であるが翌年度以後の支払資金の収入となるものが、資金収入調整勘定を使用する対象となります。

(2) 資金支出調整勘定

　一方、当年度に納品された図書の代金を前年度に前払いしていた場合には、前年度では前払金支払支出として処理し、当年度では経費支出に振り替えるとともに、資金支出調整勘定で調整します。

　反対に、消耗品を当年度に購入したけれども、支払いが翌年度であり、当年度末現在では未払いとなっている場合には、当年度では、消耗品購入支出として計上するとともに、資金支出調整勘定として期末未払金を計上し、支払いがあった年度で前期末未払金支払支出として処理します。

このように、資金支出調整勘定の対象となるのは、当年度の諸活動に対応する支出であって、支払資金の支払いが前年度以前になされているもの、また、当年度の諸活動に対応する支出であって、支払資金の支出は翌年度以降となるものとなります。

資金収支調整勘定は、支払資金の収支があった時点でその事実を記録する一方で、決算において、その入出金に対応する実際の教育活動が行われた期間に帰属させるために用いるもので、当年度の諸活動に対応した収支関係を実際の支払資金残高に調整するために用いる項目です。

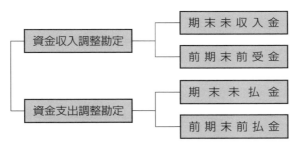

第4章 資金収支計算

6．資金収支計算書

　実際の資金収支計算書のひな形は後で見ることにして、ここでは資金収支計算書の基本構造を勘定形式で見ていきます。

　下の表を参照してください。

資金収支計算書

支払資金の支出 　　当年度の諸活動に対応する実際の支出 　　前払金支払支出 　　前期末未払金支払支出	前年度繰越支払資金 支払資金の収入 　　当年度の諸活動に対応する実際の収入 　　前受金収入 　　前期末未収入金収入
前期末前払金からの振替 期末未払金の計上	前期末前受金からの振替 期末未収入金の計上
（調整勘定） △期末未払金 △前期末前払金	（調整勘定） △期末未収入金 △前期末前受金
翌年度繰越支払資金	

資金収入科目各論

　資金収支計算（書）とは、支払資金の入出金に焦点を当てて学校法人の諸活動をとらえたものです。基本的には、家計簿や小遣い帳を発展させたものとイメージすればいいでしょう。

　第3章で述べたように学校法人会計は複式簿記によって行われますが、資金収支計算は支払資金の収支の流れを中心に考える単式簿記的な考え方に基づいています。この点が、物の流れを中心に考える事業活動収支計算との大きな違いです。

　以下では、学校法人会計基準　別表第一（P. 357）に従って大科目ごとに要点を解説していきます。

　具体的に資金収支計算書に登場する科目の説明になります。

なお、例題では「支払資金」を相手勘定科目として仕訳を作成していますが、便宜的なものであり、実務では「現金」や「普通預金」等の勘定科目で処理されます。

第4章 資金収支計算

4-2 学生生徒等納付金収入

学生生徒等納付金収入の小科目には、以下のようなものがあります。

> 授 業 料 収 入 ⇒ 学生生徒等から徴収する所定の均等額で、学則や校則に基づき募集要項などに記載された教育サービスの対価、聴講料、補講料を含む
> 入 学 金 収 入 ⇒ 入学予定者から入学を条件に徴収する納付金
> 実験実習料収入 ⇒ 実験実習の費用として徴収する収入で、教員資格、その他の資格を取得するための実習料を含む
> 施設設備資金収入 ⇒ 設備拡充費その他施設設備の拡充、維持等のための資金として徴収する収入
> 教 材 料 収 入 等 ⇒ 学則の規定に従って学生生徒等から一律に徴収する項目で、授業などで使用する教材に関する費用とされるもの
> その他、**冷暖房費収入、図書費収入、体育料収入**など

例題 1 一般学生から、現金及び預金で徴収した授業料は、100であった。

| (借) 支 払 資 金 | 100 | (貸) 授 業 料 収 入 | 100 |

4-2 学生生徒等納付金収入

例題2 3月5日に翌年度入学予定者より入学金50を預金で収納した。

なお、翌年度入学予定者より受け取るべき入学金総額は70であり、差額20は入学金の分割納入を認めているため生じた。この差額20は、翌年度9月末に納入された。

3月5日

| (借) 支 払 資 金 | 50 | (貸) 入学金 前受金収入 | 50 |

4月1日（翌年度期首）

| (借) 前期末前受金 | 50 | (貸) 入 学 金 収 入 | 70 |
| 未 収 入 金 | 20 | | |

9月30日

| (借) 支 払 資 金 | 20 | (貸) 未 収 入 金 | 20 |

学生生徒等納付金収入とは、学則に記載されており在学条件として義務的に、また一律に納付されるべきものです。学生生徒等に対する教育サービスの対価として徴収され、学則や募集要項等で所定の均等額を納入すべき旨が記載されており、学生生徒等は所定の期日までに納付するのが原則です。

通常の授業料だけでなく、聴講生から徴収する聴講料や補講料も含まれます。

では、これから学生生徒等納付金についての具体的なケースをあげて考えていきます。

第 4 章 資金収支計算

学生生徒等納付金収入のケース・スタディ

(1) 入学辞退者に対する学納金の返還が年度を越える場合

Q：翌年度入学予定者が入学を辞退してきました。前年度中に受け入れた学納金はどう処理することになるでしょうか。なお、事務処理の都合で返還は翌年度になります。

A：入学試験に合格した者から 3 月末までに入学金や授業料等を受け入れたけれども、後になってその者が入学を辞退した時には、受け入れた年度では「預り金受入収入」に振り替えます。入学金について返還しない旨が規定及び入学案内等に記載されていれば、他の予定者と一緒に受け入れた年度では「入学前受金収入」で処理し、翌年度期首に「入学金収入」に振り替えます（文管振第 158 号）。

例題

3 月 10 日：入学予定者（10 名）より学納金を徴収する。

（借）支 払 資 金	90	（貸）授業料前受金収入	50
		入学金前受金収入	20
		実験実習料前受金収入	10
		施設設備資金前受金収入	10

3 月 22 日：入学予定者（1 名）より入学辞退の申し出を受けた。

| （借）授業料前受金収入 | 5 | （貸）預り金受入収入 | 9 |
| 入学金前受金収入 | 2 | | |

| 実 験 実 習 料
前 受 金 収 入 | 1 |
| 施 設 設 備 資 金
前 受 金 収 入 | 1 |

4月1日：前期に前受処理した学納金を当期の収入として振り替える。

（借）前期末前受金	81	（貸）授 業 料 　　　収　　　入	45
		入 学 金 収　　　入	18
		実 験 実 習 料 収　　　入	9
		施 設 設 備 資 金 収　　　入	9

4月12日：入学辞退者に学納金を返還した。

| （借）預り金支払支出 | 9 | （貸）支 払 資 金 | 9 |

(2) 授業料等の減免を行う場合

Q：授業料等の減免をしたときはどう処理することになるでしょうか。

A：実際に受け入れた金額をそのまま授業料等の学納金として計上するのではなく、次のように処理しなければなりません（学校法人会計問答集（Q&A）第1号）。

① 成績優秀者等に対する減免

一般学生と同額の授業料等を授業料収入他に計上するとともに、減免額を「教育研究経費支出」の「奨学金支出」で処理します。

② 教職員の子弟に対する減免

一般学生と同額の授業料等を授業料収入他に計上するとともに、減免額を「教（職）員人件費支出」または「役員報酬支出」として処理します。これは減免額を教職員給与の追加支給と考えるためです。ただし、人件費支出内訳表では、「その他の手当」また

第 4 章 資金収支計算

は「役員報酬支出」に計上します。

> [例題]

成績優秀者に対し100、教員の子弟に対して50の授業料を免除した。なお、一般の学生に対する授業料は200である。

(借)支 払 資 金	100	(貸)授業料収入	200
奨 学 費 支 出	100		
(借)支 払 資 金	150	(貸)授業料収入	200
教員人件費支出	50		

③ 地方公共団体の助成金による減免

地方公共団体から学生生徒等の父母の授業料の軽減を目的として、助成金を受ける場合があります。この時には、助成金額を「補助金収入」に計上するとともに、直接、同額だけ「授業料収入」を減額します（直接減額法）。

通常の授業料を納付させ、補助金額相当額を父母に返還しても、また、軽減分に相当する授業料を徴収しなくても、処理は変わりません。ただし、計算書類の表示上、間接減額法といって以下のような表示方法も認められています（学校会計委員会研究報告第31号）。

　　授業料収入　　　　　　　　　×××
　　県補助金による軽減額　　　△×××　　×××

(3) **公開講座の講座料について**

Q：学外の一般人を対象とした特別講座を開講した場合、その講座料の処理は授業料収入で処理すればよいでしょうか。

A：大学などで、学外の一般社会人等を対象とした社会人セミナーという講座が開講されることもあります。

　授業料は、学校法人に在籍することを条件に、研究教育活動の対価として学生や生徒などに義務的に納付させる納付金です。公開講座の受講生は学外の一般社会人等が対象です。しかも通常、公開講座は正規のカリキュラムとしては扱いません。

　このような正規の教育カリキュラム以外の特別講座の開講に際して、講座料を徴収している時には、「付随事業・収益事業収入」の部に「講習会等収入」など、適当な小科目により表示します。関連する経費は「管理経費支出」で処理します。

　一般社会人等を対象とした教養講座で、受講料を徴収しないで資料代等の実費額だけを徴収する時には、収入を「付随事業・収益事業収入」の「公開講座収入」とします。また、経費はその収入の内容、程度から「教育研究経費支出」でよいでしょう（学校法人の経営に関する実務問答集（以下、実務問答集とする。）95）。

(4) **校外実習費の取扱い**

　新入生を対象に毎年夏に法人のセミナーハウスに宿泊して、校外実習を行います。全員参加が原則であり、実習終了時には学生に所定の単位が付与されます。授業料等の納付時にその参加費を徴収していますが、預り金として処理している場合について考えてみます。

　一見、修学旅行積立金と同様、預り金処理で良いように思えます。

　正しくは、収入は「授業料収入」、「実験実習料収入」等とし、支出は「教育研究経費支出」の中の適当な小科目（支払いの形態に応じ、校外教育宿泊費支出、旅費交通費支出等）で処理します。なぜなら、校外実習がカリキュラム上必修であり全員参加させるのであれば、実質的

にみて通常の授業や実習となんら変わることがないからです。学生生徒等納付金収入として扱うか否かは、納付金として学則に記載されているか否かを判断基準とします。

その校外実習が任意参加であれば、たとえ全学生生徒等が参加する教育行事でも、学校会計委員会報告第24号の修学（研修）旅行費預り金の処理に準じて取り扱うのが妥当です。

4-3 手数料収入

手数料収入の小科目としては、以下のようなものがあります。

> **入学検定料収入** ⇒ 入学試験、転入学試験のために徴収する収入
> **試 験 料 収 入** ⇒ 学科の移転、追試験等のために徴収する収入
> **証明手数料収入** ⇒ 在学証明、成績証明等の証明のために徴収する収入
> **大学入試センター試験実施手数料収入**
> ⇒ 大学入試センター試験を利用した場合、大学入試センターから受け入れた「試験実施経費」
> その他、**学位審査料収入**など

例題 翌年度入学予定者の選抜試験を実施し、入学検定料100を預金で受け入れた。

(借)支 払 資 金	100	(貸)入学検定料収入	100

　手数料収入とは、一定の用益を提供した対価として徴収した料金です。学校法人が教育研究活動に付随して用益の提供を行って、その対価として学生生徒及びそれ以外の者から徴収したものをいいます。
　手数料は、その用益を提供した時点で収入を計上します。

第4章 資金収支計算

手数料収入のケース・スタディ

(1) 入学検定料収入の計上時期

Q：翌年度の入学予定者を選抜する際に実施する入学試験に関して徴収する入学検定料はいつ計上することになるでしょうか。

A：入学試験の受験生が合格して学校に入学するのは試験実施年度の翌年度なので、翌年度の収入とすればよいというのは誤りです。

　試験という用益は入学試験実施年度に提供されます。したがって、入学検定料はそれを徴収し、試験を実施した年度に計上することになります。

(2) 入学願書が届かない入学検定料の処理

Q：入学検定料は振り込まれたのですが、志願票が届きませんでした。この入金額はどのように処理することになるでしょうか。

A：入学検定料は入金されても受験願書等が届かなかった場合には、入学検定料とは扱わず、雑収入で処理します。受験願書等がないことから受験意思が確認できず、入学検定料収入として計上するには無理があると考えられるからです。

　ただ、実際には時期的にみても金額的にみても常識的に判断して、入学検定料の入金と分かりますから、金額に重要性がなく、継続的に処理することを前提とすれば、入学検定料収入として処理することも妥当と考えます（実務問答集20）。

（借）入学検定料収入　×××　（貸）雑　収　入　×××

(3) 少額の試験料収入の処理

Q：試験料収入が少額なので、その他の適当な科目に含めて処理してもいいのでしょうか。

A：試験料、追試受験料などの試験料収入が少額であっても、学校法人会計基準では小科目として「試験料収入」を記載することになっていますので、額の多寡を問わず「試験料収入」で表示するのが妥当です（実務問答集21）。

(4) 大学入試センター試験に関する収入と支出の処理

Q：大学入試センター試験実施に伴って大学入試センターから「試験実施経費」を受け入れている場合、どう処理すればいいでしょうか。

A：大学入試センター試験に参加している場合、「大学入試センター試験実施経費支出基準」に基づいて大学入試センターから手数料収入を受け入れていれば、「大学入試センター試験実施手数料収入」で処理します。なお、試験の実施にかかる支出については、入学選抜試験に要する支出となるので教育研究費支出で処理することになります（実務問答集22）。

4-4 寄付金収入

寄付金収入の小科目には、以下のようなものがあります。

> **特別寄付金収入**⇒用途指定のある寄付金
> **一般寄付金収入**⇒用途指定のない寄付金

寄付金収入には、土地、建物等の現物寄付を含みません。

例題1 体育館建設資金として、80の寄付を当座預金で受け入れた。当該資金は、翌年度に請負業者に支払われる。そのため、引当特定資産とした。

(借)支払資金	80	(貸)特別寄付金収入	80
(借)体育館建設引当特定資産繰入支出	80	(貸)支払資金	80

例題2 卒業生40人から、現金50が寄付された。

(借)支払資金	50	(貸)一般寄付金収入	50

寄付金収入とは、金銭その他の資産を寄贈者から贈与されたもので、補助金とならないものです（学校法人委員会研究報告第31号）。

寄付金収入は、寄付者が特定の意図（例えば、○周年記念館建設等）をもって寄付したもの、又は学校が用途を指定して募集したものを「特別寄付金収入」、特に用途指定のないものを「一般寄付金収入」と

します。

　寄付金収入は、寄付として金銭その他の資産を受け入れた日の属する会計期間の収入として処理します。なお、寄付はその性質上、義務ではなく寄付者の自由な意思によって行われるものですから、予定や見込みなどによって未収入金を計上することは認められません。

　ただし、翌年度入学予定者に係る寄付金収入については、受領年度で前受金収入とし、翌年度の事業活動収入とすることもできますが所轄庁の指示がある場合に限られます。

　後述する事業活動収支計算項目には「現物寄付」というものがあります。寄付は大部分が金銭で行われますが、建物や土地、時には株式をはじめとする有価証券等を寄付されることもあります。このような現物を寄付された場合には、資金収支計算書には計上されません。なぜなら寄付が行われてもこれら現物の収受については、資金収支計算書の記録対象となる支払資金の入出金がないからです。

　学生生徒等納付金収入との関係で会計処理上問題となるのは、主に入学時に収納する協力金、特別施設費等になります。この点について、「学則、校則又は学生生徒等の募集要項等に所定の均等額を納入すべき旨が記載されているものに限り、学生生徒等納付金として処理し、その旨が記載されていない場合には寄付金収入」として処理します。また、「所定の均等額を納入すべき旨」とは、「1人当たりの納入額が一定しており、かつ、均等額を納入すること」でなければなりません。したがって『協力金の名目で募集要項等に記載されていたとしても、例えば1口いくらで1口以上の協力金等を納入すべき旨が記載されている』場合には、学生生徒等納付金収入ではなく寄付金収入として処理することに気を付ける必要があります（学校法人委員会研究報告第31号）。

第4章 資金収支計算

寄付金収入のケース・スタディ

特別寄付金で年度末に未使用額がある場合

　特別寄付金は寄贈者の意思等により、校舎建設など使途が既に決まっているものですから、必ずしも年度末に全額を消化できているとは限りません。このような場合、この残額を預り金で処理して翌期に繰り越してよいかどうかが問題となります。

　寄付金を計上すべき年度は、原則として寄付金を受け入れた日の属する年度です。このことは一般寄付金であろうと、特別寄付金であろうと変わりありません。したがって、次年度に繰り越すために預り金で処理することは認められません。

　特別寄付金のうち会計年度末に未使用額がある場合、翌年度に繰り越すためには、残額を特定資産として貸借対照表に計上します（実務問答集25）。

受領日：

| （借）支　払　資　金　×××　（貸）特別寄付金収入　××× |

年度末：

| （借）○○特定資産　×××　（貸）支　払　資　金　××× |

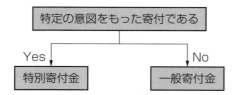

4-5 補助金収入

補助金収入の小科目には、以下のようなものがあります。

> **国庫補助金収入**⇒国からの助成金で、直接交付だけではなく間接交付も含みます。また、日本私学振興・共済事業団からの補助金も含みます。
>
> **地方公共団体補助金収入**⇒地方公共団体からの助成金で、直接交付だけではなく間接交付も含みます。
>
> その他、**学術研究振興資金収入、日本国際教育協会援助金収入**など

例題1：3月20日　施設設備費補助金として400、研究設備等補助金として200の国庫補助金の決定通知を受けた。

3月28日　施設設備費補助金400が入金された。

3月31日　研究設備等補助金200は、まだ入金されていない。

3月20日

| （借）期末未収入金 | 600 | （貸）国庫補助金収入 | 600 |

3月28日

| （借）支　払　資　金 | 400 | （貸）国庫補助金収入 | 400 |

3月31日（3月28日計上分の修正）

| （借）国庫補助金収入 | 400 | （貸）期末未収入金 | 400 |

第4章 資金収支計算

　補助金収入とは、国又は地方公共団体からの助成金をいい、日本私立学校振興・共済事業団及びこれに準ずる団体からの助成金を含みます。日本私立学校振興・共済事業団及びこれに準ずる団体からの助成金は、国又は地方公共団体からの資金を原資とする間接的助成金のことです（学校会計委員会研究報告第11号）。

　収入は、国や地方公共団体からの交付決定通知日付の属する期間に計上します。期末時に入金がなされていなくても、年度末までの日付で交付決定があれば、未収入金として計上しなければなりません。

> 補助金収入のケース・スタディ

(1) 帰国子女教育研究協力校への補助金

　文部科学省から帰国子女教育研究協力校の指定を受けている場合、諸謝金や委員等旅費を領収します。

　諸謝金である研究協力校謝金は、国の行政機関である文部科学省から受けるのですから国庫補助金収入で処理します。

　一方、委員等旅費は直接個人に対する助成金ですので、学校法人の収入として処理するのは適切とはいえません。事前に入金した時には預り金とし、事前に支払う時には立替金とします。

(2) 科学研究費補助金の受入

　文部科学省等から科学研究費補助金の入金があった場合には、預り金収入として処理します。これは、科学研究費補助金が研究者や研究グループに交付されるものだからです（実務問答集34）。

(3) 学生生徒等の学費負担軽減のための補助金の処理

　4-2 学生生徒等納付金収入のケース・スタディの(2)③をご覧ください。

4-6 資産売却収入

資産売却収入の小科目には、次のようなものがあります。

> **施設売却収入**⇒帳簿残高のある不動産等（土地、建物、構築物等）の売却による収入（土地、建物一括売却の場合に使用）
> **設備売却収入**⇒帳簿残高のある備品、図書、車両等の動産や、電話加入権その他の無形固定資産等の設備売却による収入（複数の設備を一括売却した場合に使用）
> その他、**有価証券売却収入、土地売却収入、機器備品売却収入、図書売却収入**等

例題 帳簿価額600の土地を950で売却し、代金は普通預金に振り込まれた。

|（借）支 払 資 金|950|（貸）土地売却収入|950|

例題 取得価額120の株式を100で売却し、代金は普通預金に入金された。なお、当該株式は、資金運用のため一時的に保有していたものである。

|（借）支 払 資 金|100|（貸）有価証券売却収入|100|

資産売却収入とは、帳簿残高のある固定資産の売却による収入をいいます。固定資産であっても耐用年数が到来し、減価償却が終了して

簿外（現物は存在していても、帳簿上残高がゼロとなっているもの）となったものや、固定資産に含まれない少額な物品を売却して得た収入は雑収入に計上します。

　資産売却収入の小科目として、施設売却収入、設備売却収入が例示されていますが、土地や建物等固定資産を売却した場合には、資金収支計算書上、具体的な小科目名を使用するのが一般的です。固定資産を売却する取引は学校法人の本来の目的ではなく、金額も多額となることが多いので、資金収支計算書の読者にどんな資産を売却して収入を得たのかを明瞭に知らせるためです。

　建物を売却した時には「建物売却収入」、機器備品を売却した時には「機器備品売却収入」として表示します。また、特定資産以外の有価証券を売却した場合には「有価証券売却収入」として処理し、「社債売却収入」、「株式売却収入」などとはしないのが一般的です。

　また、補助活動事業に係る棚卸資産を売却した時は「補助活動収入」で処理し、貯蔵品の売却による収入は「雑収入」とします。なぜなら、これらの資産は固定資産に該当しないからです。ただし、流動資産に分類された有価証券を売却した時には、当該有価証券は固定資産に含まれていませんが、資産売却収入で処理されます。

　なお、有価証券売却に要する売却手数料は収入と相殺して手取金額を収入とします。

資産売却収入のケース・スタディ

特定資産の有価証券を売却した時の処理

　特定資産に含まれている公社債や株式などの有価証券を売却した場合には、有価証券売却収入で処理するのが原則です。ただし、「その他の収入」（大科目）で、元本部分を「～引当特定資産取崩収入」、売

却額と元本部分の差額を「受取利息・配当金収入」（大科目）の「その他の受取利息・配当金収入」で処理することも多いようです。なお、第3号基本金引当特定資産に係る運用収入については、**4-8 受取利息・配当金収入**を参照してください。

4-7 付随事業・収益事業収入

付随事業・収益事業収入の小科目には、次のようなものがあります。

> **補 助 活 動 収 入**⇒食堂、売店、寄宿舎等教育活動に付随する活動に関する事業の収入
> **附 属 事 業 収 入**⇒附属機関（病院、農場、研究所等）の事業の収入
> **受 託 事 業 収 入**⇒外部から委託を受けた試験、研究等による収入
> **収 益 事 業 収 入**⇒収益事業会計からの繰入収入
> **補助活動事業収入**⇒後述
> **医 療 収 入**⇒大学の附属病院からの医療収入

例題 補助活動による売上高300、仕入高は250である。

〜売上の処理〜

(借)支 払 資 金	300	(貸)補 助 活 動 収 入	300

〜仕入の処理〜

(借)補 助 活 動 仕 入 支 出	250	(貸)支 払 資 金	250

付随事業・収益事業収入とは、教育研究活動に付随して学校法人が行う事業から生ずる収入です。大きく2つに分けて考えられます。

① 付随事業収入（補助活動収入、附属事業収入、受託事業収入）

研究教育活動の一部分あるいは、教育研究活動に付随して行われる事業からの収入です。

② 収益事業収入

収益獲得を目的として営まれる事業から生ずる収入です。

> 付随事業・収益事業収入のケース・スタディ

(1) 補助活動収入とは

　計算書類に記載する金額は、収入と支出とを相殺しないで総額で表示するのが原則ですが、補助活動は本来の教育研究活動ではありませんので、収入と支出とを相殺し純額で表示する方法も認められています（「学校法人会計基準第5条」但し書）。

　補助活動とは、食堂、売店、学生寮、スクールバスなど教育に付随する活動によって得られた収入をいいます。

　補助活動については、私立学校法第26条の収益事業に該当しなくても税法上収益事業とみなされる場合、又は予算管理上等の目的から、期中では特別会計として区分して会計処理している場合には、年度末に計算書類を作成するに際しては一般会計と合算しなければなりません。

　ちなみに、税法上の収益事業とは、「販売業、製造業その他の政令で定める事業で、継続して事業場を設けて営まれるものをいう。」（法人税法第2条第1項第13号）とされ、私学法上の収益事業の大部分が含まれます。つまり、原則として法人税等の課税対象となります。

　補助活動と収益事業との違いは、学校法人の根本規則たる寄附行為に規定されているか否かによります。寄附行為に当該事業を収益事業として規定していれば、当該収益事業会計から学校法人への繰入れは収益事業収入として扱われ、そうでない場合は補助活動収入となりま

す。

なお、収益事業会計は学校法人会計から区分して（私立学校法第26条第3項）、一般に公正妥当と認められる企業会計の原則に従って行われます（学校法人会計基準第3条）。

補助活動に係る科目処理

① 総額表示による記載科目の例

収支の内容	大 科 目	小 科 目
売上高	付随事業・収益事業収入	補助活動収入
雑収入（販売手数料等）	付随事業・収益事業収入	補助活動収入
受取利息	受取利息・配当金収入	その他の受取利息・配当金収入

売上原価	管理経費支出	補助活動仕入支出
給与	人件費支出	職員人件費支出等
諸経費	管理経費支出	各小科目
教育の一環として全寮制をとっている場合の経費	教育研究経費支出	各小科目

② 純額表示による記載科目の例

収支の差額	大 科 目	小 科 目
収入超過の場合	付随事業・収益事業収入	補助活動収入
支出超過の場合	管理経費支出	補助活動支出
教育の目的として行われる活動	教育研究経費支出	補助活動支出

(2) 附属病院からの収支の会計処理

大学の附属病院の医療にかかる収入については、他の一般の付随事業・収益事業収入と区分して、付随事業・収益事業収入の大科目の中

4-7 付随事業・収益事業収入

に「医療収入」の中科目を設けて処理することが適当であるとされています。ただし、特に必要な場合には、付随事業・収益事業収入の大科目の次に「医療収入」の一科目を設けて処理することができます。

また、附属病院の支出については、医療業務に要する経費は教育研究費支出の大科目の中に「医療費支出」の中科目を設けて処理し、その他の経費支出については、他の経費支出と同様に教育研究経費支出と管理経費支出とに区分して処理することが適当です（25 高私参第 15）。

> **例題**
>
> 医療収入は、外来収入 800 及び入院収入 2,200 である。一方、医療材料費支出は 1,800、医療委託費支出は 500 であった。
>
> | （借）支 払 資 金 | 700 | （貸）外 来 収 入 | 800 |
> |---|---|---|---|
> | 医療材料費支出 | 1,800 | 入 院 収 入 | 2,200 |
> | 医療委託費支出 | 500 | | |

4-8 受取利息・配当金収入

受取利息・配当金収入の小科目には次のようなものがあります。

> **第3号基本金引当特定資産運用収入**⇒第3号基本金引当特定資産の運用により生ずる受取利息、配当金等の収入
>
> **その他の受取利息・配当金収入**⇒預金、貸付金等の利息、株式の配当金等をいい、第3号基本金引当特定資産運用収入を除く

例題 第3号基本金引当特定資産（奨学基金）として運用している国債3,000の利息2が普通預金に振り込まれた。

| （借）支　払　資　金 | 2 | （貸）第3号基本金引当特定資産運用収入 | 2 |

　受取利息・配当金収入とは、預貯金、有価証券の利息や配当金、第3号基本金引当特定資産に係る運用収入など、学校法人が所有する資産を運用した結果、副次的に得られた収入です。

　奨学基金の運用による受取利息、配当金による収入でも、その他の受取利息、配当金による収入でも、利息は保有期間に従って処理します。定期預金の保有期間が、1月末から7月末まで（半年定期の場合）のように決算をまたぐ場合には、実際の利息収入が7月の満期時であっても、3月31日の決算日では、保有期間のうち、決算日までの経過日数に対応した利息収入を当期の収入として計上します。

```
（借）期末未収入金   ×××   （貸）その他の
                              受取利息・   ×××
                              配当金収入
```

　株式の配当金は、株主総会の決議があった日の属する期間に収入として処理します。

　ただし、利息でも配当金でも、金額的に重要でなければ、実際に収入のあった日の属する年度に計上するところもあるようです。ただ、一度どちらにするかを決めたならば、毎期継続して適用し、安易に変えることは許されません。

　資産運用取引は、学校法人会計基準第5条但し書で純額表示が認められた収入と支出に該当しないため、総額表示になります。ただし、証券会社等で取り扱っているMMF、MRF等の金融商品を銀行預金と同様に支払資金として使っている場合には、現預金と同様に取り扱うことも認められます。

　また、年度末に当該金融商品の残高が残る場合には、当該残高を有価証券購入支出として資金収支計算に反映する必要があります。

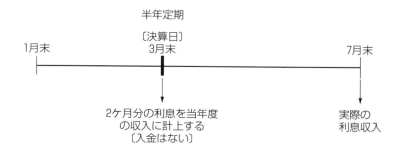

第4章 資金収支計算

受取利息・配当金収入のケース・スタディ

預金満期時の会計処理

Q：支払資金となる預金が満期を迎えそのまま更新した場合、受取利息部分だけでなく元金部分についても更新の処理が必要でしょうか。

A：資金収支計算書上の表示は受取利息部分のみでよいと考えられます。支払資金となる定期預金の満期更新は同じ現金預金の範囲内での運用であり、預金から有価証券投資などへの資金運用変更のように貸借対照表上の科目の移動がないため、受取利息についてのみでよいということです。

　　引当特定資産で運用する場合は、貸借対照表科目が変更されるため、元金の収支についても表示しなければなりません。

【学校法人における資産運用について】

　平成20年9月に起こった米国発の金融危機によって、金融市場が混乱して多くの証券の価格が下落しました。日本経済のバブルがはじけて以降、預金金利や債券の利回りが低下したため、多くの学校法人では期待していた資産運用に係る収益が永きにわたって確保できませんでした。そこに高利回りを謳い文句として新たな金融商品が登場しましたが、高利回りの裏には高リスクが潜んでおり、報道にあったような多額の損失を出すに至った学校法人が少なからずあります。

　この点に関して、平成21年1月6日付で文部科学省より「学校法人における資産運用について（通知）」が発せられ、資産運用に関する注意喚起がなされました。学校法人運営調査委員会の（意見）によりますと、「学校法人の資産は、その設置する学校の教育研究活動を安定的・継続的に支えるための大切な財産であるため、運用の安全性

を重視することが求められることは言うまでもない。学校法人の運営は、学生生徒等の納付金、善意の浄財である寄付金、国民の税金からなる補助金によって支えられていることを忘れてはならない。」としており、学校法人の財産運用には、まず安全性を重視することが求められています。しかし、一部の学校法人では、デリバティブを用いたハイリスク・ハイリターンの金融商品によって、多額の損失を計上するに至りました。運用対象となった仕組債、通貨スワップ、金利スワップといった金融商品は事業会社では実需を伴わない場合には取得することは極めて稀ですが、一部の学校法人は証券会社等のいい顧客になってしまったものと考えられます。

　世の中にはうまい話はなく、高い運用収益を追い求めるのであれば、当然高いリスクを覚悟しなければなりません。学校法人の本業は教育研究活動ですので、資産運用に対しては慎重でなければなりません。

4-9 雑収入

雑収入の小科目には、次のようなものがあります。

> **施設設備利用料収入**⇒学校法人が所有している諸資産の賃貸による収入
> **廃品売却収入**⇒耐用年数が経過したことにより簿外とされた固定資産、消耗品処理した少額な減価償却資産等を売却したことによる収入
> **（私学）退職金社団（財団）交付金収入**⇒（参考）参照
> **入学案内書頒布収入、校章・バッジなどの販売収入、その他の雑収入**等

例題 甲社研修のため教室を提供し、その使用料として70を現金で受領した。

| （借）支 払 資 金 | 70 | （貸）施設設備利用料収入 | 70 |

例題 前会計年度までに償却が終了して簿外となっている教育研究用の備品を10で売却した。

| （借）支 払 資 金 | 10 | （貸）廃品売却収入 | 10 |

雑収入とは、施設設備利用料収入、廃品売却収入その他学校法人の負債とならない収入のことで、今まで説明してきた学生生徒等納付金収入から受取利息・配当金収入までに含まれない収入です。

その他の雑収入で、金額が多額になるものがある場合には、その性質を具体的に示す名称を付して表示します。例えば、火災事故により受け入れた保険金が多額になる場合には、雑収入の中で、保険金収入（小科目）で処理します。

雑収入のケース・スタディ

(1) 学生に対する駐車場利用料の会計処理

学生から利用料を徴収して、駐車場を利用させることにしたときの利用料について考えましょう。

学校法人が所有する資産の賃貸による収入なので、大科目たる雑収入の小科目である「施設設備利用料収入」として処理します。

ちょっと難しいですが、私立学校法第26条に定める収益事業には該当しませんが、法人税法上（法人税法施行令第5条31号の駐車場業）は収益事業に該当しますので、課税対象となることに注意してください（実務問答集57）。

（参考）

私学の退職金社団（財団）の交付金について

私学では、教職員の退職に備えて、私学退職金団体に加入している場合があります。学校が一定の金額を負担金として定期的に支払う見返りとして、教職員が退職した時には私学退職金団体から交付金を受け取ることができます。

退職金団体には、①各都道府県ごとに設立された私立学校退職金団体（以下、私学退職金団体とする。）と、②私立大学等を対象にした公益財団法人私立大学退職金財団（以下、私大退職金財団とする。）の2つがありますが、両者で会計処理が若干異なります。

第 4 章 資金収支計算

① 私学退職金団体に加入している場合の処理
　a．学校法人が負担する負担金等は、事業活動支出の人件費のうち、所定福利費支出、私学退職金社団掛金支出等とします。
　b．退職時に受ける交付金については、請求時に雑収入のうち、私学退職金社団交付金収入等として処理します。
② 私大退職金財団に加入している場合の処理
　a．学校法人が負担する負担金等は、事業活動支出の人件費のうち、私立大学退職金財団負担金支出等とします。
　b．退職時に受ける交付金については、請求時に雑収入のうち、私立大学退職金財団交付金収入等として処理します。

詳細については、学校法人委員会実務指針第44号をご参照ください。

(2) 過年度修正額の会計処理

　過年度の給与や退職金計算の誤りを当年度に精算した場合、過年度に未払金として計上するべきであった経費を当年度に支払った場合、過年度に徴収不能額として処理した債権と当年度に回収した場合など資金収支を伴う「過年度修正額」については、資金収入は大科目「雑収入」に小科目「過年度修正収入」として処理します。

　なお、資金支出は大科目「管理経費支出」に小科目「過年度修正支出」として処理します。

4-10 借入金等収入

借入金等収入の小科目には、次のようなものがあります。

> **長期借入金収入**⇒長期借入金の新規借入による資金収入
> **短期借入金収入**⇒短期借入金の新規借入による資金収入
> **学 校 債 収 入**⇒学校債発行による収入

例題 A銀行より校舎の建設資金として、2,000を借り入れた。返済期間は10年である。

| （借）支 払 資 金 | 2,000 | （貸）長期借入金収入 | 2,000 |

長短を問わず借入金収入とは、借入れによる新規の資金調達のことです。金融機関等から借入れを行うと、前もってその利息分を差し引かれた金額が入金される場合があります。だからといって、帳簿に計上する金額は利息差引き後の金額を借入金収入として計上してはいけません。

期限が到来して返済される借入金は、利息分があらかじめ控除されるか否かを問わず、契約上定められた利息控除前の金額です。借入金収入は期日に支払うべき金額を計上し、借入時に差し引かれた利息は、前払金支払支出で処理します。実務上、利息の前払分は借入金利息支出として処理し、決算で翌期以降に対応する部分を、前払金支払支出で処理してもよいでしょう。

学校債については、私立学校法上定義はありません。会社が発行する社債の'学校版'とイメージすればよいでしょう。

学校債収入は、この学校債発行による収入をいいます。長期と短期の区分はなく、償還期限にかかわらず、すべて学校債収入で処理します。

なお、短期とは決算日（3月31日）の翌日（4月1日）より1年以内の期間をいい、1年超のことを長期といいます。

（参考）
翌年度の入学予定者からの学校債の引受けについて

翌年度入学予定者の父母から学校債の引受けがあり、当年度に払込みがあった場合には、払込みがあった時点で次の仕訳をします。

（借）支払資金　×××　（貸）学校債収入　×××

翌年度入学予定者からの収入であるため、貸方を前受金収入としてしまいそうです。しかし、前受処理できるのは、翌期以降の事業活動収入となるものだけであり、既に当年度に負債となっているものについては、前受処理はできません。もっとも、学校債収入や借入金収入は事業活動収入を構成するものではありません。

また、入学許可前に入学予定者やその父母等に対し、寄付や学校債の募集を行うことは、不公正な入学選抜方法につながる可能性があるため、文部科学省により禁止されています。

4-11 前受金収入

前受金収入の小科目には、次のようなものがあります。

> 授業料前受金収入、入学金前受金収入、実験実習料前受金収入、施設設備前受金収入等

翌年度入学予定者から、当年度終了までに受け入れた学生生徒等の授業料収入などや、翌年度の事業活動収入とすべきもので当会計年度末までに入金のあった場合に使用する科目です。これらの前受金の収入は、翌会計年度の諸活動に対して支払いが行われたものであり、当年度では当該前受金に対応する財やサービスを提供しておらず、翌期に繰り越すために使用する科目です。したがって、翌年度では授業料収入等正規の科目に振り替える必要があります。

当期に行われた翌年度入学のための入学検定収入については、**4-3 手数料収入**、入学辞退者に対する授業料等の前受金収入の処理については、**4-2 学生生徒等納付金収入**を参照してください。

4-12 その他の収入

その他の収入の小科目には、次のようなものがあります。

> 第２号基本金引当特定資産取崩収入
> 第３号基本金引当特定資産取崩収入
> （何）引当特定資産取崩収入
> **前期末未収入金収入**⇒前期末に計上した未収入金の当年度における回収した収入
> **貸付金回収収入**⇒長期及び短期貸付金を回収した収入
> その他、**預り金受入収入、積立保険料返戻収入**等

例題 学生に奨学金として貸付けていた貸付金を回収し、代金380は当座預金に振り込まれた。

（借）支 払 資 金	380	（貸）貸付金回収収入	380

　その他の収入とは、4-2 から 4-11 までの収入以外の収入で、資産・負債の増減をもたらすものです。事業活動収入となるものは含まれません。事業活動収入となる収入で、かつ 4-2 から 4-11 までで処理できない収入があれば、雑収入等の大科目のなかで小科目を設けて処理します。

4-12 その他の収入

その他の収入のケース・スタディ

(1) 引当特定資産取崩収入の表示

（何）引当特定資産取崩収入については、以下のように実態に即した具体的な小科目によって表示する必要があります。なお、第2号基本金引当特定資産と第3号基本金引当特定資産に係る取崩収入はそれぞれ特に明示することが求められています。

① 退職給与引当特定資産取崩収入
② 減価償却引当特定資産取崩収入
③ 設備拡充引当特定資産取崩収入
④ 施設設備維持引当特定資産取崩収入

(2) 引当特定資産を解約又は売却した時の処理

特定の目的のために留保している預金や資産等を解約して引き出したり、売却した場合には、支払資金の増加として借方に計上します。一方、貸方は「○○引当特定資産取崩収入」という科目で処理します。

また、**4-6 資産売却収入**も併せて参照してください。

(3) 経過的な収入・支出に係る項目の純額処理

預り金、仮払金、立替金、仮受金等は経過的な収入・支出に係る科目であり、最終的な処理が未確定なため一時的に処理するときに使用する科目です。後日になってその使途が確定した場合には、適当な科目に振替えます。これらの科目は学校法人会計基準第5条では、収入と支出を相殺する、いわゆる純額処理が認められています。収入が支出を上回れば「～収入」、支出が収入を上回れば「～支出」として、その差額のみを表示します。

(4) 特定資産の目的を変更した時の処理

　特定の目的のために積立てている預金について、積立ての目的を変更して他の目的の預金に充当する場合には実質的に資金の移動はありませんが、資金収支計算書上「○○特定資産取崩収入」、「××特定資産繰入支出」と両建てで計上します。

　一方、同一の引当特定資産内での資金移動の場合、例えば満期となった定期預金を書き換えたり、預金から有価証券に運用方法を変更した場合には資金収支計算書上、特に表示する必要はないでしょう。

資金支出科目各論

　資金支出項目は大きく分けると人件費支出、教育研究ならびに管理関係の経費支出、そして経費支出に含まれない支出があります。

　資金収支計算書では、一般的に経費支出の一部である人件費支出が独立しています。学校法人の活動は、教育研究活動が主ですから機械化には限界があり、おのずと人が中心となります。学校法人の財産は、人（教員）である、といえましょう。ということは、人件費に関する支出が1年間の全支出のなかでも大きな割合を占めることになります。人件費支出をはっきりと示すために、他の経費支出とは区分して独立表示させています。

4-13 人件費支出

人件費支出の小科目には、以下のものがあります。

> **教員人件費支出**⇒教員（学長、校長又は園長を含む。以下、同様）に支給する本俸、期末手当及びその他の手当並びに所定福利費に関する支出
> **職員人件費支出**⇒教員以外の職員に支給する本俸、期末手当及びその他の手当て並びに所定福利費に関する支出
> **役員報酬支出**⇒理事及び監事に支払う報酬
>   その他、**退職金支出、私立大学退職金負担金支出、私学退職金社団（財団）掛金支出**等

例題 当会計年度に支払った人件費は、次のとおりです。

教員	9,500
職員	4,600
役員報酬	1,100

（借）教員人件費支出	9,500	（貸）支払資金	15,200
職員人件費支出	4,600		
役員報酬支出	1,100		

人件費支出とは、学校法人と雇用又はこれに準ずる契約によって提供される労働サービスの対価として支払われる支出をいいます。

教員人件費支出は、教員として所定の要件を備えた者について学校

が教育職員（学長、副学長、教授、准教授、講師、助教、助手、校長、副校長、園長、教頭、教諭、助教諭、養護教諭、養護助教諭等）として任用している人に係る支出です（学校法人委員会研究報告第26号）。

これ以外の者に係る支出は、職員人件費支出となります。

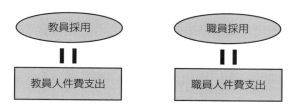

教職員の区別や本務と兼務との区別は、発令基準（＝学校法人からどのような身分で発令されているか）によります。

人件費支出のケース・スタディ

(1) **教員と職員との区別**

教員と職員との区別は一見簡単につきそうです。

でも、職員として総務や経理関係の事務をしている人のなかにも、教員免許をもっている人もいるでしょう。また、職員として採用されたのに、教員免許をもっているため、急に先生をしなければならなくなることもあるかもしれません。

教員免許の有無にかかわらず、両者の違いは学校が教員として任用したか否かで決まります。教員免許をもっていても事務職員として任用された場合には、職員人件費支出になります。

教員として採用された人が教員と職員とを兼務している時には、それぞれの担当時間、職務の内容、責任等によって主たる職務と考えられる方に分類します（学校法人委員会研究報告第26号）。ただし、按分計算は行いません。

(2) 本務（常勤）と兼務（非常勤）との区別

本務教員と兼務教員、本務職員と兼務職員との区分はどのような基準で行うのでしょうか。

本務と兼務の区分は、学校法人の正規の教職員として任用されているか否かによって行います。

私立大学経常費補助金取扱要領では、専任の教職員として発令され、主たる給与をその学校法人から受けていること、常時その学校法人に勤務していること、という3つの基準を充たしている者を専任教職員として本務者としています。ただし、知事所轄学校法人では、必ずしも専任教職員の要件が私立大学経常費補助金取扱要領と同一ではありません（学校法人委員会研究報告第26号）。

(3) 派遣講師に係る支出は、人件費支出で処理

講師が、会社と学校法人の委託契約によって会社から派遣される場合は、学校と本人は雇用契約にないので職務の内容等が他の教員と同じでも、人件費に含めるべきではありません。教育研究経費として「実技指導委託費支出」あるいは「報酬・委託・手数料支出」等で処理します（実務問答集69）。

また、研究員に対する人件費支出の扱いについては、当該研究員が教員として研究所等に所属し研究に携わっている場合には教員として扱います。しかし、単に研究員のみの場合は職員として扱い、その人件費支出は職員人件費支出とします（学校法人委員会研究報告第26号）。

(4) 銀行からの出向者へ支払う出向料の科目

事務長などが銀行からの出向者である場合、当該出向職員は、出向元（銀行等）の身分を留保したまま、出向先（学校法人）との雇用関係

に入ります。その出向料は、この雇用契約に基づく労働の提供の対価であり、職員人件費支出に当たります（学校法人委員会研究報告第26号）。

第4章 資金収支計算

4-14 教育研究経費支出と管理経費支出

教育研究経費支出…教育研究のために支出する経費支出、ただし、学生生徒等を募集するために支出する経費は除く。

管理経費支出…教育研究経費支出以外の経費支出

小科目には、主に以下のようなものがあります。

> 消耗品支出、光熱水費支出、旅費交通費支出、奨学費支出、通信費支出、その他の支出他

例題 教育研究経費支出で、当会計年度で現金預金から支払った金額は、次のとおりであった。

光熱水費支出	800
旅費交通費支出	690
通信運搬費支出	430
印刷製本費支出	120

(借) 光熱水費支出	800	(貸) 支払資金	2,040
旅費交通費支出	690		
通信運搬費支出	430		
印刷製本費支出	120		

例題 管理経費支出の光熱水費支出280が期末に未払いとなっている。

(借) 光熱水費支出	280	(貸) 期末未払金	280

4-14 教育研究経費支出と管理経費支出

理論上はともかく、実務上非常に難しい問題の一つとして、いわゆる経費支出について、教育研究経費支出と管理経費支出との区分の問題があります。

この区分の基準について、『「教育研究経費と管理経費の区分について(報告)」について(通知)』(雑管第118号)では、以下のような考え方を採用しています。

すなわち、教育研究経費の範囲を広く解するとともに必ず管理経費としなければならないものを限定列挙し、それ以外の経費については法人の合理的な自主的判断に委ねています。

① 必ず管理経費とすべきもの
　a．役員の行う業務執行のために要する経費及び評議委員会のために要する経費
　b．総務・人事・財務・経理その他これに準ずる法人業務に要する経費
　c．教職員の福利厚生のための経費
　d．教育研究活動以外に使用する施設、設備の修理、維持、保全に要する経費(減価償却費を含みます。)
　e．学生生徒等の募集のために要する経費
　f．補助活動事業のうち食堂、売店のために要する経費
　g．附属病院業務のうち教育研究業務以外の業務に要する経費

② これ以外の経費

主たる使途に従って教育研究経費と管理経費とのいずれかに含めます。

また、光熱水費のように教育研究用及び管理用の双方に関連して発生しているものについては、使用割合、学生数、使用面積など合理的な配分基準によって按分します。

第4章 資金収支計算

経費支出のケース・スタディ

(1) 建物等の取壊し費用

原則…取壊しの対象となった資産の使途に応じて経費処理します。教育研究関係の固定資産の取壊し費用は、「教育研究経費（支出）」として、管理関係の固定資産の取壊し費用は、「管理経費（支出）」として処理します。

容認…建物等の取壊し後の土地を教育研究関係から管理関係へ使途を変更する場合には、「管理経費（支出）」として処理することを認めています（学校法人委員会研究報告第30号）。

なお、建物の建替えに伴って仮設校舎を建設した場合の当該仮設校舎の処理は、施設関係支出として建物支出で処理します。減価償却期間は使用予定期間にすればよいでしょう（学校法人委員会研究報告第20号）。

(2) スクールバス運行に関する経費支出の処理

スクールバスの運営は補助活動事業です。原則的にスクールバスに関して発生した費用は「管理経費支出」となります（バス会社に委託してバスを運行してもらった場合も同様です）。ただし、他に公共の交通機関がなく、ほぼ全員の学生や生徒がスクールバスを利用する場合には、学校法人が教育活動を行っていくのに必要な業務として、「教育研究経費支出」として処理することも認められます。

また、利用料を徴収する場合の処理としては、「補助活動収入」とするのが妥当ですが、合理性が認められれば「学生生徒等納付金収入」で処理することも認められます（学校法人委員会研究報告第30号）。

(3) 修繕費支出の区分

修繕費支出は、どのように教育研究経費支出と管理経費支出とに区分すればよいでしょうか。

修繕の対象となる施設や設備により区分することになります。教育研究の用に供している校舎、体育館、グラウンド等の施設、教育研究用機器備品等の設備の改修や修繕は、教育研究経費支出の修繕費支出となり、その他に関する改修や修繕は管理経費支出の修繕費支出となります。

また、例えば同一の建物内に学校法人の本部と教室がある場合には、その使用面積等の比で按分します。

(4) コンピューター・ソフトの処理方法

コンピューター・ソフトの会計処理については、どのようなソフトウェアであるかにより異なります（学校法人委員会実務指針第42号）。

① 基本ソフト

コンピューターのハード本体は、基本ソフトがあって初めて動作が可能になりますから、ハード本体と同一の扱い、すなわち、固定資産に計上します。

② 応用ソフト

ソフトを利用することにより将来の収入獲得又は支出削減効果が確実であると認められる場合には、資産として計上し、それ以外の場合には経費として処理します。

将来の収入獲得又は支出削減の判断にあたっては、ソフトウェアを利用している実態を十分に把握する必要があります。

③ 学校法人が自ら開発したソフト

将来の収入獲得又は支出削減が確実であると認められる状況になっ

た場合には、資産として計上します。

④　データファイル

　図書と類似の役割を有するものと考えられるので、図書に準じて処理します。

(5) **図書支出の会計処理**

　長期間にわたって保存、使用することが予定される図書は、取得価額の多寡にかかわらず、図書として「固定資産」に計上します。原則として、減価償却を実施しないで、除却された時に取得価額相当額を事業活動支出に計上します（もちろん、資金収支計算の対象とはなりません。）。

　また、学習用図書、事務用図書等のように通常その使用期間が概ね1年以内の短期間であることがあらかじめ見込まれる図書は、取得した年度の事業活動支出として処理することができます（雑管第115号）。

借入金等利息支出と借入金等返済支出

借入金等利息支出と借入金等返済支出の小科目には、以下のようなものがあります。

> 借入金利息支出、学校債利息支出、借入金返済支出、学校債返済支出

例題 金銭消費貸借契約書に従い、前年度末に1年以内に返済予定とした長期借入金 2,000 を当座預金から返済した。
また、長期借入金の利息 35 を当座預金から支払った。

(借)借入金返済支出	2,000	(貸)支 払 資 金	2,035
借入金利息支出	35		

学校法人の支払債務である借入金や学校債の返済、その利息の支払いが行われた時に使われる科目です。会計処理上、特に問題となるのは、支払利息の計上時期です。

借入金や学校債に関して発生する支払利息は、実際に支払ったか否かということに関係なく、時間の経過に沿って計上していきます。

ただし、重要性が低いこと、継続的に同じ処理をすることを条件に実際の利息の支払日に計上することも認められます。

なお、借入金や学校債の収入と返済とは、学校法人の財務活動上、重要な項目であるため、資金収支計算書上、相殺による純額表示は認められず、総額で表示します。

4-16 施設関係支出

施設関係支出の小科目には、以下のようなものがあります。

> 土　地　支　出
> 建　物　支　出⇒建物に附属する電気、給排水、暖房等の設備のための支出を含む
> 構　築　物　支　出⇒プール、競技場、庭園等の土木設備又は工作物のための支出
> 建設仮勘定支出⇒建物及び構築物等が完成するまでの支出

例題　校舎建設のため、手付金として請負業者に 6,000 を当座預金から支払った。

（借）建設仮勘定支出	6,000	（貸）支　払　資　金	6,000

※　建設仮勘定から本勘定（建物勘定等）への振替えは、資金の収支がないため、資金収支に関する仕訳はありません。

　学校法人が使用する土地、建物、構築物、建設仮勘定等、施設を取得するための支出です。土地や土地に付着して使用する不動産等を取得するために支出をした場合に用います。

　建設仮勘定とは、建設途中の固定資産のことです。建物や構築物を建設・製作する場合、完成時までに支出した金額を一時的にプールしておくための勘定です。固定資産が完成したらそれぞれ適切な勘定に振り替えます。

土地の代わりの借地権や地上権等の無形固定資産を取得した場合には、施設関係支出の中で「借地権支出」、「地上権支出」等の科目で処理します。その他の無形固定資産の取得については、設備関係支出の中で、例えば「電話加入権支出」等と処理します。

また、電気やガス設備、冷暖房設備、給排水設備、LAN 配線設備等建物と一体となって使用する附属設備を取得した時には、管理上、建物本体とは別個に「建物附属設備支出」と処理している場合がありますが、計算書類上は「建物支出」勘定に含めて表示します。

近年、校舎等の耐震工事が行われることが多いですが、耐震工事の要否を調査する費用は「委託報酬手数料支出」等の経費科目で処理し、必要に応じて行った耐震補強工事は、その工事が建物の拡張又は用途の変更等、量的・質的向上に係る支出は「建物支出」とし、その建物を維持・補修するための支出は「修繕費支出」とします（学校法人委員会研究報告第 20 号 2-3）。

同様に、大教室を改造して用途を変更する工事をした場合は、建物の質的向上を図るものと考え「建物支出」とします（同研究報告第 20 号 2-4）。

また、老朽化した校舎の壁面を塗装した場合は、当該建物の機能を維持するものと考えて「修繕費支出」とします（同研究報告第 20 号 2-5）。

最近では、和式トイレを洗浄付きの洋式トイレ等に改修することがありますが、この改修に伴って給排水設備の改修を伴うような工事を行う場合には、その建物の質的向上が見込まれる支出であれば「建物支出」とし、現状維持のための簡易な工事であれば「修繕費支出」とします（同研究報告第 20 号 2-6）。

第4章 資金収支計算

4-17 設備関係支出

設備関係支出の小科目には、以下のようなものがあります。

> **教育研究用機器備品支出**⇒標本及び模型の取得のための支出
> **ソフトウェア支出**⇒ソフトウェアに係る支出のうち資産計
> 　　　　　　　　　　上されるものに対する支出
> **管理用機器備品支出、図書支出、車両支出**

例題 当座預金から、教育研究用機器備品に120、図書に230、車両に180を支払った。

(借)教育研究用機器備品支出	120	(貸)支払資金	530
図書支出	230		
車両支出	180		

　学校法人が使用する教育研究用機器備品、管理用機器備品、図書、車両等の動産や電話加入権その他の無形固定資産取得のための支出です。土地や借地権、又は土地に付着し一体となって使用する建物等の不動産以外の固定資産を取得した時に使用する勘定です。施設関係支出が土地や建物など不動産を取得する時を前提としているのに対し、設備関係支出は不動産以外で、比較的小規模の物品を取得する場合を想定しています。教育研究用機器備品と管理用機器備品の区分は教育研究経費と管理経費の区分に準じて決定します。

4-18 資産運用支出

資産運用支出の小科目としては、以下のようなものがあります。

有価証券購入支出
第2号基本金引当特定資産繰入支出
第3号基本金引当特定資産繰入支出
(何) 引当特定資産繰入支出
収益事業元入金支出 ⇒ 収益事業に対する元入額の支出

例題 資金運用のため株式を450で購入した。

| (借)有価証券購入支出 | 450 | (貸)支払資金 | 450 |

例題 退職給与に充てるため、特定資産として貸付信託800を設定する。

| (借)退職給与引当特定資産繰入支出 | 800 | (貸)支払資金 | 800 |

学校法人はより良い教育研究サービスを提供するために財務内容を充実させる必要があります。そのためには、資金を必要なところに合理的に配分して、効率的な資産運用を図ることとなります。

有価証券購入支出について

　株式、公社債、投資信託等を資金運用活動の一環として購入した場合には、「有価証券購入支出」で処理します。しかし、同じ有価証券でも、（何）引当特定資産として運用するために購入したのであれば、「有価証券購入支出」ではなく、「○○引当特定資産繰入支出」として処理します。

資金収支計算書上の表示について

　学校法人会計基準では、計算書類に記載する金額は、総額で表示しており、純額で表示できるのは「預り金に係る収入と支出その他経過的な収入と支出及び食堂に係る収入と支出その他教育活動に付随する活動に係る収入と支出」に限定されています。

　資金運用取引は、上記に該当しないため、総額で表示されます。

第2号基本金引当特定資産繰入支出について

　第2号基本金とは、「学校法人が新たな学校の設置または既設の学校の規模の拡大もしくは教育の充実向上のために将来取得する固定資産の取得に充てる金銭その他の資産の額」に対応するものです。通常多額の資金を要する固定資産の取得のために、計画的に金銭などの金融資産を事前に留保しておくものです。したがって、学校法人がこの目的で保有している預金や有価証券などは別口座にするなど区分管理が必要です。詳細は第6章を参照してください。

第3号基本金引当特定資産繰入支出について

　第3号基本金とは、「基金として継続的に保持し、かつ、運用する金銭その他の資産の額」に対応するものです。「奨学基金」、「研究基

金」、「海外交流基金」等のために元本である資金を拠出し、預金や有価証券などで運用・保持して、その果実である利息や配当金で、基金の設定目的を達成します。

したがって、学校法人が資金運用目的で所有している預金や有価証券と同じものをある基金の引当資産として所有している場合には、別口座にする等、混同しないように区分管理しなければなりません

詳細は第6章をご覧ください。

○○引当特定資産繰入支出について

資金を特定目的のためにプールして運用しようとする時には、具体的な小科目名を設定・表示します。
① 退職給与引当特定資産繰入支出
② 減価償却引当特定資産繰入支出
③ 設備拡充引当特定資産繰入支出
④ 施設設備維持引当特定資産繰入支出

収益事業元入金支出について

学校法人は、教育に支障のない限り、私立学校の経営に充てるため収益事業を行うことができます（私立学校法第26条）。学校法人の行うことのできる収益事業の種類は制限されています。学校法人はあくまで教育研究活動がメインであり、教育に支障をきたしたり、ふさわしくないものなどは収益事業として認められません。

学校法人が新たに収益事業を行うには寄付行為の変更が必要であり、その会計は学校自体の経営に関する会計から区分して、特別会計として経理します。収益事業元入金支出は、この別会計として区分した収益事業に元入金を繰り入れる場合に使用します。会社が、出資金を支

第4章 資金収支計算

払って子会社を設立するようなイメージです。

資産運用支出のケース・スタディ

満期に返戻金が出る長期の火災保険料の処理

① 満期返戻金が付された火災保険については、その支払った保険料のうち積立保険料に相当する部分は、資金収支計算書では、「資産運用支出」の「積立保険金支払支出」として表示し、貸借対照表では、「積立保険金」として、その他の固定資産に計上します。

② 保険期間満了時に積立金を受け取ったときは、元本部分は「積立保険回収収入」とし、利息や配当金部分は「受取利息・配当金収入」の「その他の受取利息・配当金収入」として処理します。

③ 長期火災保険が一時払い保険である場合には、掛け捨て部分に相当する保険料は、前払金として処理し、保険期間に応じて経費処理します（実務問答集218）。

4-19 その他の支出

その他の支出の小科目には、以下のようなものがあります。

> **貸付金支払支出**⇒収益事業に対する貸付金の支出を含む
> **手形債務支払支出、前期末未払金支出、預り金支払支出**
> **前払金支払支出**他

例題 職員に500の住宅資金の貸付けを実施した。

(借)貸付金支払支出	500	(貸)支 払 資 金	500

例題 前会計年度末に未払いとなっていた教育研究設備の代金300を支払った。

(借)前期末未払金支払支出	300	(貸)支 払 資 金	300

「その他の支出」は、いままで述べてきた人件費支出から資産運用支出までの各科目に含まれない支出をいいます。ただし、費用的な性格のものは含まれず、資産負債の増加又は減少をもたらすその他の支出項目を処理する科目です。

第4章 資金収支計算

4-20 資金収入・支出調整勘定

資金収入調整勘定の小科目としては、以下の2つがあります。

> **期末未収入金**⇒学生生徒等納付金や事業収入等の未収額
> **前期末前受金**⇒新入生の入学手続時の収入額等

資金収入調整勘定は、当年度の諸活動に対する収入で前年度以前に資金の収入になったもの（「前期末前受金」）、及び当年度の諸活動に対する収入で翌年度以降に資金が受け入れられるもの（「期末未収入金」）をいいます。

資金支出調整勘定の小科目としては、以下の2つがあります。

> **期末未払金**⇒経費や資産購入代金の未払額
> **前期末前払金**⇒資産購入代金の前払額

資金支出調整勘定は、当会計年度の諸活動に対応する支出で前会計年度以前において支払資金の支出となったもの（「前期末前払金」）、及び当会計年度の諸活動に対応する支出で翌会計年度以後において支払資金の支出となるべきもの（「期末未払金」）をいいます。

その他は、4-1の5.**資金収支調整勘定**を参照してください。

資金収支計算書及び付属する内訳表等

1．資金収支計算書の作り方

　学校法人は、1年間にわたって支払資金の収支取引を関係帳簿に記録しますが、その結果を整理してまとめるために行われるのが決算です。

　決算では今までの帳簿記録をもとに、調整（「決算整理」といいます。）を加えて、資金収支計算書を作成します。

　資金収支計算書は、学校法人の過去1年間の資金収支がどうなっていたかを明らかにする表で、予算に基づく資金の動きと実績とを対比して知ることができます。学校法人は公共性が強く、一般の企業にも増してその財政の健全性が重視されるため、この表が作成されます。もっとも、企業会計においてもキャッシュ・フロー計算書が制度化され、資金の動きの大切さが企業にも認識されています。

　では、基準に従って資金収支計算書の作り方を見てみましょう。

> 第9条（資金収支計算書の記載方法）
> 　　資金収支計算書には、収入の部及び支出の部を設け、収入又は支出の科目ごとに当該会計年度の決算の額を予算の額と対比して記載するものとする。
> 第10条（資金収支計算書の記載科目）
> 　　資金収支計算書に記載する科目は、別表第一のとおりとする。

第4章 資金収支計算

> 第12条（資金収支計算書の様式）
> 　資金収支計算書の様式は、第一号様式のとおりとする。

（注）別表第一及び第一号様式は巻末を参照してください。

　収入の部でも支出の部でも、一番左に「科目」がきて、次に「予算」、「決算」、そして「差異」の順に記載します。

　「予算」には、当初の予算額を記入します。「決算」には、帳簿記録に基づき、決算整理を加えた実績値を記入します。「差異」には、「予算」の金額から「決算」の金額を差し引いた金額を記入します。その差額がマイナスであれば金額の前に△を付けます。

　予備費は、その未使用額を予算欄に計上するとともに差額欄に移記し、使用額を同じ予算欄の上部に（　）で記載します。決算欄は使用しません。

　（　）で記載された予備費の使用額は、該当科目の予算欄の額に振り替えて記載し、その振替科目及びその金額を注記します。したがって、予備費を振り替えた該当科目の予算欄には、当初の予算額に予備費振替額を加算して表示することになります。

> 第11条（前期末前受金等）
> 　　当該会計年度の資金収入のうち前期末前受金及び期末未収入金は、収入の部の控除科目として、資金収支計算書の収入の部に記載するものとする。
> 2　当該会計年度の資金支出のうち前期末前払金及び期末未払金は、支出の部の控除科目として、資金収支計算書の支出の部に記載するものとする。

資金収入調整勘定（前期末前受金及び期末未収入金）、及び資金支出調整勘定（前期末前払金及び期末未払金）には、各内訳科目の金額の前に△の印（マイナスという意味）を付けて記載します。

（留意点）
（イ）　小科目については別表第一に掲げたもの以外について、学校法人はその実態に即して、適当な科目を設定できます。また、小科目を細分することもできます。
（ロ）　適当な中科目を設定することができます。ただし、その場合当該中科目に含まれる小科目の内訳を表示します。
（ハ）　第一号様式に掲げる科目に記載すべき金額がないときには、その科目の記載を省略します。
（ニ）　大科目の追加及び削除はすることはできません。
（ホ）　前年度繰越支払資金の金額は、前年度末貸借対照表の現金預金の金額と一致し、翌年度繰越支払資金の金額は、当年度末貸借対照表の現金預金の金額と一致します。

２．資金収支内訳表の作り方

　資金収支計算書は、学校法人の諸活動の内容を総括的に把握するためには有効ですが、教育研究のための活動は学部等の部門を基本的な単位として行われていますから、学校法人の諸活動の内容をより詳しく知るためには、部門別に明らかにすることが有効です。経常費補助の効果を具体的に把握して、その諸活動に対応する収入及び支出の内容を部門別に明らかにします。
　様式は、第二号様式によります（学校法人会計基準第13条第5項）

第 4 章 資金収支計算

(注) 第二号様式は巻末 (P.367) を参照してください。

(留意点)
(イ) 資金収支内訳表に記載する収入支出は、資金収支計算書に記載されたその会計年度の収入支出の決算額のうち、その会計年度の諸活動に対応するもののみです。したがって、前受金収入やその他の収入及び資産運用支出やその他の支出は記載されません。
(ロ) 各部門の収入合計と支出合計の金額は、合致させる必要はありません。むしろ、合致しないのが普通です。
(ハ) 各部門に区分される収入支出は、当該部門に係る収入支出であり、必ずしも当該部門に管理できる収入支出とは限りません。

3．人件費内訳表の作り方

人件費内訳表には、資金収支計算書に記載されている人件費支出の決算の額の内訳を部門ごとに区分して表示します。この区分は、資金収支内訳表と同じにします。

学校法人では教育研究設備だけでなく、人的設備が重要であり金額も多額であることから、特に人件費支出の明細を作成します。

様式は、第三号様式によります（学校法人会計基準第14条）。

(注) 第三号様式は巻末 (P.369) を参照してください。

4．活動区分資金収支計算書の作り方

活動区分資金収支計算書は、資金収支計算書に記載される資金収入及び資金支出の決算の額を、次の3つの活動ごとに区分して表示します。
① 教育活動による資金収支
② 施設整備等活動による資金収支

4-21 資金収支計算書及び付属する内訳表等

③ その他の活動による資金収支

これは、近年の学校法人を取り巻く環境変化等に鑑み、学校法人の活動ごとの資金の流れを明示し、資金の源泉を明らかにすることによって、より経営判断に資する財務情報を提供することを主眼とするものです。

様式は、第四号様式によります（学校法人会計基準第14条の2）。

（注）第四号様式は巻末（P.370）を参照してください。

① 教育活動による資金収支

教育活動による資金収支は、「②施設整備等活動による資金収支」及び「③その他の活動による資金収支」以外の資金収支とされており、学校法人の主たる活動は教育研究であることから、資金収支の多くの項目はこの教育活動による資金収支に含まれます。

なお、学生生徒等納付金収入に含まれる施設設備資金収入は、施設設備の拡充を目的とするものであることからは「②施設整備等活動による資金収支」に含めるべきではないかとの考えもありますが、一般的には具体的な施設設備の取得資金として徴収されるものではないことから、学生生徒等納付金収入に含めたうえで、教育活動による資金収支として区分されます。

② 施設整備等活動による資金収支

施設もしくは設備の取得又は売却その他これらに類する活動に係る資金収支が対応します（学校法人会計基準第14条の2）。

学校法人の主たる目的である教育研究活動を行うためには、施設設備の整備や取得が必要となります。そのため、施設設備の取得や売却等に係る活動は教育活動とは別の重要な活動であるといえるため、区

第4章 資金収支計算

分されることになります。

③ その他の活動による資金収支

資金調達や資金運用などの財務活動のほか、収益事業からの資金収支、預り金・立替金・仮受金といった経過的な項目から生じる資金収支や過年度修正額が区分されます。

なお、資金収支計算書に計上されている「前受金収入」や「前期末未払金支払支出」といった調整勘定については、活動区分資金収支計算書では3つの活動ごとに区分する必要があります。さらに、これら3つの活動ごとの調整勘定については、その計算過程を活動区分資金収支計算書の末尾に注記します（25高私参第8号）。

ただし、該当する項目に金額がない場合であっても項目を省略することはできません。

（注記例）

活動区分ごとの調整勘定等の計算過程は以下のとおり。

（単位：円）

項目	資金収支計算書計上額	教育活動による資金収支	施設整備等活動による資金収支	その他の活動による資金収支
前受金収入	×××	×××	×××	×××
前期末未収入金収入	×××	×××	×××	×××
期末未収入金	△×××	△×××	△×××	△×××
前期末前受金	△×××	△×××	△×××	△×××
（何）	(△)×××	(△)×××	(△)×××	(△)×××
収入計	(△)×××	(△)×××	(△)×××	(△)×××
前期末未払金支払支出	×××	×××	×××	×××
前払金支払支出	×××	×××	×××	×××
期末未払金	△×××	△×××	△×××	△×××
前期末前払金	△×××	△×××	△×××	△×××
（何）	(△)×××	(△)×××	(△)×××	(△)×××
支出計	(△)×××	(△)×××	(△)×××	(△)×××
収入計－支出計	(△)×××	(△)×××	(△)×××	(△)×××

（注）該当する項目のみに数値を記入する。

④ 活動区分資金収支計算書に係るその他の論点

　寄付金収入については、「教育活動による資金収支」に区分されるものと「施設整備等活動による資金収支」に区分されるものがありますが、施設設備拡充等のためという寄付者の意思が明確な寄付金収入のみ「設備整備等活動による資金収支」の活動区分に「施設設備等寄付金収入」の科目で計上され、それ以外の寄付金については、「教育活動による資金収支」の活動区分に、「特別寄付金収入」または「一般寄付金収入」の科目で計上されます。

　また、補助金収入についても、「教育活動による資金収支」に区分されるものと「施設整備等活動による資金収支」に区分されるものがありますが、当該補助金交付の根拠法令、交付要綱等の趣旨から判断して施設設備のためという目的が明確な補助金収入のみ「施設整備等活動による資金収支」の活動区分に「施設設備補助金収入」の科目で計上され、それ以外の補助金収入は、「教育活動による資金収支」の活動区分に「経常費等補助金収入」の科目で計上されます。

第 5 章

事業活動収支計算と財産計算

　一般の企業で作成される損益計算書・貸借対照表に相当するのが、この事業活動収支計算書・貸借対照表です。事業活動収支計算とは聞きなれない名前ですが、前章の資金収支計算が資金の動きを示しているのに対して、事業活動収支計算は学校の収益額と負担している費用額を対比しています。その結果として学校法人の財産額を示す貸借対照表が作成されることになるのです。

第 5 章 事業活動収支計算と財産計算

5-1 事業活動収支計算と財産計算の目的

1. 事業活動収支計算と財産計算のイメージ

　事業活動収支計算と財産計算とは、どのようなもので、何のために必要なのかを理解するために、まず企業会計の損益計算と財産計算の目的を考えてみましょう。

　企業は、将来にわたって事業活動を継続していくという前提（これを継続企業の前提といいます。）に基づいて成り立っています。この継続企業の前提のもと、人為的に区切られた期間（会計期間）ごとに企業の経営成績や財政状態を報告するために作成されるのが、損益計算書や貸借対照表です。

　学校法人も同様です。教育研究活動を提供する学校法人は、企業よりも永続（継続）性が求められており、そのためには収支のバランスを考慮した法人運営が行われる必要があります。

　そこで、企業会計と同様、一定期間（会計年度）ごとに学校法人の資産の消費額及び用役の対価（これを事業活動支出といいます。）と、その補填に充当しうる学校法人の負債とならない収入（これを事業活動収入といいます。）との均衡状態を明らかにするために、減価償却や引当金の考え方を用いつつ事業活動収支計算を行い、事業活動収支計算書を作成します。

　また、学校法人の永続性の観点から、教育・研究に必要な財産を保持し、健全な財政状態を保つことが求められます。定期的に学校法人の財政状態を把握するために、財産計算を行い、貸借対照表を作成し

ます。

2．事業活動収支計算の目的

　学校法人会計基準第15条によると、事業活動収支計算の目的は、①教育活動②教育活動以外の経常的な活動③それ以外の活動、の3つの活動に対応する事業活動収入及び事業活動支出の内容を明らかにするとともに、基本金組入額を控除した当該会計年度の諸活動に対応するすべての事業活動収入及び事業活動支出の均衡の状態を明らかにすることとされています。

3．財産計算の目的

・財産計算の目的は、学校法人の財政状態を明らかにすることです。なお、財産について、

　「学校法人は、その設置する私立学校に必要な施設及び設備又はこれらに要する資金並びにその設置する私立学校の経営に必要な財産を有しなければならない。」（私立学校法第25条）とされています。

4．貸借対照表と財産目録

　財政状態を表わすものには貸借対照表のほかに財産目録がありますが、学校法人会計基準で作成が求められているのは貸借対照表だけであり、財産目録は私立学校法で作成が求められている（私立学校法第47条）ものです。

作成書類	根　　拠	作　成　方　法
貸借対照表	学校法人会計基準	誘導法（複式簿記による会計処理）
財産目録	私立学校法	実地調査

第 5 章 事業活動収支計算と財産計算

　では、貸借対照表と財産目録は何が異なるのでしょうか。
　両者は作成の根拠が違う以外に、作成の方法が大きく異なります。貸借対照表は事業活動収支計算で複式簿記による会計処理を適切に行うことにより誘導的に作成されるものですが、財産目録はすべての資産及び負債を原則として実地調査することにより作成されるものです。

5-2 事業活動収入と事業活動支出

1．事業活動収入

　事業活動収入とは、学校法人の全ての収入のうち負債とならない収入であり、学校法人の純財産の増加をもたらす収入をいいます。

　したがって、資金収入のうち借入による収入（借入金等収入）や貸付金の回収による収入（貸付金回収収入）などは事業活動収入とはなりません。

　一方で、現物寄付や資産売却差額などは資金収入ではありませんが事業活動収入となります。

2．事業活動支出

　事業活動支出とは、会計年度中に学校法人が消費する資産の取得価額及び用役の対価の合計です。

　事業活動収入が、学校法人の純財産の増加をもたらす収入を基礎としているのに対して、事業活動支出は学校法人の純財産の減少をもたらす支出をいいます。

　したがって、資金支出のうち設備の取得による支出（設備関係支出）や借入れの返済による支出（借入金等返済支出）、貸付けによる支出（貸付金支払支出）などは事業活動支出とはなりません。

　一方で、減価償却額や引当金の繰入額などは資金支出ではありませんが事業活動支出となります。

第 5 章 事業活動収支計算と財産計算

3．事業活動収支計算

　事業活動収支計算は、①教育活動②教育活動以外の経常的な活動③それ以外の活動の3区分ごとに、事業活動収入と事業活動支出を対照させて行います。

　さらに、事業活動収入から事業活動支出を差し引いた残額から、基本金に組み入れる額を控除して、会計年度中の収支差額を計算します（基本金に組み入れられる額については第6章を参照してください）。

5-2 事業活動収入と事業活動支出

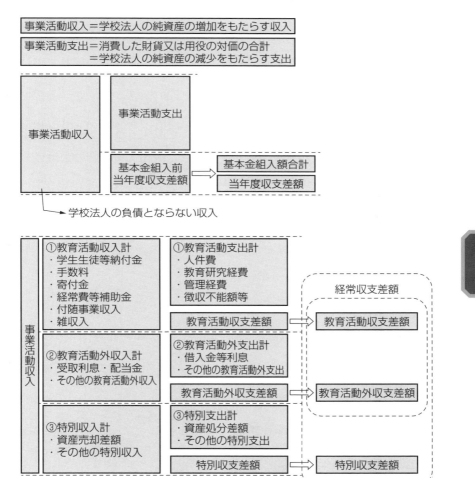

第 5 章 事業活動収支計算と財産計算

5-3 資金収入と事業活動収入の違い

　ここでは、資金収入と事業活動収入について、具体的な例題を使ってその違いを考えてみます。

例題　学部の増設にあたり校舎を新しく建設する予定があり、自己資金以外に次の方法により資金 300 を調達する場合の会計処理と計算書類はどうなるでしょうか。
　　　a．外部からの資金の寄付
　　　b．外部（銀行・事業団など）から資金の借入れ

5-3 資金収入と事業活動収入の違い

a の場合

外部から資金の寄付により現金又は預金という資産が増加するので、学校法人の純財産が増加します。したがって、寄付金（収入）は事業活動収入となります。

> 資産の増加　→　純財産の増加

● 仕訳

（借）現　金　預　金	300	（貸）寄付金（収入）	300

● 計算書類

資金収支計算書		事業活動収支計算書	
	寄付金収入 300		寄付金 300

貸借対照表	
現金預金 300	

b の場合

外部からの資金の借入れにより預金という資産が増加します。一方で借入金という負債も同額増加するため、結果として学校法人の純財産の増減をもたらさず、借入金（収入）は事業活動収入とはなりません。

> 資産の増加　→　純財産の増減なし　←　負債の増加

● 仕訳

（借）現　金　預　金	300	（貸）借　入　金	300

● 計算書類

資金収支計算書		事業活動収支計算書	
	借入金収入 300		

貸借対照表	
現金預金 300	借入金 300

第 5 章 事業活動収支計算と財産計算

5-4 資金支出と事業活動支出の違い

ここでは、資金支出と事業活動支出について、具体的な例題を使ってその違いを考えてみます。

例題 以下の条件で借入れをした場合の会計処理と計算書類はどうなるでしょうか。
    a. 元本 300 の返済
    b. 利息 10 の支払

aの場合

元本の返済は借入金という負債が減少しますが、一方で預金という資産も同額減少することから、結果として学校法人の純財産の増減をもたらさないため、借入金の返済（支出）は事業活動支出とはなりません。

資産の減少　→　純財産の増減なし　←　負債の減少

●仕訳

| （借）借　入　金　　300 | （貸）現　金　預　金　　300 |

●計算書類

bの場合

利息の支払いにより預金という資産が減少するので、学校法人の純財産が減少します。したがって、借入金利息（支出）は事業活動支出となります。

資産の減少　→　純財産の減少

●仕訳

| （借）借入金利息(支出)　　10 | （貸）現　金　預　金　　10 |

●計算書類

5-5 資産、負債及び純資産

ここで改めて学校法人の貸借対照表を構成する資産、負債及び純資産を確認しておきましょう。

1．資産

資産とは、学校法人が保有する財貨や権利をいい、土地、建物、機器備品、図書、施設利用権、現金預金、有価証券、未収入金などです。

これらの資産は、1年基準つまり会計年度末（学校法人の場合は3月31日）の翌日から起算して1年以内に資金化するか又は消費されることが予想されるものを流動資産に、1年を超えるものを固定資産に分類します。これをワン・イヤー・ルールといいます。

2．負債

負債とは、将来一定金額を支払わなければならない債務をいい、借入金、学校債、引当金、未払金などです。

負債についても、資産と同様ワン・イヤー・ルール（会計年度末の翌日から起算して1年以内に支払期限が到来するか否かにより）に従い流動負債と固定負債に分類します。

3．純資産

純資産とは、資産から負債を差し引いたもので、学校法人を永続的に維持するために保持しなければならない「基本金」と、当会計年度までの事業活動収入と事業活動支出との差額の累積である「繰越収支

5-5 資産、負債及び純資産

差額」からなります。

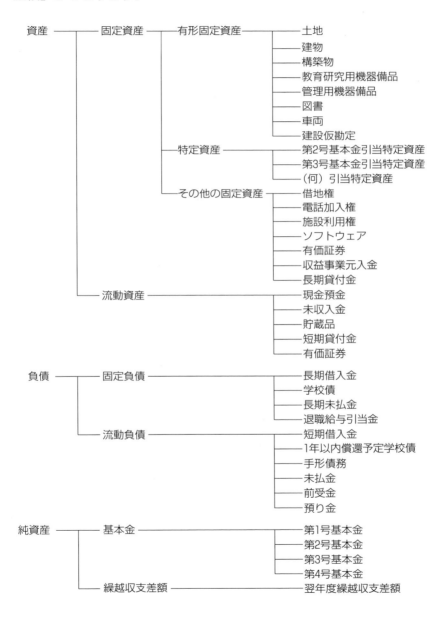

第章 事業活動収支計算と財産計算

5-6 事業活動収支計算書と貸借対照表

1．事業活動収支計算書と貸借対照表の大枠

　実際の事業活動収支計算書と貸借対照表のひな型は後で見ることとして、ここでは事業活動収支計算書と貸借対照表の基本構造を勘定形式でざっと復習しておきましょう。

事業活動収支計算書

事業活動支出	事業活動収入
総支出 　＋非資金支出 　△資産取得支出 　△負債返済支出	総収入 　＋非資金収入 　△資産売却収入 　△負債収入
当年度収支差額	事業活動収入計 　△基本金組入額

貸借対照表

資　産	負　債
	純資産 　基本金 　繰越収支差額

2．事業活動収支計算書と貸借対照表

　事業活動収支計算書と貸借対照表にはどのような関係があるのでしょうか。
　事業活動収支計算書と貸借対照表は、複式簿記による事業活動収支

5-6 事業活動収支計算書と貸借対照表

計算から作成されるものであり、事業活動収支計算書から当年度収支差額を基礎として翌年度繰越収支差額が算出され、一方で貸借対照表の純資産の一部を構成するのが、翌年度繰越収支差額であることから、両者は有機的に結合しているといえます。

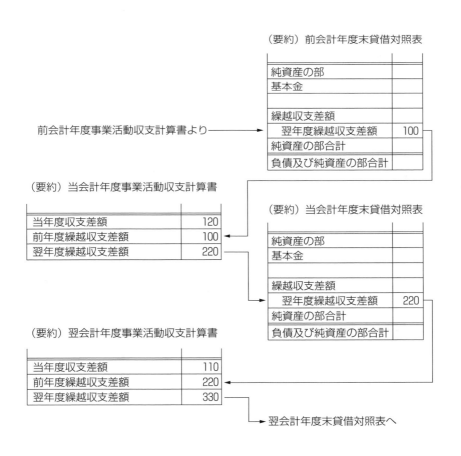

第 5 章 事業活動収支計算と財産計算

5-7 事業活動収支計算特有の収支

　資金収支と事業活動収支は、収支として認識されるものに違いがあります。資金収支計算では収支となる一方で、事業活動収支計算では収支とならないものについては、5-3 と 5-4 の例題のような場合があります。一方、資金収支計算では収支とはならないものの、事業活動収支計算では収支となるもの、つまり事業活動収支計算特有の収支（非資金収支）があります。

　事業活動収支特有の収支には、
① 減価償却額
② 資産売却差額と資産処分差額
③ 退職給与引当金繰入額
④ 徴収不能引当金繰入額と徴収不能額
⑤ 現物寄付
などがあります。

　資金収支であり、事業活動収支でもあるものについては、資金収支計算の章（第 4 章）で説明していますので、ここでは、事業活動収支

非資金収支の位置づけ

資金収支計算	事業活動収支計算	記　載　箇　所
○	○	第 4 章　資金収支計算を参照ください。
○	―	5-3 及び 5-4 を参照ください。
―	○	5-8 以降を参照ください。

○：収支となる、―：収支とならない

5-7 事業活動収支計算特有の収支

計算特有の収支について内容を解説していきます。

●資金収支と事業活動収支の関係

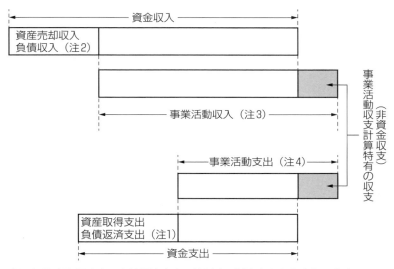

(注1) 資産取得支出・負債返済支出＝純財産の減少をもたらさない支出
　　　施設関係支出・設備関係支出・資産運用支出・貸付金支払支出・借入金返済支出・預り金支払支出など
(注2) 資産売却収入・負債収入＝純財産の増加をもたらさない収入
　　　資産売却収入・貸付金回収入・借入金収入・前受金収入など
(注3) 事業活動収入の合計額は、従来の学校法人会計基準における「帰属収入」と同じ概念です
(注4) 事業活動支出は、従来の学校法人会計基準における「消費支出」と同じ概念です

●資産・負債の増減と純財産の増減の関係

資産	純財産	負債
増加	増加	減少
減少	減少	増加

第 5 章 事業活動収支計算と財産計算

5-8 減価償却とは

1．減価償却とは

　固定資産は永久に使い続けられるものではなく、ある程度の年月を経過すると使えなくなるものがあります。

　例えば、建物について考えてみましょう。

　建物も数十年経過すれば外壁の汚れ・破損箇所も出てくるでしょうが、補修することにより継続して使用することができるはずです。しかし、さらに数十年経過してくると、補修によっても完全な状態に回復させることができず、老朽化により使用しつづけることが危険な状態になります。

　これは、もはや取得時点と同等の価値を有しているとはいえない状態になっていると考えられ、言い換えれば、建物は時の経過とともにその価値が徐々に減少していると考えられます。

　このように固定資産の中には、長期間（1年以上）にわたってその役務を提供し、その間にその価値が徐々に減少（減価）していく場合があるのです。このようなものについては、その役務を提供する期間に応じて取得価額を合理的に配分しなければ、法人の経営の状況及び財政の状態を適正に表わすことができません。

　学校法人会計基準においても、事業活動収支計算における事業活動支出は、「当該会計年度において消費する資産の取得価額」に基づいて計算するとされており、資産の取得価額を支出した年度の事業活動支出とするのではなく、消費（役務を提供）した年度の事業活動支出

とすることとされています。

したがって、取得した固定資産についてはその役務を提供する期間にわたって合理的に配分することが必要であり、その方法が減価償却なのです。

2．価値の減少（減価）

価値の減少には、物質的減価と機能的減価の2つがあります。

物質的減価とは、時の経過、使用、天災・事故などの原因によって、資産が物質的に減耗することによる減価をいいます。

一方、固定資産が物質的にはまだ使える状態であっても、新製品の発売により旧型となり結果的にコスト高になるような場合（これを陳腐化といいます。）には、資産の利用価値を機能的に減ずることとなるため、このような価値の減少を機能的減価といいます。

ただし、物質的減価であっても機能的減価であっても、減価の測定は容易でなく不確定な要素を含むため、学校法人の減価償却は時の経過による減価について減価償却を行うこととされています。

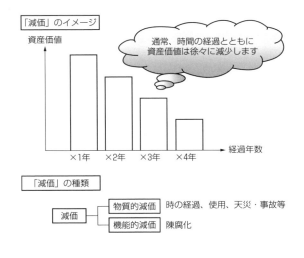

5-9 減価償却の対象となるもの

　減価償却の対象となるのは、学校法人が保有する固定資産のうち時の経過によりその価値を減少するものであり、これを減価償却資産といいます（学校法人会計基準第26条）。

　一方、固定資産のうち時の経過により価値の減少しないものは、減価償却の対象とはならず、これを非減価償却資産といいます。

　したがって、未使用であっても時の経過により価値を減ずる固定資産は、減価償却の対象となるので留意する必要があります。

5-9 減価償却の対象となるもの

減価償却資産と非減価償却資産

資産		主なもの
減価償却資産	建物	校舎・体育館・図書館
	建物附属設備	電気・水道・冷暖房など、建物がその機能を果たすために必要な施設
	構築物	プール・門塀・貯水槽・樹木など、土地に定着した建物及び建物附属設備以外の工作物
	教育研究用機器備品	学生用の机・椅子・運動用具・実験器具
	管理用機器備品	管理部門用の机・椅子・パソコン
	車両	乗用車、スクールバス
	施設利用権[1]	電気施設利用権・ガス施設利用権・水道施設利用権
	ソフトウェア	学籍管理・給与計算・会計処理などのソフト
非減価償却資産	土地	校地・グラウンドなど学校の保有地
	図書[2]	教育研究用の図書で新聞雑誌を含まない
	建設仮勘定[3]	固定資産が完成するまでの支払金額をプールしておく仮勘定
	借地権[4]	賃貸借契約に基づく賃借権・地上権
	電話加入権	加入電話の加入権

[1] 施設利用権は、使用可能期間が限定されているためその期間を限度として減価償却を行います。
[2] 図書は、時の経過とともに劣化し価値の減少をもたらしますが、原則として減価償却を行わず、除却の際に当該取得価額相当額をもって、事業活動支出に計上します。ただし、除却による処理が困難な時には、総合償却の方法により減価償却を行うことができます。
[3] 建設仮勘定は、建設途中でいまだ使用に供されていないので減価償却は行いません。
[4] 借地権などは学校法人の継続性が維持される限り保持されるので減価償却は行いません。

第5章 事業活動収支計算と財産計算

5-10 減価償却の方法

　減価償却の方法には、一般的には「定額法」「定率法」「生産高比例法」などがありますが、学校法人では計算の簡便性等を考慮して「定額法」によることとされています（学校法人会計基準第26条第2項）。

　定額法とは、取得価額から残存価額を控除し、耐用年数で除した額を毎会計年度の減価償却額とする方法であり、計算される減価償却額が毎会計年度ごとに同じ金額（定額）になるので、「定額法」と呼ばれています。

定額法による減価償却額の計算

$$減価償却額 = \frac{取得価額 - 残存価額}{耐用年数}$$

　定額法により減価償却を行うためには、取得価額、残存価額及び耐用年数の3つの要素を認識する必要があります。

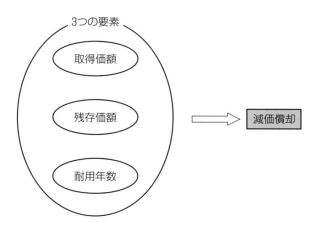

(1) 取得価額

取得価額とは資産の取得に要した金額をいい、計算上の基礎となるもので、取得の方法により、それぞれ次のように計算されます。

購入により取得した資産

資産を購入により取得した場合には、購入代価のほか、登記料、引取運賃、荷造費等の購入のために支出した費用、さらに整地費用、据付費等の使用できるようになるまでに要した費用を含めた額（これらを付随費用といいます。）が、取得価額となります。

> 取得価額＝購入代価＋付随費用

贈与又は著しく低い価額で取得した資産

資産が贈与された場合あるいは著しく低い価額で取得した場合の取得価額は、その資産の取得のために通常要する価額とすることとされており、資産の取得に要する価額とは再調達価額をいいます。

> 取得価額＝再調達価額

贈与で取得した資産の具体的な処理については、**5-19 現物寄付**で説明します。

(2) 残存価額

残存価額とは、減価償却資産が使用できなくなった時の処分価額をいい、本来見積りによって決定されますが、事業会社の場合には、法人税法の規定に従い、残存価額を零としています。

各学校法人においては、固定資産の使用状況等を勘案して自主的に

決定することが望ましく、耐用年数経過後の予想される売却価額等をもって残存価額とするのが合理的といえますが、その評価には不確定な要素が介在して簡単ではありません。

そこで、残存価額の決定にあたっては、一律に取得価額の一定率、例えば取得価額の10％とする、あるいは零とする方法があります。なお、学校法人会計でも、残存価額を零とした場合にも妥当な会計処理として認められています。

ただし、残存価額を零とした場合には、減価償却の最終年度に備忘価額（例えば1円など）を付す必要があります。これは、耐用年数経過後も当該固定資産を引き続き保有していることを帳簿上で明らかにするためです。

なお、無形固定資産は、具体的な形態を有しないため、残存価額を零とし備忘価額を付さないことになります。

(3) 耐用年数

耐用年数とは、固定資産の使用可能期間をいいます。

耐用年数についても、固定資産の使用状況等を勘案して各学校法人が自主的に決定することが望ましいのですが、その合理的算定は困難であるため、「減価償却資産の耐用年数等に関する省令」（財務省令）、または、日本公認会計士協会が公表している「固定資産の耐用年数表」（学校法人委員会報告第28号）を用いる場合も妥当な会計処理として取り扱われます。

また、財務省令又は学校法人委員会報告の耐用年数表をそのまま採用するのではなく、これらを参考に学校法人の実情に合わせて、改定したものを学校法人の耐用年数表としても差し支えありません。

5-10 減価償却の方法

（参考） 学校法人委員会報告第 28 号

固定資産耐用年数表

種類		構造等	耐用年数
建物	建物	鉄筋・鉄骨コンクリート造 ブロック造、レンガ造、石造 金属造 木造 簡易建物	50 年 40 30 20 10
	建物附属設備	電気設備 冷暖房ボイラー設備 昇降機設備 給排水衛生設備 消火災害報知設備 簡易間仕切	15 15 15 15 10 5
構築物		鉄筋コンクリート造 コンクリート造 金属造 その他	30 15 15 10
教育研究用機器備品 管理用機器備品		構造、用途、使用状況等に応じて、右欄の耐用年数を選択適用するものとする。	15 10 5
車輌			5
施設利用権			15

注）1．附属病院、研究所等の機器備品については、別途考慮することができる。
　　2．この表にない資産又はこの表の区分によりがたい資産については、学校法人が別途定めるものとする。

第 5 章 事業活動収支計算と財産計算

5-11 減価償却額の計算の具体例

　取得価額、残存価額及び耐用年数の 3 つの要素が認識できれば減価償却の計算ができますので、具体的に数値を用いて減価償却額を求めてみましょう。

　　　　　減価償却済の部分

　　　　　未償却の部分

例題　4 月 1 日に次の教育研究用機器備品を取得しました。

　　購入代価　　　　　　800
　　運賃　　　　　　　　100
　　据付費用　　　　　　100

　この固定資産について、残存価額零、耐用年数 5 年として毎会計年度の減価償却額はいくらになるでしょうか。

3つの要素の認識

取得価額…運賃、据付費用ともに機器備品を使用するまでに要する費用つまり付随費用であるから、取得価額は次のとおり計算されます。

$$取得価額 = 800 + 100 + 100 = 1,000$$

残存価額…0

耐用年数…5年

減価償却額の計算

購入年度～4年度　　減価償却額 $\dfrac{(800+100+100)-0}{5} = 200$

5年度　　　　　　　減価償却額 $\dfrac{(800+100+100)-0}{5} = 200$

$200 - 1^※ = 199$

※残存価額をゼロとしているため、備忘価額1円を付す。

5-12 中古資産の耐用年数

　資産を新しく購入した場合には使用可能期間を耐用年数としますが、中古資産を購入した場合も同様です。ただし、中古資産の場合には、当該資産の経過年数等を勘案して残存使用可能期間（残存耐用年数）を見積り耐用年数とすべきとされていますが、見積りが困難な場合には、法人税法の簡便法による方法も認められます。

　法人税法の簡便法とは、残存耐用年数の見積りを次の方法により行うものです。

① 法定耐用年数をすべて経過した固定資産については、その法定耐用年数の100分の20に相当する年数を残存耐用年数とする。
② 法定耐用年数の一部を経過したものについては、その法定耐用年数から経過年数を控除した年数に経過年数の100分の20に相当する年数を加算した年数を残存耐用年数とする。

　　例題　　当初の耐用年数が15年の教育研究用機器備品を、
　　　a．15年経過後に取得
　　　b．5年経過後に取得
　　した場合の、簡便法による残存耐用年数は何年になるでしょうか。

5-12 中古資産の耐用年数

a の場合

耐用年数のすべてを経過しているので、耐用年数の 100 分の 20 が残存耐用年数となります。

残存耐用年数 = $15\,年 \times \dfrac{20}{100}$ = **3 年**

b の場合

耐用年数の一部を経過しているので、耐用年数から経過年数を控除した年数に経過年数の 100 分の 20 を加算した年数が残存耐用年数となります。

残存耐用年数 = $(15\,年 - 5\,年) + 5\,年 \times \dfrac{20}{100}$ = **11 年**

5-13 会計年度の途中で取得した固定資産の減価償却

　資産の取得を会計年度の途中で行った場合、減価償却の計算はどのようにすべきでしょうか。

　会計年度の途中で取得した固定資産の減価償却については、原則として当該資産について計算される年間減価償却額を月数で按分する方法により算定します。ただし、重要性がない場合には、次の簡便法による処理も妥当なものとして認められます（学校法人委員会報告第28号）。

簡便法
① 取得時の会計年度は、償却額年額の2分の1の額により行う。
② 取得時の会計年度は、償却を行わず、翌会計年度から行う。
③ 取得時の会計年度から償却額年額により行う。

　なお、ここでいう重要性がない場合とは、金額の重要性であり、計算書類に与える影響が少ない場合にのみ認められるものです。
　また、簡便法を採用する場合には、資産の種類ごとに同一の方法を採用し、かつ、毎期継続して同一の方法を適用しなければなりません。これらの処理方法を採用するにあたっては、経理規程等でその旨を定めておく必要があります。

おすすめの刊行物
http://www.zeikei.co.jp

税理士が実際に行う業務に必要な知識とノウハウを提供！

強い税理士シリーズ　"経験がなくても体感できる入門書"

相続に強い税理士になるための教科書 2版　各定価：2,376円
相続に強い税理士になるための副読本　阿藤 芳明 著

医療に強い税理士になるための教科書 2版　定価：2,376円
　鈴木 克己 著

海外進出の実務シリーズ　【シリーズ8冊】

日系企業駐在員、現地スタッフ、本社の海外支援担当者が必要とする情報を網羅的に解説。　新日本有限責任監査法人 編

中国	■3,024円	タイ国〔2版〕	■2,268円
シンガポール〔3版〕	■2,808円	ベトナム〔2版〕	■2,592円
インド〔3版〕	■3,672円	ミャンマー	■2,700円
インドネシア	■2,592円	オランダ	■3,672円

会計・税務・法務Q&A

月刊 税経通信

毎月10日発売
［情報を読み解くための多様な視座を提供する］

1946年創刊。税制・会計・財政等の分野における旬な問題を的確に捉え、各分野の専門家による税務実務と税務会計戦略の解説を掲載する専門雑誌。

B5判176頁　　　　　　　　標準定価　2,960円
年間購読料（増刊2号含む）　36,000円（税込）

税務経理協会

〒161-0033
東京都新宿区下落合2-5-13
TEL：03-3953-3325（営業）　FAX：03-3565-3391　＜定価税込＞

Q&A企業組織再編の会計と税務〔第7版〕
定価：5,292円
山田淳一郎 監修・税理士法人山田&パートナーズ 著
太陽有限責任監査法人 著　山田コンサルティンググループ(株) 著

投資ストラクチャーの税務〔9訂版〕
クロスボーダー投資と匿名組合／任意組合
定価：5,184円
鬼頭朱実・箱田晶子 著
藤本幸彦 著

計算としくみはこう変わる！
消費税増税と軽減税率のキャッチアップガイド
佐藤 明弘 著
矢頭 正浩 著
定価：1,080円

ざっくりわかる！
不動産を買う・貸す・売るときの税金
伊藤 達仁 著
定価：2,160円

グループ経営をはじめよう【第4版】
非上場会社のための持株会社活用法
定価：2,484円
あがたグローバル税理士法人・アヴァンセコンサルティング株式会社 著

重要なテーマを教授と学生の対話形式で解説
会計基準の考え方
西川 郁生 著
定価：2,808円

中小企業は、まだまだ伸びる！
伸びる会社のチエ袋
田中 弘 著
定価：2,484円

よくある疑問をまるごと解決！
おひとりさまの死後事務委任
島田 雄左 著
吉村 信一 著
定価：1,728円

やさしくわかる　社労士業務便覧
古川飛祐 著
定価：2,268円

<行政書士のためのシリーズ>
新しい家族法務　実務家養成講座
「おひとりさま」「LGBT」「事実婚」… 渡邉愛里 著・竹内 豊 監修／定価：2,808円

遺言・相続 実務家養成講座〔新訂版〕　竹内 豊 著／定価：3,024円

合格者のための開業準備実践講座〔第2版〕　定価：3,024円

「建設業」実務家養成講座〔第2版〕
菊池 浩一 著・竹内 豊 監修／定価：2,808円

5-13 会計年度の途中で取得した固定資産の減価償却

例題 8月1日に次の固定資産を取得した場合の減価償却額はいくらになるでしょうか。

取得価額　　　　　600
残存価額　　　　　　0
耐用年数　　　　　5年

原則法

固定資産の使用期間は、取得した8月から翌年3月の8カ月となります。

$$減価償却額 = \frac{600 - 0}{5年} \times \frac{8}{12} = 80$$

簡便法

簡便法により減価償却額を計算すると、それぞれ次のようになります。

① $減価償却額 = \dfrac{600 - 0}{5年} \times \dfrac{1}{2} = 60$

② $減価償却額 = 0$

③ $減価償却額 = \dfrac{600 - 0}{5年} = 120$

第 5 章　事業活動収支計算と財産計算

5-14　減価償却の計算手法

　減価償却の計算手法には、次の3つの方法があります。
(1)　**個別償却**
　個々の減価償却資産ごとに、減価償却額を計算する方法
(2)　**グループ償却**
　耐用年数の等しい資産を1つのグループとし、減価償却額を計算する方法
(3)　**総合償却**
　耐用年数の異なる資産を一括して、平均耐用年数を用いて減価償却額を計算する方法

　個別償却及びグループ償却は、次のような相違があります。

	(イ) 耐用年数到来前に資産が除却された場合の処分差額の計上	(ロ) 耐用年数到来後も引き続き使用される場合の取扱い
個別償却	未償却残高が資産処分差額となります	減価償却額の計上はありません
グループ償却	原則として資産処分差額は計上されません	耐用年数の最終年度に現物の有無にかかわらず一括除却処理をします

　学校法人の場合、グループ償却は機器備品（主として、机、椅子等）の減価償却について認められています。
　なお、総合償却は平均耐用年数の算定が複雑である等の理由により実務的にはあまり採用されていないため、説明を省略します。

5-14 減価償却の計算手法

個別償却

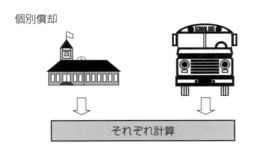

グループ償却

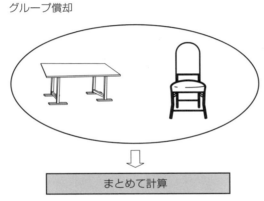

　グループ償却では、耐用年数の最終年度に一括除却処理をする方法も妥当な会計処理としているため、耐用年数経過前にその一部が除却された場合であっても、資産処分差額は計上されず、最終年度で一括除却処理を行うことになります。

　なお、耐用年数の最終年度に一括除却処理した場合でも、現品がある場合は、資産管理台帳などによって現物の十分な管理が必要です。

第 5 章　事業活動収支計算と財産計算

5-15　減価償却の会計処理

　計算された減価償却額は、会計処理を通じて計算書類にどのように反映されるのでしょうか。

　減価償却額の会計処理には、直接法と間接法の2種類があります。

　直接法とは、減価償却に対応する固定資産の勘定科目を貸方に記入して資産の価値を直接減額する方法であり、間接法とは、固定資産の価額はそのまま表示して、その次に減価償却累計額を控除する表示方法です。

　ちなみに、計算された減価償却額は、それが教育研究用の固定資産に関するものであれば、事業活動収支計算書の「教育研究経費」に、教育研究用以外の固定資産に関するものであれば、事業活動収支計算書の「管理経費」に計上されます。

　なお、固定資産のうち、時の経過により、その価値が減少するものは、未使用期間又は未使用部分についても減価償却額を計上すべきです（学校法人委員会研究報告第 20 号 3-4）。

　また、使用を休止している施設設備であっても時の経過によってその価値は減少しますので、その減価償却額は「管理経費」に計上することになります（同研究報告第 20 号 3-6）。

　例題　当会計年度の期首に取得した取得価額 100 の機器備品の当会計年度の減価償却額を 20 とします。直接法と間接法の会計処理によって、貸借対照表にどのような違いが出るでしょうか。

5-15 減価償却の会計処理

直接法の場合

●仕訳

| （借）減 価 償 却 額 | 20 | （貸）機 器 備 品 | 20 |

貸借対照表

| 機 器 備 品 | 80 | |

間接法の場合

●仕訳

| （借）減 価 償 却 額 | 20 | （貸）減価償却累計額 | 20 |

貸借対照表

| 機 器 備 品 | 100 | |
| 減価償却累計額 | △20 | 80 |

　学校法人会計基準では、どちらの方法で処理してもよいことになっていますが（学校法人会計基準第34条第3項）、間接法では取得した固定資産の取得価額及び減価償却額の累計額が帳簿上区分して明示されるため、直接法に比して優れているといえます。

　間接法による表示は、固定資産明細表の記載方法に用いられています。そこでは、取得価額に基づく期首残高、当期増加額、当期減少額、期末残高、そして減価償却額の累計額を記載し、差引期末残高を示すことになります（学校法人会計基準　第八号様式（P. 379）を参照ください。）。

第 5 章 事業活動収支計算と財産計算

5-16 資産売却差額と資産処分差額

　保有する固定資産を売却した場合、資金収支計算では売却代金を「土地売却収入」等具体的な名称を付して処理しますが、事業活動収支計算ではどのように処理するのでしょうか。

　ここでもう一度、事業活動収支がどのような収支であったかを思い出してください。事業活動収支計算において収支となるのは、学校法人の純財産の増減をもたらすものであったはずです。

　固定資産の売却の場合はどうでしょうか。固定資産は減少しますが、売却代金として資金（資産）が増加するため、学校法人の純財産の増減となるのは両者（固定資産と売却代金）の差額部分だけです。したがって、事業活動収支計算においては、その差額部分を事業活動収支計算書に示せばよいことになります。

　次に、両者の差額の求め方について段階的に考えてみます。

　固定資産は減価償却により取得価額を役務を提供する期間にわたって配分しますが、売却時点ではまだ役務に供されていない部分が残っている（これを簿価といいます。）場合もあります。この残っている部分が売却においては純財産の減少となります。

　そして、資産の売却によって売却代金（現金や預金など）を受領することになり、この売却代金が純財産の増加となります。

　最終的には、両者の差額である純財産の純増減額が事業活動収支計算書に計上されます。

売却差額と処分差額

　純財産が増加する場合は、資産売却差額として特別収支区分の事業活動収入の部に計上します。一方、資産を売却する際、必ずしも簿価よりも高い価額で売却できるとは限りません。時には安く売却せざるを得ない時もあるでしょう。このような場合には、簿価と売却価額の差額は資産処分差額として特別収支区分の事業活動支出の部に計上することになります。

資産売却（処分）差額の計算

> （売却価額＞固定資産の簿価）
> 資産売却差額＝売却価額－固定資産の簿価（※）
>
> （売却価額＜固定資産の簿価）
> 資産処分差額＝固定資産の簿価（※）－売却価額
> ※　固定資産の簿価＝取得価額－減価償却累計額

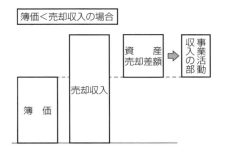
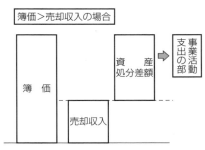

第 5 章 事業活動収支計算と財産計算

資産を売却した場合の具体的な例題を見てみましょう。

例題 1　取得価額 100・売却時点の減価償却額の累計額 80 の車両を
- a．30 で売却
- b．20 で売却
- c．15 で売却

した場合の会計処理はどうなるでしょうか。

ただし、減価償却の会計処理を直接法で処理していたとします。

車両の売却時点の簿価

簿価＝取得価額－減価償却額の累計額＝100－80＝20

a の場合

●仕訳

（借）現 金 預 金	30	（貸）車　　　　両	20
		車 両 売 却 差 額	10

b の場合

●仕訳

（借）現 金 預 金	20	（貸）車　　　　両	20

c の場合

●仕訳

（借）現 金 預 金	15	（貸）車　　　　両	20
車 両 処 分 差 額	5		

5-16 資産売却差額と資産処分差額

次に、資産を売却できずに処分（除却）した場合には、どのような処理になるのかを具体的な例題で見てみましょう。

例題2 取得価額100・除却時点の減価償却額の累計額20の車両を除却した場合の会計処理及び計算書類はどうなるでしょうか。
ただし、減価償却の会計処理を直接法で処理していたとします。

●仕訳

（借）車両処分差額	80	（貸）車両	80

●計算書類

事業活動収支計算書

車両処分差額	80	

除却の場合には、売却代金として（支払）資金の受領がないため、資金収支計算においては処理されず、事業活動収支計算でのみ処理することになります。

なお、建物について大改修を行った場合に、旧来の建物の一部を除却することが考えられます。このような場合には、その除却部分の金額を明確に把握することが難しい場合には、建築時の設計書等の資料によって、面積等の一定の指標を利用して按分計算等の方法によって除却すべき建物の金額を見積って除却処理を行う必要があります（学校法人委員会研究報告第20号4-3）。

第5章 事業活動収支計算と財産計算

5-17 退職給与引当金

　退職給与引当金とは、教職員が将来退職した場合に支給すべき退職金に備えて設定される引当金です。

　ここで引当金とは、次の要件を満たすものをいい、毎会計年度の会計事実を明瞭に表示するために設定されるものであります。

引当金の要件
① 　将来の特定の費用又は損失
② 　発生が当期以前の事象に起因
③ 　発生の可能性が高い
④ 　金額を合理的に見積ることができる

　退職金は、退職時に支払われ（①の要件）、教職員が学校法人に勤務することによって将来（退職時に）支給され（②の要件）、就業規則等によりその支給及び金額が基本的に確定しており（③④の要件）、引当金としての要件を満たすこととなるため、会計年度の負担とすべき金額を退職給与引当金繰入額とするとともに、その残高を退職給与引当金として負債に計上する必要があります。

　では、退職給与引当金繰入額及び退職給与引当金は、どのように計算されるのでしょうか。

　退職給与引当金の計算には、次の方法があります。

5-17　退職給与引当金

(1) 将来支給額予測方式

将来の退職金を各会計年度に支給される給与額を基準として期間配分する方法で、具体的には従業員の全勤続期間における給与総支給額（将来の給与支給額は見積りによる。）を当会計年度に支給された給与額で除した割合を、従業員が将来退職する場合に支給されるべき見積り退職金の総額に乗じて算出した金額をもって毎会計年度の退職給与引当金繰入額として計上する方法です。

(2) 期末要支給額計上方式（支給倍率加味方式）

会計年度末現在において全従業員が退職するとした場合の退職金要支給額を退職給与引当金とし、前会計年度末における退職給与引当金との差額を毎会計年度の退職給与引当金繰入額として計上する方法です。

(3) 現価方式

将来支給額予想方式又は期末要支給額方式によって各会計年度への費用配分額として計上された金額を、一定の割引率によって現在価値額に割り引いた金額をもって毎会計年度の退職給与引当金繰入額として計上する方法です。

　これらの方法のうち、(1)及び(3)の方法は将来の給与支給額及び将来の退職金の見積りに高度な推定計算を要するため、一般的に採用されておらず、比較的容易に把握できる数値に基づき計算を行う(2)の方法を現在の実務では採用しています。

　なお、平成23年度以降、(2)の方法による退職給与引当金は退職金の期末要支給額の100％を基礎として計上することが求められています。

第5章 事業活動収支計算と財産計算

例題 次の資料に基づいて当会計年度末の退職給与引当金を算出するとどうなるでしょう。

① 前会計年度末の退職給与引当金　　　　　210
② 当会計年度に支払った退職金　　　　　　40
③ 退職者の前会計年度末の退職給与引当金　20
④ 当会計年度末の退職金要支給額　　　　　220

なお、退職給与引当金の計上基準は、期末要支給額計上方式によっているものとします。

退職金の支払
●仕訳

（借）退職金（支出）	40	（貸）現　金　預　金	40 ②

会計年度末

当会計年度の退職給与引当金繰入額は、次のとおり計算されます。

退職給与引当金繰入額 ＝ ④ － (① － ③) ＝ 220 － (210 － 20) ＝ 30

●仕訳

（借）退職給与引当金繰入額	30	（貸）退職給与引当金	10
		退　職　金	20

●計算書類

資金収支計算書

退職金支出	40

事業活動収支計算書

退　職　金	20
退職給与引当金繰入額	30

貸借対照表

退職給与引当金	220

退職金団体（財団）に加入している場合

　教職員の退職金の最低を保証する制度の確立を図ることを目的として設立された退職金共済団体に加入している学校法人は、一定の負担金を支払うことにより、退職者が生じた時に退職金共済団体から交付金が支給されます。

　退職金共済団体に加入している学校法人の退職給与引当金に関する会計処理は、団体の財政方式が違うことによりその処理も異なります。

　そこで、財政方式・加入法人・退職給与引当金の処理等がどのように違うのか比較してみましょう。

退職金共済団体	各都道府県に設立されている私学退職金団体	私立大学退職金財団
加入学校法人	幼稚園・小学校・中学校・高等学校等を設置する学校法人	大学・短期大学・高等専門学校を設置する学校法人
財政方式	事前積立方式 登録された全教員について将来必要とされる交付金を賄うに足る掛金を予測し交付金に要する資金を事前に積み立てておく方式	（修正）賦課方式 年度ごとに実際に退職する教職員に対して必要とされる交付金の額に見合うだけの資金を加入学校法人に配分し徴収する方法
退職給与引当金	退職金支給規定に基づいて算出した退職金相当額から、交付金相当額を控除した金額を基礎として、引当金を算出	退職支給規定に基づいて算出した退職金相当額を基礎として、引当金を算出 財団に対する掛金の累積額が交付金の累積額を上回る場合には、その上回る額に相当する金額を、年度必要額から控除して、引当金を計上

　上記の団体への加入は任意であり、在職する全教職員を加入対象としている学校と一部の教職員を対象にしている学校があります。私立大学退職金財団とは単に資金の貸借があるだけで、もし交付金累計額

が掛金累計額を上回っている場合には、その差額の負担が求められますので、その額だけ退職給与引当金を積み増す必要があります。

なお、私立大学退職金財団では、平成23年度の交付金の財源の一部として、各学校法人からの掛金ではなく、財団が保有する退職資金支払準備特定資産（以下、「利息等蓄積額」という）を充当しました。この目的は、団塊の世代の大量退職に伴う退職金交付額増加などを見越して、利息等蓄積額を退職資金交付の財源に充当することで、学校法人の掛金率の低減・安定化を目指したものです。

この利息等蓄積額で充当された交付金については、下記の退職給与引当金の計算式における「交付金累積額」には含めないため、注意が必要です。

> 退職給与引当金＝期末退職金要支給額－（掛金累積額－交付金累積額）

なお、企業会計では、2001年3月期より退職給付会計が適用されています。この会計処理は、学校法人の多くが採用している期末要支給額を基準とした退職給与引当金の計上基準と異なっており、退職金や退職年金（退職給付といいます）のうち期末時点までに発生していると認められる額を、長期債券の利回りなどを基礎として割引計算により測定して計上するものです。

現在の期末要支給額基準による退職給与引当金に比べて、この退職給与引当金を算出しますと、相当額が不足することになります。現実に教職員の退職に伴う退職金の支給は、引当金の不足額を顕在化させることになり、将来の財政構造への大きな影響が懸念されます。

5-18 徴収不能引当金と徴収不能額

　学生からの授業料等が会計年度末に未収であったり、学校法人が教職員や学生に金銭を貸与することがありますが、これら未収入金や貸付金（これらを金銭債権といいます。）は、翌会計年度以降において順次回収されていくはずです。しかし、何らかの理由で回収することができなくなる（これを徴収不能といいます。）と、学校法人の財産が実質的になくなってしまい、学校法人の運営に不利な影響を及ぼすことになります。

　そこで、金銭債権に徴収不能の虞がある場合に、あらかじめその見込額を事業活動収支計算において支出として処理しておくのが徴収不能引当金です。

　では、徴収不能引当金の計算はどのように行えばよいのでしょう。

　徴収不能引当金の計算には、

① 個々の相手に対して徴収不能見込額を見積る方法
② 過去の徴収不能額から徴収不能実績率を算出し、金銭債権の会計年度末の残高に対して徴収不能実績率を掛けたものを徴収不能見込額とする方法

の2つがあります。

　そこで、徴収不能の処理を具体的にみていきます。

第 5 章 事業活動収支計算と財産計算

例題 当会計年度末に、学生からの授業料に 1,000 の未収入金が生じた。この未収入金に対して 2 ％（徴収不能実績から算出）の徴収不能が見込まれている。

翌会計年度において、
① 未収入金に徴収不能 5 が発生
② 未収入金に徴収不能 25 が発生
した場合の会計処理はどうなるでしょうか。

当会計年度末
●仕訳

（借）未 収 入 金	1,000	（貸）授　業　料	1,000
徴収不能引当金繰入額	20	徴収不能引当金	20

●計算書類

事業活動収支計算書

徴収不能引当金繰入額	20	授　業　料	1,000

貸借対照表

未 収 入 金	1,000
徴収不能引当金	△20

（注） 例題であるため徴収不能引当金を間接的に控除していますが、学校法人の貸借対照表上では、徴収不能引当金の額を控除した残額を記載します。

翌会計年度

①の場合

●仕訳

| （借）徴収不能引当金 | 5 | （貸）未 収 入 金 | 5 |

●計算書類

事業活動収支計算書

貸借対照表

| 未 収 入 金 | 995 | | |
| 徴収不能引当金 | △15 | | |

②の場合

●仕訳

| （借）徴収不能引当金 | 20 | （貸）未 収 入 金 | 25 |
| 　　　徴 収 不 能 額 | 5 | | |

●計算書類

事業活動収支計算書

| 徴 収 不 能 額 | 5 | | |

貸借対照表

| 未 収 入 金 | 975 | 徴収不能引当金 | 0 |

　なお、学生生徒等納付金に係る未収入金だけでなく、学生生徒・教職員への貸付金や、大学の附属病院における医療収入未収入金等に対しても徴収不能額や徴収不能引当金繰入額が計上される場合がありますが、これらは全て教育活動収支の事業活動支出として計上されます。

第5章 事業活動収支計算と財産計算

5-19 現物寄付

　寄付は必ずしも金銭とは限りません。金銭以外にも、例えば退職する教員から学校法人の教育研究活動に役立ててほしいと蔵書の寄付を受けることも考えられます。このような金銭以外の寄付のことを現物寄付といいます。

　そもそも、現物寄付を受けた場合、会計処理は必要となるのでしょうか。資金収支計算において現物寄付は（支払）資金の受払いがないため処理は必要がありませんが、事業活動収支計算では現物寄付の受入れが学校法人の純財産を増加させるため、事業活動収入として会計処理が必要となります。

　では、現物寄付で受け入れた資産の評価はどのように決定するのでしょうか。

　現物寄付の場合、（支払）資金の受払いがないため、評価としてはゼロ、すなわち、資産計上がなされないのではと思われるかもしれません。しかし、学校法人会計基準第25条では、贈与された資産の評価（取得価額）は、資産の取得のために通常要する価額をもってするものとするとされています。

　このため、例えば、美術品の寄贈を受けた場合には、専門家に鑑定評価を依頼するか、あるいは最近の売買事例や美術年鑑等の評価額を参考にして取得価額を決定することになります（学校法人委員会研究報告第20号1-7）。

　また、売主の好意などにより著しく低い価額で資産を取得する場合も考えられます。このような場合には、その資産の取得のために通常

5-19 現物寄付

要する価額と実際の支払金額との差額を、現物寄付として処理することになります。

例題 退職する教員から以下の寄付を受けた場合の会計処理及び計算書類はどうなるでしょうか。

　　　金銭　　　　　　　20
　　　図書　　　　　　　45

● 仕訳

（借）現　金　預　金	20	（貸）寄付金（収入）	20
図　　　　書	45	現　物　寄　付	45

● 計算書類

資金収支計算書

	寄　付　金　収　入	20

事業活動収支計算書

	寄　　付　　金	20
	現　物　寄　付	45

貸借対照表

現　金　預　金	20
図　　　　書	45

第 5 章 事業活動収支計算と財産計算

5-20 事業活動収支計算書及び附属する事業活動収支内訳表の作り方

1．事業活動収支計算書の作り方

決算において、事業活動収支計算書を作成することになりますが、学校法人会計基準の定める記載科目及び様式は次のとおりです。

> **事業活動収支計算書の記載科目**
> 第19条　事業活動収支計算書に記載する科目は、別表第二のとおりとする。
>
> **事業活動収支計算書の様式**
> 第23条　事業活動収支計算書の様式は、第五号様式のとおりとする。

（注）　別表第二及び第五号様式は、巻末（P.359、P.372）を参照ください。

（留意点）

事業活動収支計算書は、3つの活動（①教育活動②教育活動以外の経常的な活動③それ以外の活動）ごとに事業活動収入と事業活動支出を対照させて、各活動に対応する事業活動収支の内容を明らかにするとともに、基本金へ組み入れる額を控除した事業活動収支の均衡を明らかにするために作成されます。

具体的には、経常的に発生する①教育活動収支と②教育活動以外の経常的な活動収支（教育活動外収支）を併せて経常収支とし、臨時的

5-20 事業活動収支計算書及び附属する事業活動収支内訳表の作り方

なものである③それ以外の活動収支(特別収支)を加減して、基本金組入前当年度収支差額を算出します。この基本金組入前当年度収支差額は、従来は帰属収支差額とよばれていた金額ですが、改正前の学校法人会計基準に基づく消費収支計算書には表示されていませんでした。しかし基本金組入前の毎期の収支バランスに係る有用な情報を提供する目的から、学校法人会計基準の改正により明示されることになりました。

そして、この基本金組入前当年度収支差額から基本金組入額を控除することによって当年度収支差額を算出します。

学校法人会計基準別表第二に記載されている活動区分ごとの大科目及び小科目は以下のとおりです。

		大科目	小科目
教育活動収支	収入	学生生徒等納付金	授業料、入学金、実験実習料、施設設備資金
		手数料	入学検定料、試験料、証明手数料
		寄付金	特別寄付金、一般寄付金、現物寄付
		経常費等補助金	国庫補助金、地方公共団体補助金
		付随事業収入	補助活動収入、附属事業収入、受託事業収入
		雑収入	施設設備利用料、廃品売却収入
	支出	人件費	教員人件費、職員人件費、役員報酬、退職給与引当金繰入額、退職金
		教育研究経費	消耗品費、光熱水費、旅費交通費、奨学費、減価償却額
		管理経費	消耗品費、光熱水費、旅費交通費、減価償却額
		徴収不能額等	徴収不能引当金繰入額、徴収不能額
教育活動外収支	収入	受取利息・配当金	第3号基本金引当特定資産運用収入、その他の受取利息・配当金
		その他の教育活動外収入	収益事業収入
	支出	借入金等利息	借入金利息、学校債利息
		その他の教育活動外支出	
特別収支	収入	資産売却差額	
		その他の特別収入	施設設備寄付金、現物寄付、施設設備補助金、過年度修正額
	支出	資産処分差額	
		その他の特別支出	災害損失、過年度修正額

第5章 事業活動収支計算と財産計算

　小科目については様式に示された科目以外に、形態分類による科目の追加・細分化ができることとなっていますが、大科目については、科目の追加及び科目名の変更はできないとされており、たとえ金額がなくても省略はできません。なお、特に特別収支については該当する項目がない場合も想定されますが、その場合であっても、「特別収支の部」を省略できないのはもちろんのこと、大科目の省略もできない点に留意が必要です。

　また、事業活動収支計算書は収益事業以外の全ての活動に係る事業活動収支計算の結果を表示するものであり、特定の事業活動収入、事業活動支出について別会計で経理している等の理由でこれを事業活動収支計算書の記載から除いてはなりません。

　事業活動収支計算書の主な構造は以下のとおりです。なお、従来の学校法人会計基準における「帰属収入」が「事業活動収入計」として、「消費支出」が「事業活動支出計」として、「(参考)」の見出しをつけて翌年度繰越収支差額の次に記載されます。

5-20 事業活動収支計算書及び附属する事業活動収支内訳表の作り方

● (要約) 事業活動収支計算書

教育活動収支		
教育活動収入計	5,000	①
教育活動支出計	4,000	②
教育活動収支差額	1,000	③＝①－②
教育活動外収支		
教育活動外収入計	300	④
教育活動外支出計	200	⑤
教育活動外収支差額	100	⑥＝④－⑤
経常収支差額	1,100	⑦＝③＋⑥
特別収支		
特別収入計	450	⑧
特別支出計	250	⑨
特別収支差額	200	⑩＝⑧－⑨
基本金組入前当年度収支差額	1,300	⑪＝⑦＋⑩
基本金組入額合計	800	⑫
当年度収支差額	500	⑬＝⑪－⑫
前年度繰越収支差額	1,200	⑭
基本金取崩額	200	⑮
翌年度繰越収支差額	1,900	⑯＝⑬＋⑭＋⑮

(参考)

事業活動収入計 (注1)	5,750	⑰＝①＋④＋⑧
事業活動支出計 (注2)	4,450	⑱＝②＋⑤＋⑨

(注1) 従来の学校法人会計基準における「帰属収入」
(注2) 従来の学校法人会計基準における「消費支出」

２．事業活動収支内訳表の作り方

　資金収支計算において資金収支計算書のほかに資金収支内訳表を作成するのと同様、事業活動収支計算においても、学校法人の事業活動収支の内容及び均衡の状態をより詳しく表わすために、部門別に区分した内訳表の作成が必要となります。これを事業活動収支内訳表といいます。事業活動収支内訳表の様式は巻末の第六号様式（P.375）を参照してください。

　第六号様式を見れば明らかですが、内訳の記載は「当年度収支差額」まででよく、予算の額も記載を必要としません。

　また、事業活動収支内訳表の部門の区分は、資金収支内訳表よりも少し大くくりの区分となっています。たとえば、大学については学部ごとの区分は要請されず、学校別の表示で足ります。

5-21 貸借対照表科目の概略

　貸借対照表は、学校法人の会計年度末の財政状態を表わすものであり、複式簿記による会計処理により誘導的に作成されるものです。会計処理にあたって科目（群）ごとにポイントになる事項がいくつかあります。

　以下では、貸借対照表の科目（群）ごとに概要とポイントを解説していきます。

貸借対照表の科目（群）	参照先
1．有形固定資産及び無形固定資産	…… 5-22
2．ソフトウェア	…… 5-23
3．固定資産の評価	…… 5-24
4．リース取引	…… 5-25
5．有価証券	…… 5-26
6．貯蔵品	…… 5-27
7．特定資産	…… 5-28
8．その他の資産	…… 5-29
9．負債及び純資産	…… 5-30

第5章 事業活動収支計算と財産計算

5-22 有形固定資産及び無形固定資産

(1) 有形固定資産

1年以上使用することを目的として所有する資産で、具体的な形態を有したものであり、土地・建物・構築物・機器備品・図書・車両・建設仮勘定などがあります。

(2) 無形固定資産

1年以上使用することを目的として所有する資産であるが、具体的な形態を有しないものであり、借地権・電話加入権・施設利用権、ソフトウェア（5-23で別途説明しています。）などがあります。

なお、無形固定資産は貸借対照表においてその他の固定資産に含められます。

固定資産は、貸借対照表では有形固定資産、特定資産、その他の固定資産の3つに区分されます。このうち、特定資産は将来の特定の目的のために資金を留保しておくものであることから、その実態は預金や有価証券などです。それ以外の有形固定資産とその他の固定資産については、減価償却の対象となるか否かで減価償却資産と非減価償却資産にも区分されます。これらはどのような関係にあるのでしょうか。

これらの関係を図示すると、次のようになります。

5-22 有形固定資産及び無形固定資産

	固定資産			
	有　　形	その他	減価償却	非減価償却
土　　　　地	○			○
建　　　　物	○		○	
構　築　　物	○		○	
教育研究用機器備品	○		○	
管理用機器備品	○		○	
図　　　　書	○		＊	○
車　　　　両	○		○	
建　設　仮　勘　定	○			○
借　　地　　権		○		○
電　話　加　入　権		○		○
施　設　利　用　権		○	○	
ソフトウェア		○	○	

＊　一定の条件のもとで減価償却も認められます。

(3) **教育研究用機器備品と管理用機器備品**

　機器備品は、貸借対照表上、教育研究用と管理用に区分（資金収支計算書上も教育研究用機器備品支出と管理用機器備品支出に区分）することになりますが、この区分は、経費の教育研究経費と管理経費の区分を参考にして考えます。

　つまり、機器備品の主たる用途により、教育研究用と管理用に区分することになります。

(4) **減価償却資産の記載方法**

　減価償却資産については、当該減価償却資産に係る減価償却の累計額を控除した残額を記載することとされています（学校法人会計基準第

34条第3項)。

(5) 図書の会計処理

　長期間にわたって保存、使用することが予定される図書は、取得価額の多寡にかかわらず固定資産に属する図書として扱うことになりますが、学習用図書、事務用図書等のように、通常その使用期間が短期間であることが予定される図書は、取得した年度の事業活動支出とすることができます。

　また、事業活動支出として処理された雑誌等を合冊製本して長期間にわたって、保存、使用する図書とする場合には、その合冊製本に要した経費をもって、当該図書の取得価額とすることになります。

　図書の中には、定期的に内容を見直してページを追加・削除する加除式のものがありますが、この場合の更新作業に要する支出はもとの図書の機能を維持するための費用として、教育研究経費とします（学校法人委員会研究報告第20号1-8)。

　図書と類似の役割を有するテープ、CD、DVD等は、利用の態様に従い、図書に準じた会計処理を行います。

　コンピューターを利用するために購入したコンテンツやデータファイルも、図書と類似の役割を果たしているものと考えられるので、利用の態様に従い、図書に準じた会計処理を行うことになります（同研究報告第20号1-9)。

(6) 少額重要資産

　資産のうち、長期間にわたって役務を提供するもので金額的に少額なものを、すべて固定資産で処理すると管理が煩雑になるため、一定金額以下のものについては、消耗品費や備品費で処理することができます。

　しかし、学校法人の性質上、基本的に重要なもので、常時相当多額（多量）に保有することが目的遂行上必要とされる資産（これを少額重要資産といいます。）については、金額的に少額であっても固定資産として計上しなければなりません。少額重要資産については、経理規程等に具体的な内容を明記することが望ましいとされています（学校法人委員会研究報告第20号1-5）。

　例えば、常時多量に保有する学生生徒用の机、椅子、ロッカーなどがあり、各年度内で少量を購入した場合でも、少額重要資産として固定資産に計上する必要があります（同研究報告第20号4-5）。

第5章 事業活動収支計算と財産計算

5-23 ソフトウェア

　ソフトウェアとは、コンピューターを機能させるように指令を組み合わせて表現したプログラム及びこれに関連する文書をいい、学校法人においても、学籍管理、履修登録、成績管理、人事管理、給与計算又は会計処理など様々なソフトウェアを日常的に使っています。

　ソフトウェアについては、その利用により将来の収入獲得又は支出削減が確実であると認められる場合には、取得に要した支出に相当する額を資産として計上し、それ以外の場合には経費として処理することになります（学校法人委員会実務指針第42号）。

　ただし、基本ソフトウェアは、機器備品等と別個では機能せず一体として初めて機能するものであるため、両者を区分せず機器備品等に含めて処理します。

　一方、応用ソフトウェアについては、機器組込済みであり、ハード部分とソフト部分を明確に区分することが困難な場合は、機器備品等に含めて処理しますが、購入後に別途インストールするような場合では、その支出内容により、資産計上又は経費処理を行います。

　なお、資産に計上するソフトウェアは、学校法人の採用する固定資産計上基準額以上のものであり、耐用年数は学校法人が当該ソフトウェアの利用の実態等を勘案して、自主的に決定するとされていますが、実務上は5年としているケースが多いようです。

5-24 固定資産の評価

　資産の評価は、取得原価をもってするものとされており（学校法人会計基準第25条）、固定資産についてもその取得価額によって評価されることが原則です。

　しかし、近年、大規模な災害等により学校法人が保有する固定資産の一部の使用が困難となり、かつ処分もできないような事態が生じています。そのような場合には、実際に処分は行っていなかったとしても、現に使用することをやめ、かつ、将来も転用などにより使用する予定がないものについては、理事会や評議員会の承認など適切な承認を経たうえで、備忘価額を残して貸借対照表の資産計上額から除くことができます。

　その場合に生じた損失については、事業活動収支計算書の「特別収支」の大科目「資産処分差額」に小科目「有姿除却等損失」等の科目で表示します。また、貸借対照表の資産計上額から除いた固定資産に対応する基本金（備忘価額を含む）は代替資産の取得を予定していない場合には取崩しの対象とされます。

5-25 リース取引

1．リース取引の種類

　学校法人の行うリース取引が増加する傾向にあるなかで、経済的な実態を的確に計算書類に反映させる必要があることから、リース取引に関する会計処理についての通知が平成20年に出されました。

　では、リース取引とはどのようなもので、どのように会計処理すべきか整理しておきましょう。

　リース取引とは、特定の物件の所有者たる貸手が、その物件の借手に対して、合意された期間（リース期間といいます。）にわたり、これを使用収益する権利を与え、借手は、合意された使用料（リース料）を貸手に支払う取引をいいます。

　リース取引は、ファイナンス・リース取引とオペレーティング・リース取引に区分されます。

　ファイナンス・リース取引は、リース期間の中途において契約を解除できないリース取引で、借手が、その契約に基づき使用する物件からもたらされる経済的便益を実質的に享受でき、かつ、そのリース物件の使用に伴って生じるコストを実質的に負担することとなるリース取引をいいます。オペレーティング・リース取引は、ファイナンス・リース取引以外のリース取引をいいます。

　通常、ファイナンス・リース取引に該当するか否かは、次の要件のいずれかに該当するかで判定します。

ファイナンス・リース取引の判定要件

現在価値基準	解約不能のリース期間中のリース料総額の現在価値が、そのリース物件を現金購入するとした場合の合理的見積金額の概ね90％以上であること
耐用年数基準	解約不能のリース期間が、当該リース物件の耐用年数の概ね75％以上であること

　また、ファイナンス・リース取引は、所有権移転ファイナンス・リース取引と所有権移転外ファイナンス・リース取引に区分され、次の要件のいずれかに該当する場合には、所有権移転ファイナンス・リース取引になります。

所有権移転ファイナンス・リース取引の判定要件

所有権移転リース	リース契約上、リース期間終了後又はリース期間の途中で、リース物件の所有権が借手に移転することとされているもの
割安購入選択権付リース	リース契約上、借手に対して、リース期間終了後又はリース期間の途中で割安購入選択権が与えられており、その行使が確実に予想されるもの
特別仕様物件リース	リース物件が借手の用途等に合わせた特別な仕様によるものであって、当該リース物件の返還後、貸手が第三者に再リースし、又は売却することが困難であるため、その使用可能期間を通じて借手によってのみ使用されることが明らかなもの

2．リース取引の会計処理

　リース取引の会計処理は、リース取引の種類によって決まります。ファイナンス・リース取引は、リース取引開始日に、通常の売買取引に係る方法に準じた会計処理となります。
　一方、オペレーティング・リース取引は、通常の賃貸借取引に係る

方法に準じた会計処理となります。

　さきほどのファイナンス・リース取引の判定基準からも分かるとおり、形式的には賃貸借取引のリース契約でも経済的実態が、その物件を購入したのと同様の状態にあると認められる場合には、通常の売買取引に係る方法に準じた処理が求められています。

リース取引の会計処理

ファイナンス・リース取引	通常の売買取引に係る方法に準じた会計処理（注）
オペレーティング・リース取引	通常の賃貸借取引に係る方法に準じた会計処理

（注）次のいずれかに該当する場合には、通常の賃貸借取引に係る方法に準じた会計処理が認められています。
　　ア　リース料総額が学校法人の採用する固定資産計上基準額未満のもの（リース物件が少額重要資産の場合を除く。）
　　イ　リース期間が１年以内のもの
　　ウ　リース契約１件当たりのリース料総額が 300 万円以下のもの（ただし、所有権移転外ファイナンス・リース取引に限る。）

3．リース物件の固定資産計上額

　リース物件を固定資産に計上する場合の固定資産計上額は、利子抜き法を原則としますが、リース対象資産の総額に重要性が乏しいと認められる場合には、利子込み法により処理することも認められています。

リース物件の固定資産計上額

利子抜き法（原則）	リース料総額を元本返済額部分と利息相当額部分及び維持管理費用相当額部分に区分した場合の元本返済額部分
利子込み法（容認）	リース料総額

４．固定資産に計上されたリース物件の減価償却額

　固定資産に計上されたリース物件の減価償却は、リース取引の種類によって区分されます。

所有権移転ファイナンス・リース取引	自己所有の固定資産に適用する減価償却方法と同一の方法により算定する
所有権移転外ファイナンス・リース取引	リース期間を耐用年数とし、残存価額はゼロとして算定する

5-26 有価証券

　学校法人は、保有する資金を有価証券によって運用することには何ら規制はありませんが、学生生徒等納付金や寄付金、そして公的な補助金によって運営されているため、投機性を伴う有価証券を保有することは相応しくないと考えられており、元本保証等の低リスクの証券が運用の対象となります。

　さて、有価証券とは、財産権を表彰する証券でその権利の移転が証券によってなされているものであり、手形・小切手・船荷証券・株券・債券・商品券など広範なものをいいますが、会計上の有価証券は、金融商品取引法上の有価証券に、譲渡性預金証書のように有価証券と同様の位置付けで運用される金融商品が含まれることになります。

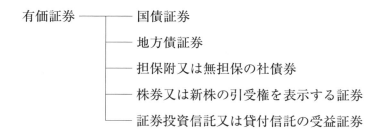

　また、有価証券は、その保有目的により固定資産と流動資産に区分されます。

保有目的	区分
長期保有（会計年度末から1年超）	固定資産
一時保有	流動資産

　学校法人が会計年度末において保有している有価証券について、時価が取得価額と比較して著しく低くなった場合には、その回復が可能と認められるときを除き、時価によって貸借対照表に計上しなければなりません（学校法人会計基準第27条）。

　時価とは、公正な評価額を指し、取引を実行するために必要な知識をもつ自発的な独立の第三者の当事者が取引を行うと想定した場合の取引価額をいいます。

　有価証券に付すべき時価には、「市場価格に基づく価額」と「合理的に算定された価額」があります。有価証券が株式や債券の場合には、市場価格を時価としますが、市場価格がない場合で合理的に算定された価額が得られれば、合理的に算定された価額を時価とします。

　なお、市場価格のない株式については、発行会社の財政状態から実質価額を算定して評価することになります。

実質価額の計算式

$$\text{実質価額（1株当たり純資産額）} = \frac{\text{発行会社の純資産額}}{\text{発行会社の発行済株式数}}$$

　では、時価が著しく低くなったとはどのような場合を指すのでしょうか。

　時価が著しく低くなった場合の具体的な指針について、学校法人会計基準には明示されていませんが、少なくとも個々の有価証券の時価が帳簿価額の50％相当額を下回ったときに「著しく低くなった場合」

に該当すると判断すべきです。また、たとえ下落率が50％未満であっても、30％以上の下落があった場合には、それが「著しく低くなった場合」に該当するかどうか、各学校法人の判断で合理的な基準を設けて判断することになります。

時価の下落率	「著しく低くなった場合」かどうかの判定
50％以上	「著しく低くなった場合」に該当する。
30％以上50％未満	著しく低くなったと判断するための合理的な基準を設けて判断する。
30％未満	「著しく低くなった場合」に該当しない。

（学校法人委員会実務指針第45号 4-3）

また、時価が回復する見込みがある場合を除き、時価によって評価することとされていますが、時価が回復する見込みがある場合を除くとは、

① 時価が取得価額まで回復する見込みがない場合

② 時価が取得価額まで回復する見込みが疑わしい場合

をいいます。

回復する見込みがある場合とは、株式の場合、時価の下落が一時的なものであり、期末日後おおむね1年以内に時価が取得価額にほぼ近い水準にまで回復する見込みがあることを合理的な根拠をもって予測できる場合としています（学校法人委員会実務指針第45号 4-5）。

かなり難しい論点であり、過去の時価の推移と当該有価証券の発行会社の業績を分析して、その回復可能性を見極めることになります。なお、出資証券、抵当証券等有価証券類似のものについても有価証券に準じて時価の下落の客観的な事実に従って評価替えをする必要があります。

学校法人では、特定資産の運用の手段として有価証券を保有するこ

とがありますが、学校法人会計基準第27条が適用されますので、さきほどの評価を行うことになります。

では、有価証券の評価替えを行った場合に、会計処理はどのように行うのでしょうか。

このことについて、学校法人会計基準では明示されていませんが、日常の法人業務から派生する法人運営のための経費（管理経費）ではなく、資産の処分に伴う損失額に準ずる性格のものであると考えられるため、事業活動収支計算書の「特別収支」の区分において、大科目「資産処分差額」、小科目「有価証券評価差額」と表示するのが妥当です（学校法人委員会実務指針第45号4-9）。

有価証券の評価替えについて具体的に見てみましょう。

例題 保有する有価証券のうち、当会計年度末におけるA社株式は次のとおりです。

保有株式数　　　　　　　10株
1株当たりの取得価額　　　20
1株当たりの時価　　　　　8

なお、A社の業績悪化によるもので、時価の回復の見込みはないものとします。

まず、時価が取得価額と比較して著しく低くなっているか判断します。

$$\underset{20}{\text{取得価額}} - \underset{10}{\text{取得価額の50％}} > \underset{8}{\text{時価}} \quad \therefore \text{著しい下落}$$

次に、回復の可能性を検討し、回復の見込みはないことから、評価替えを行います。

第5章 事業活動収支計算と財産計算

●仕訳

| （借）有価証券評価差額 | 120 | （貸）有　価　証　券 | 120 |

●計算書類への開示

事業活動収支計算書

| 有価証券評価差額 | 120 |

貸借対照表

| 有　価　証　券 | 80 |

5-27 貯蔵品

事務用品などの消耗品のうち未使用のものを貯蔵品として処理し、翌会計年度以降の支出とします。

期末の貯蔵品は、実地棚卸しにより数量を確認し、最終仕入原価法等の評価方法により金額を確定します。

消耗品について会計年度中は経費で処理し、期末に未使用残高がある場合の処理を見てみましょう。

> 例題　経費として処理されているも消耗品（96）のうち、会計年度末に棚卸しを行ったところ未使用残高が18あった場合の会計処理及び計算書類はどうなるでしょうか。

●仕訳

（借）貯　蔵　品	18	（貸）消　耗　品　費	18

●計算書類

事業活動収支計算書

消　耗　品　費	78	

貸借対照表

貯　蔵　品	18	

第5章 事業活動収支計算と財産計算

5-28 特定資産

　将来の特定の目的のために資金を留保（引当）しておくのが、特定資産です。

　学校法人を永続的に維持していくためには、将来の施設設備の更新資金や教職員の退職金の資金は必ず必要となるものです。しかし、必要な時に資金を確保しようとしても困難な場合もあるため、あらかじめ資金を留保しておくことにより、さらなる学校法人の永続的な維持が可能となります。

　では、どのようなものが、特定資産となるのでしょうか。以下見てみましょう。

第2号基本金引当特定資産

　第2号基本金とは、学校法人が新たな学校の設置又は既設の学校の規模の拡大もしくは教育の充実向上のために将来取得する固定資産の取得に充てる金銭その他の資産の額のことです（学校法人会計基準第30条）。この第2号基本金に対応する資産（預金や有価証券など）については、「特定資産」（大科目）の中の小科目「第2号基本金引当特定資産」として表示します。ここで、第2号基本金については複数の計画に基づいて設定されていることがありますが、その場合は、貸借対照表においては「第2号基本金引当特定資産」として合算して表示するとともに、「第2号基本金の組入れに係る計画集計表」（様式第一の一）を作成します。

第3号基本金引当特定資産

　第3号基本金とは、基金として継続的に保持し、かつ、運用する金銭その他の資産の額のことです（学校法人会計基準第30条）。この第3号基本金に対応する資産（預金や有価証券など）については、「特定資産」（大科目）の中の小科目「第3号基本金引当特定資産」として表示します。第3号基本金についても第2号基本金と同様に、複数の計画に基づいて設定されることがありますが、その場合は、第2号基本金と同様、貸借対照表においては「第3号基本金引当特定資産」として合算して表示するとともに、「第3号基本金の組入れに係る計画集計表」（様式第二の一）を作成します。

その他の引当特定資産

　上記以外にも、将来の資産の取得や退職金の支払いなどに備えて資金を留保することを目的として、様々な引当特定資産を設定することがあります。具体的には、退職給与引当特定資産・施設拡充引当特定資産・減価償却引当特定資産・○周年記念事業引当特定資産・○号館建設引当特定資産などが想定できます。

　ただし、特定資産を設定することとした場合にも、無制限に引当てることはできません。引当の目的額をその限度とし、例えば退職給与引当特定資産の場合には退職給与引当金相当額が、減価償却引当特定資産の場合には減価償却累計額がその計上の限度額となります。

　また、特定資産として留保した資金の運用は、設定目的を達成するためにも、元本が保証された安全な運用が求められます。

第 5 章 事業活動収支計算と財産計算

5-29 その他の資産

1．収益事業元入金

学校法人が、寄附行為に定めた収益事業（私立学校法上の収益事業）を行うための元入額をいいます。

なお、私立学校法上の収益事業については、**8-1 学校法人と収益事業、8-2 私立学校法上**の収益事業を参照してください。

2．貸付金

金銭を学生や教職員などに貸し付けた場合の債権が貸付金です。

会計年度末の翌日から起算して1年を超えて返済期限が到来するものを長期貸付金とし、1年以内に返済期限が到来するものを短期貸付金とします。

貸付金に対して徴収不能引当金を設定した場合には、徴収不能引当金の額を控除した残額を記載します。これは、学校法人が保有する資産の正確な残高を示すためには、金銭債権の取得原価から徴収不能引当金の残高を控除することが必要であるからです。

3．前払金

学校法人が、いまだ財貨又はサービスの提供を受けていないものに対して金銭を支払った場合の支払額を前払金として処理します。

4．未収入金

　学生生徒等納付金、補助金、資産の売却代金などの収入項目のうち会計年度中に収入として計上する事実が発生しているにもかかわらず、いまだ入金されていないものを未収入金として処理します。

　未収入金に対して徴収不能引当金を設定した場合には、貸付金と同様、貸借対照表上では徴収不能引当金の額を控除した残額を記載します。

第章　事業活動収支計算と財産計算

5-30　負債及び純資産

１．借入金

　学校法人が、銀行や日本私立学校振興・共済事業団などから資金を借り入れた場合の債務を借入金といい、返済期限が会計年度末後１年を超えて到来するものを長期借入金とし、１年以内に返済期限が到来するものを短期借入金とします。

　なお、長期借入金のうち分割返済の定めがあるもので、１年以内に返済期限が到来するものは短期借入金に振り替えることが必要ですが、この振替えは、資金収支計算とは関連がないので資金収支計算書では表示せず、貸借対照表上でのみの振替えになります。

２．学校債

　学校の設備資金を調達するために、卒業生、学生生徒等の父母に対して発行するもので、その本質は借入れです。

３．手形債務

　物品を購入するために、学校法人が振出した手形（一定の時期に一定金額を支払うことを記した証券）をいいます。

４．未払金

　資産の購入代金や提供されたサービスのうち、いまだ支払っていないものを未払金として処理します。

なお、未払金のうち支払期限が会計年度末後1年を超えて到来するものは長期未払金とします。

5．前受金

翌会計年度に入学する学生から徴収した入学金や施設設備費などは、翌会計年度の収入とすべきものであるため、受領した金銭は前受金として処理します。

6．預り金

学校が第三者から一時的に預った金銭を預り金として処理します。具体的には教職員の給与に関する源泉所得税・住民税・社会保険料などや、学生生徒等から徴収したPTA会費・卒業記念積立金・修学旅行費などがあります。

7．基本金

第6章をご参照ください。

8．繰越収支差額

事業活動収入から事業活動支出及び基本金組入額を差し引いた金額である当年度収支差額に、前会計年度までの繰越収支差額及び当会計年度の基本金取崩額を加算したものが、貸借対照表の翌年度繰越収支差額となります。これは、事業活動収支計算書の末尾の金額と一致します。**5-6 事業活動収支計算書と貸借対照表**も参照してください。

第 5 章 事業活動収支計算と財産計算

5-31 貸借対照表及び附属明細表の作り方

1．貸借対照表の作り方

学校法人会計基準に従って貸借対照表の作り方をみてみましょう。

貸借対照表の記載方法
第32条　貸借対照表には、資産の部、負債の部及び純資産の部を設け、資産、負債及び純資産の科目ごとに、当該会計年度末の額と前会計年度末の額と対比して記載するものとする。

貸借対照表の様式
第35条　貸借対照表の様式は、第七号様式のとおりとする。

（注）第七号様式は巻末（P.377）を参照ください。

（留意点）

　事業活動収支計算書と同様、貸借対照表も小科目については科目の追加・細分化ができることとなっていますが、大科目については、科目の追加及び科目名の変更はできませんし、該当がない場合であっても省略することはできません。

　事業会社の大部分の貸借対照表が流動性配列法で記載されるのに対して、学校法人においては、その基本的な財産が校地、校舎、機器備品などの固定資産から構成されるため、これらをまず貸借対照表に記載する固定性配列法が採られています。

２．附属明細表の作り方

　学校法人の重要な項目について、それぞれの増減の状況、事由等を明らかにするために作成されるのが附属明細表です。

(1)　固定資産明細表

　固定資産は、学校法人が教育研究活動を永続的に維持していくために重要な財産ですが、貸借対照表ではその帳簿価額（取得価額−減価償却累計額）及び有形固定資産の減価償却累計額の合計（注記）しか示されません。

　そこで、投下資本の額、会計年度中の設備の拡充や除却の状況及び各科目ごとの減価償却累計額を明らかにし、より詳細な情報を提供するのが固定資産明細表です（固定資産明細表の様式は、巻末の第八号様式（P.379）を参照ください。）。

(2)　借入金明細表

　学校法人が教育研究活動のために必要とする資産は、膨大なものであり、すべてを自己資金で賄うことは現実的に不可能であるため、外部から資金を借り入れることがあります。この借入金について借入先、利率、返済期限、使途、担保の状況等についての情報を提供するのが借入金明細表です（借入金明細表の様式は、巻末の第九号様式（P.380）を参照ください。）。

(3)　基本金明細表

　基本金への組入れ状況を明らかにする明細表です（基本金明細表に関しては、第６章で詳しく説明していますので、そちらを参照ください。）。

第 6 章

基本金

　学校法人は教育に対する崇高な精神から寄付された財産を原資にして設立される組織です。学校教育が安定的に継続して営まれるように、その財産的な基礎を確保するために組み入れられるのが、この基本金です。学校会計を勉強する人にとって、難解なのがこの基本金に関する会計処理の問題です。

　学校は、教育に必要な資産の取得をなるべく自己資金によって賄うべきであり、その結果として教育用の施設設備という資産に対して、基本金がその財源的裏づけとして対応することになります。

第6章 基本金

6-1 基本金とは

　学校会計を分かりにくくしている1つが、この基本金の問題です。一般企業の貸借対照表を見ますと、その企業への出資金である資本金という勘定科目があります。その名前からして基本金によく似ていますし、同じ貸方に計上されているため、基本金とは学校法人への出資金のように考えてしまうのではないでしょうか。

　基本金と企業の資本金との異なる点は、次のように説明できます。
　資本金は株主の出資によるもので、いわば株主の財産権になります。これに対して、学校法人の基本金は、学校を設立する際に教育のためという高邁な理想に賛同した寄付者から受け入れた寄付金で構成され、その後、学校の事業活動によって留保した収入を組み入れることで、学校の財産的な基礎を裏付けているものです。ですから、その寄付者にとってはなんらの財産権も生じません（高額の寄付をしたからといって、不正入学が許される訳ではないのです。寄付とは反対給付を求めないものですから……。）。
　つまり株式会社であれば、出資することで株式を取得することになり、それを他の者に売却することで出資額を取り戻すことができますが、寄付ですとその支出したことが何らの財産権を形成しませんし、後にその寄付金額を返してもらう訳にはいかなくなります。
　このように基本金は学校法人にとって、財産的な基盤を確保するものであり、この基本金によって学校法人を安定的かつ永続的に経営していくことが可能になるのです。

6-1 基本金とは

第6章

第 6 章 基本金

6-2 基本金は学校を作る場合の元手

　ここで、学校法人と学校の関係を考えてみましょう。学校法人とは、学校を経営するいわば会社のことです。この会社である法人が学校を設置するので、法人名と学校名が異なる例も当然あり、学校法人〇〇学園が××大学を経営しているということもあるのです。このような私立の学校法人を設立して学校を作る場合には、学校法人の寄附行為の認可を受けなければなりません。寄附行為といいますと、ちょっとわかりにくいのですが、会社でいえば、定款を定めて設立手続をすることです。ですからこの寄附行為が学校法人自身の憲法になります。

　さて、この寄附行為の認可は、学校法人を所轄する監督官庁が行うことになります。大学・短期大学又は高等専門学校を設置する学校法人の認可は文部科学省が所轄しています。例えば、設立に係る認可の審査基準として次のような財産的基盤を学校法人に求めています。

・経常経費の財源は、申請時において開設年度の経常経費に相当する額の寄付金が収納されていること。
・開設年度から完成年度までの各年度の経常経費の財源は、原則として、学生納付金、寄付金、資産運用収入その他確実な計画による資金をもって充てるものとし、借入金を充てるものでないこと。

「学校法人の寄附行為及び寄附行為の変更の認可に関する審査基準（平成 19 年文部科学省告示第 41 号）」

　このように学校法人は寄付金によってその財産的な基礎を確保していないと設立はできないのです。

　何となく学校法人の元手についてわかったのではないでしょうか。

6-3 基本金の意義

　基本金に関しては、「学校法人が、その諸活動の計画に基づき必要な資産を継続的に保持するために維持すべきものとして、その事業活動収入のうちから組み入れた金額を基本金とする。」（学校法人会計基準第29条）とされています。

　「その諸活動の計画に基づき必要な資産」とは、学校の教育研究活動にとって必要不可欠な資産をいい、校舎、校地、教育用の機器備品、図書等の資産をいっているのです。

　「継続的に保持する」とは、教育研究活動のために必要な資産であって、もし使えなくなった場合にはその代替資産を取得しなければならないという意味です。だめになったら捨ててしまい、その代わりは必要ないと思われる資産はここで言う「継続的に保持する」資産にはならないのです。

　「事業活動収入のうちから組み入れられた金額」の事業活動収入については、第5章の事業活動収支計算で既にお話していますので、第5章を参照してください。

　基本金は、学校法人設立当初の寄附行為による組入れと、その後の継続的に保持すべき資産の取得に関して、学校法人の経営から稼得された事業活動収入からの組入れによって構成されます。

　この条項でいっているのは、学校にとって欠くことのできない資産は学校法人の自己資金で取得すべきことを規定しているのです。

第6章 基本金

6-4 基本金の組入対象

　基本金への組入対象としている資産にはどのようなものがあるのでしょうか。学校法人会計基準第30条に次のように定められています。

基本金への組入れ

> 第30条　学校法人は、次に掲げる金額に相当する金額を、基本金に組み入れるものとする。
> 　一　学校法人が設立当初に取得した固定資産で教育の用に供されるものの価額又は新たな学校の設置若しくは既設の学校の規模の拡大若しくは教育の充実向上のために取得した固定資産の価額
> 　二　学校法人が新たな学校の設置又は既設の学校の規模の拡大若しくは教育の充実向上のために将来取得する固定資産の取得に充てる金銭その他の資産の額
> 　三　基金として継続的に保持し、かつ、運用する金銭その他の資産の額
> 　四　恒常的に保持すべき資金として別に文部科学大臣の定める額

　この条文が基本金を具体的に規定しており、同条の第1号に規定している基本金を「第1号基本金」といい、同じく第2号で規定している基本金を「第2号基本金」といいます。したがって、基本金には第

1号から第4号までの基本金があることになります。

基本金の種類

1．固定資産に対応する基本金
2．将来の固定資産取得用資金に対応する基本金
3．奨学資金に対応する基本金
4．恒常的な支払資金に対応する基本金

ここでいう「基本金に組み入れる」とは、貸借対照表上において以下の対応関係を持つことであり、自己資金で固定資産を取得することを意味します。

貸借対照表	
固定資産	基 本 金

第6章 基本金

6-5 第1号基本金

1．第1号基本金の意義

> 学校法人が設立当初に取得した固定資産で教育の用に供されるものの価額又は新たな学校の設置若しくは既設の学校の規模の拡大若しくは教育の充実向上のために取得した固定資産の価額（学校法人会計基準第30条第1号）

　第1号基本金とは、学校法人会計基準にあるとおり教育の用に供されている固定資産を対象にして組み入れられるものです。ですから簡単にイメージできるかと思いますが、学校の敷地、校舎、そして多種多様な教育用の機器備品、図書など目に見えるもの、つまり有形固定資産の他、土地を借りているのならば借地権、その他に施設利用権、電話加入権などの無形固定資産も組入対象になります。

　通常固定資産というと、1個又は1組の価額が一定額以上のものを固定資産とし、それ以下の金額のものは消耗品費等の勘定科目で費用処理するのですが、基本金との関連では、その解釈や会計処理に微妙な相違点が出てきます。といいますのは、学校法人にとって教室にある机や椅子は教育を行う上で欠くことのできないものです。たとえ1個の金額が安いものであっても、学校法人にとっては基本的に重要な資産であり、多くの机や椅子そして下足箱等のように常時相当多数を保有する必要があります。やはり、学校法人の本来の事業である教育を行ううえで「その諸活動の計画に基づき必要な資産」であり「継続

的に保持」しなければならない資産として、固定資産に計上して基本金の組入対象とすることとされています。

2．組入対象資産とは

では、学校法人が校舎を建て替えるために仮設の校舎を建てた場合を例に基本金の組入対象について考えてみましょう。

ポイントとなるのは「継続的に保持する」か、否かということです。

仮設校舎とはあくまでも本校舎が出来上がるまでの仮の校舎であって、本校舎が完成すれば取り壊す運命にあります。つまり「継続的に保持する」意図はないことになりますので、基本金の組入対象とはなりません。たとえ堅固な固定資産で取得価額が数十億円であろうと、「継続的に保持」しないのであれば、基本金の組入対象とはならないのです。

このように取得した資産そのものの属性と学校法人が保有する意図があるかどうかによって、基本金の組入対象とするか否かが決まるのです。

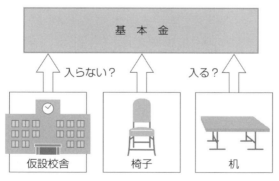

継続的に保持するかどうかで決まる

有形固定資産以外の無形固定資産であっても、この第1号基本金の組入対象になると言いましたが、やはり基本金の組入対象となるか否

第 6 章 基本金

かの判断は、学校法人会計基準第29条に規定しているように「その諸活動の計画に基づき必要な資産を継続的に保持する」ためのものであるか否かによるのです。

3．基本金への組入れ

　学校法人が第1号基本金の組入対象資産を取得すると、その資産の取得価額相当額を基本金に組み入れなければなりません。この基本金への組入れという会計処理に関して学校法人会計基準第29条では、「事業活動収入（平成25年基準改正前は「帰属収入」）のうちから組み入れられた金額を基本金とする。」と規定しています。このことは何を意味するのでしょうか。

　第5章で説明しています事業活動収支計算書を見てみましょう。

事業活動収支計算書

科　目	予　算	決　算	差　異
事業活動収入の部 　学生生徒納付金 　　・ 　　・ 　　・ 事業活動支出の部 　　・ 基本金組入前当年度収支差額 **基本金組入額合計** 当年度収支差額			

　事業活動収入から事業活動支出の額を控除し、その残額（基本金組入前当年度収支差額）から基本金への組入額を控除して当年度収支差額を示します。学校法人にとっての本来の収益である事業活動収入から

基本金組入額を控除した収入をもって支出との均衡の状態を明らかにするという従来からの考え方は維持されています。

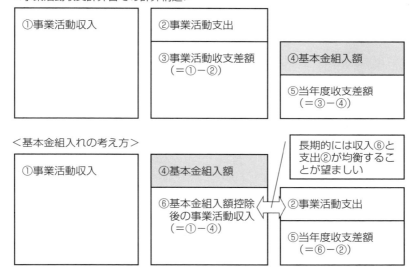

4．基本金への組入処理

基本金への組入れについて、具体的な事例によって理解しましょう。

(1) 取得年度に全額組入

学校法人が第1号基本金組入対象資産を取得した場合には、その取得価額相当額を基本金に組み入れなければならないことはすでに述べました。とすると次の例では、基本金組入額はどれほどでしょうか。基本金明細表を用いて説明します。

第6章 基本金

例題1

校舎を新築し、その建設代金500を自己資金から建設会社に支払った。

基本金明細表

事　項	要組入額	組入額	未組入額	摘　要
第1号基本金 当期組入高 　建　物 　　校舎建築	500	500		

　この校舎の取得によって基本金に組み入れるべき額、つまり要組入額は校舎の取得価額相当額の500となります。一方、取得代金500は全額自己資金（負債によらない収入に基づく資金）によって支払っているので、組入額として500を基本金に組入れることになります。このことを上記のように基本金明細表に表示することになります。

(2) **未組入の存在（借入金等）**

　基本金への組入れは負債によらない収入に基づく資金により取得された場合に行うということは 例題1 の説明で述べたとおりです。そこで、建設代金の一部が銀行からの借入金によって賄われているとしたらどのようになるでしょう。

　学校法人会計基準第30条第3項には、「学校法人が……固定資産を借入金又は未払金により取得した場合において、当該借入金又は未払金に相当する金額については、当該借入金又は未払金の返済又は支払を行った会計年度において、返済又は支払を行った金額に相当する金額を基本金へ組み入れるものとする。」と規定されています。

　つまり、借入金や未払金のように負債によって固定資産を取得した

場合には、自らの資金によって取得したのではないので、基本金の組入れを差し控え、その負債を自らの資金によって返済又は支払ったときに基本金への組入れを行うということなのです。借入金によって代金を調達した場合や代金未払いの状態では、学校法人の本来の収入である事業活動収入から支払ったことにはならないのです。例題で確認しましょう。

例題 2

校舎を新築し、その建設代金 500 のうち 200 を自己資金、300 を銀行からの借入金により建設会社に支払った。

この場合の基本明細表は次のようになります。

基本金明細表

事　項	要組入額	組入額	未組入額	摘　要
第1号基本金 　当期組入高 　　建　物 　　　校舎建築	500	200	300	借入金

校舎の取得価額はあくまで 500 ですので、基本金に組み入れなければならない金額（要組入額）は 500 です。次に、組入額ですが、要組入額 500 のうち事業活動収入、すなわち、負債によらない収入に基づく自己資金から支払われているのは 200 ですから、組入額は 200 となります。一方、残りの 300 は銀行からの借入金によって賄われているので、この会計年度では基本金に組み入れることはできません。そこで、借入金を理由として未組入額 300 と表示することになります。

併せて、上記 例題 2 の借入金を返済した場合の取扱いも理解しましょう。

第6章 基本金

（資金）　　（基本金）

校舎 500
- 自己資金　200 ／ 組入額　200
- 借入金　　300 ／ 未組入額　300

吹き出し：事業活動収入を原資として取得しなければ、基本金対象資産に係る基本金の組入れはできません。

例題3

例題2 の翌年度に借入金300のうち120を自己資金により返済した。基本金明細表は、以下のように表示します。

基本金明細表

事　項	要組入額	組入額	未組入額	摘　要
第1号基本金				
当期組入高				
建　物				
過年度未組入に係る組入		120	△120	

この場合には、借入金を自己資金により返済していますので、返済額120を組入額とする一方、未組入額を同額減少させます。

(3) 取り換え更新（新＞旧）差額の繰入

最近の学校では、古い校舎を取り壊して、すばらしい校舎を建て替える例が多いのですが、 例題1 のケースで、古い校舎（取得価額160）

を取り壊して、新たに建築したとしたらどのようになるでしょうか。

　古い校舎に係る基本金は既に過年度で組み入れているため、この校舎を取り壊したのであれば、対応する基本金は対象資産のない基本金となってしまいます。ならば新しい校舎に対応する基本金に振り替えればいいことになるでしょう。とすると、基本金明細表では、以下のように表示することになります。

基本金明細表

事　項	要組入額	組入額	未組入額	摘　要
第1号基本金 　当期組入高 　　建　物 　　　校舎建築 　　　除却した校舎に 　　　係る基本金額	 500 △160	 340		

　新たに取得した校舎500に対応する基本金のうち、160は取り壊した古い校舎に対応する基本金（除却した古い校舎に対応する基本金には未組入額がないものとしています。）を充当し、残り340を新たに組み入れることになります。

第6章 基本金

6-6 基本金とリース契約

リース契約による基本金への影響

　基本金とリース契約の間にどんな問題があるのでしょうか。基本金は、学校法人自らが取得した固定資産を対象に考えればいいのであり、リース契約はリース会社から資産を借りて、その対価であるリース料を支払っているだけであり、両者の間にはなんらの問題もないように見えるかもしれません。しかし最近のリース事情を考えてみますと、一般的に固定資産として計上される資産、例えば機器備品や自動車、中には建物までもが、リース契約によって使用されていることがあります。学校法人にとって通常、固定資産は基本金と対応関係にありますので、リース対象資産が固定資産に該当する場合は非常に重要な問題になります。

　平成21年度からリース取引に関する会計処理に変更が加えられたことは、第5章で記載したとおりです。これにより、従来は賃貸借取引に係る方法に準じた会計処理としてきた契約が、原則として、自ら資産を購入してその代金をリース料という名の分割払いとしていると解する売買取引に係る方法に準じた会計処理となります。そして、その多くが固定資産となるでしょうから、そこに基本金との関係が生じます。現在では、リース取引に関する会計処理についての通知に売買取引に係る方法に準じた会計処理をしなければならない要件を定めていますので、リース契約を結ぶ際には十分な注意が必要です。

　学校法人の教育研究事業の遂行に不可欠な資産をリース契約によって使用していても、その資産が自ら取得した資産としての会計処理が

6-6 基本金とリース契約

行われれば、学校法人の本来の姿を計算書類に表すことができるようになります。

第6章 基本金

6-7 固定資産の基本金組入と減価償却との関係

1．基本金組入と減価償却との関係についての疑問

　これまでに基本金組入対象資産を取得した場合には、その固定資産の取得価額相当額を、学校法人の事業活動収入から基本金に組み入れることを説明してきました。そしてこの固定資産は、事業の用に供される（学校本来の教育・研究活動に使われるもの）ことで費用化され、減価償却額として事業活動支出に計上することになります。この減価償却額の計上は、固定資産の使用に伴って物理的・経済的に価値が減少することを認識するもので、学生から受け取る授業料（学生本人の負担ではなく、父兄が負担しているのでしょうが）などの収入に対し、提供するサービスの原価・費用を測定・対比するために計上するのです。

　ここで素朴な疑問が生じることになります。次ページの事業活動収支計算書のひな型の抜粋を見てください。事業活動の収支差額から固定資産の取得価額相当額の基本金組入額を控除する一方、事業活動支出で、その固定資産の減価償却額を再び事業活動支出として費用計上することは、この固定資産に関して事業活動収支計算上、二重に控除しているのではないかということです（この疑問は、事業活動収支計算書について、理解が進むとぶつかる疑問なのです。）。

6-7　固定資産の基本金組入と減価償却との関係

事業活動収支計算書

教育活動収支			
事業活動収入の部			
科　目	予　算	決　算	差　異
学生生徒納付金 ・ ・ ・ ・ 教育活動収入計			
事業活動支出の部			
人件費 教育研究経費 ・ ・ **減価償却額** ・ 管理経費 ・ ・ **減価償却額** ・ 徴収不能額等 教育活動支出計			
教育活動収支差額			
基本金組入前当年度収支差額			
基本金組入額合計	△	△	
当年度収支差額			
前年度繰越収支差額			

（注）教育活動外収支及び特別収支は記載を省略している。

第6章 基本金

2．疑問に対する解釈

　この疑問に対する回答としては、次のように説明されるのです。
① 　学校法人本来の活動である教育研究活動を行うために必要であり、欠くことのできない資産（基本金組入対象資産）は、借入金のような他人に返済を要する負債ではない収入、つまり事業活動収入によって得られた資金により取得することが求められています。基本金組入対象資産を取得した場合に、事業活動収入から同額を差し引く、つまり、基本金への組入れを行うことは、学校自らが出資（寄付）を行い、元手を増やす、という意味合いがあるのです。

　貸借対照表の資産と基本金の対応関係を見てみましょう。

貸借対照表

資　産　の　部	純資産の部
基本金組入対象固定資産	基　本　金

　固定資産の取得におけるその取得源泉（寄付金や授業料等の事業活動収入から組み入れられた基本金、つまり元手）が確実に確保されている状態が示されています。
② 　一方、減価償却はどうでしょうか。減価償却額の計上は資金支出を伴いませんが、学校法人が保持する固定資産の減価も学校経営上の費用であることは明らかなのですから、事業活動支出として計上する必要があります。この結果、当該資産の再取得を可能とする自己金融機能がはたらくことになります（減価償却が自己金融機能を有しているというのは、費用として計上されますが資金支出を伴わないので実質的に資金が手元に留保されることになるからです。）。

　このように基本金への組入れ（必要不可欠な資産の追加取得の資金確保）

6-7 固定資産の基本金組入と減価償却との関係

と、現に保有する固定資産の減価償却（再取得資金の留保）はともに、学校法人会計における財産維持計算構造上必要なものであり、両者は別の概念に基づくものであって、二重負担になるものではないと説明されるのです。

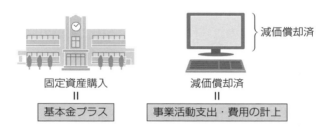

第6章 基本金

6-8 第2号基本金

> 学校法人が新たな学校の設置又は既設の学校の規模の拡大若しくは教育の充実向上のために将来取得する固定資産の取得に充てる金銭その他の資産の額（基準第30条第1項第2号）

　第2号基本金は、第1号基本金の組入対象となる資産を将来取得する目的で保有する金銭などの金融資産を事前に留保し、その金融資産そのものを基本金の組入対象としたものです。

　多額の固定資産を取得する場合には、当然それを取得するために多額の資金が必要となりますから、資金計画を立てる必要があるでしょう。そしてその資産を取得した会計年度に、一度に基本金を組み入れることになりますと、その年度のみが事業活動収支計算上大幅な支出超過（当年度の事業活動収支がマイナスになること）になってしまい、学校の経営状態を計る事業活動収支計算の収支バランスを乱すことになります。具体的な数字で理解してみましょう。

　下記の【表1】では、簡略化した事業活動収支計算書の推移表を示しています。ある学校法人において×9年度に新たなグランドを6,000で取得したとします。これにより×9年度の基本金組入額は6,000となり、それまでの年度と比較して10倍以上の組入額となってしまいました。この結果、基本金組入額控除後の当年度収支差額は△3,700と大幅なマイナスとなってしまっています。

6-8 第2号基本金

【表1】

	×5年度	×6年度	×7年度	×8年度	×9年度
事業活動収入	10,000	10,200	10,300	10,500	10,800
事業活動支出	8,000	8,100	8,100	8,000	8,500
基本金組入前当年度収支差額	2,000	2,100	2,200	2,500	2,300
基本金組入額合計	△500	△600	△500	△600	△6,000
当年度収支差額	1,500	1,500	1,700	1,900	△3,700

　学校法人会計基準では、持続的な事業活動収支の均衡を図るため、固定資産を取得する年度に基本金組入れが集中しないよう、取得する年度に先行して段階的に基本金組入れを行うことにより基本金組入れの平準化を求めています。この先行して組み入れる基本金がまさに第2号基本金となります。

　この第2号基本金の組入れにおいて重要なことは、理事会などの正規の機関により承認されたきちんとした計画に基づき組み入れられる必要があるということです。なぜでしょうか。仮に第2号基本金を自由に組み入れられるとしたら、事業活動収支計算書の末尾の「当年度収支差額」をいくらにするかについて、かなりの裁量が学校法人に委ねられることになり好ましくありません。ですから、事前に立てた計画に基づき組み入れることを学校法人会計基準は求めています。そして、その計画を明らかにするために作成されるのが「第2号基本金の組入れに係る計画表」です。そのひな形は次のとおりです。

第6章 基本金

第2号基本金の組入れに係る計画表

(単位:円)

計画の名称							
固定資産の取得計画及び基本金組入計画の決定機関及び決定年月日	決定機関	当初決定の年月日	変更決定の年月日	摘要			
固定資産の取得計画及びその実行状況	取得予定固定資産(種類)	取得予定年度	取得年度	取得額	第2号基本金から第1号基本金への振替額	摘要	
				計	計		
基本金組入計画及びその実行状況	組入計画年度	組入予定額	組入額	摘要			
		計	計	第2号基本金当期末残高			

　一般的にこの第2号基本金は取得する資産名を付した名称になっており、その引当資産は資金収支計算書において一般資金から特定資産へと振り替えることになります。つまり特定の目的にしか使用しない資金とするのです。

　上記計画表を策定し、大学講堂建設引当資産500と小学校校舎改築引当資産800を新たに計上した場合の基本金明細表を示すと、次のとおりです。

基本金明細表

事　項	要組入額	組入額	未組入額	摘　要
第2号基本金				
大学講堂建設引当資産	―	500	―	
小学校校舎改築引当資産	―	800	―	

6-8 第2号基本金

　この第2号基本金は特定の資産の取得を目的として組み入れられたものなので、その目的としている資産を取得すると、当然に消滅することになります。

　では、大学の講堂900が完成して引き渡され、銀行からの借入金250と自己資金によって代金を支払った場合の資金の動きを考えてみましょう。第2号基本金引当資産500と借入金250、そして自己資金150の合計900を支払ったことになります。基本金明細表の表示を見てみますと、次のようになります。

基本金明細表

事　項	要組入額	組入額	未組入額	摘　要
第1号基本金				
当期組入高				
大学講堂	900	150		
第2号基本金から振替		500	250	借入金
計	900	650	250	
第2号基本金				
大学講堂建設引当資産				
第1号基本金へ振替	―	△500	―	

　第2号基本金として組み入れた500を、大学講堂を組入対象とする第1号基本金に振り替え、自己資金で支払った分150を新たに基本金に組み入れることになるのです。銀行からの借入れに係る部分250はすでに6-5.4.(2)で説明しましたように、未組入額とし、翌年度以降の借入金の返済によって基本金に組み入れることになります。

第6章 基本金

6-9 第3号基本金

> 基金として継続的に保持し、かつ、運用する金銭その他の資産の額（基準第30条第1項第3号）

　第3号基本金は、奨学事業等のために設定した基金を基本金に組み入れるものです。つまり、第3号基本金に対応する資金を固定資産に引当資産として計上し、この資産を継続的に保持運用して、その運用果実を教育研究活動に使うことになります。このような基金が基本金の組入対象となっているのは、寄付者又は学校法人の意思によって、継続的に特定の事業目的のために基金の運用果実をもって運用されなければならないからです。

　この基本金も第2号基本金同様組入れに係る計画表が必要で、そのひな形は次のとおりです。

<u>第3号基本金の組入れに係る計画表</u>

（単位：円）

基金の名称 （目的）					
基金の設定計画及び基本金組入計画の決定機関及び決定年月日	決定機関	当初決定の年月日		変更決定の年月日	摘要
基金を運用して行う事業					
基本金組入計画及びその実行状況	組入目標額				
	組入計画年度	組入予定額		組入額	摘　要
		計		計	

▶▶▶ 262

第3号基本金に組み入れる場合には、当該資産を一般支払資金と分けなければなりません。第2号基本金と同様、基本金に相当する額を流動資産の資金から固定資産へ引当特定資産として振り替えることが必要になります。名称は、やはり特定の目的を示す名称を付している例が多く、○○大学奨学基金、××記念奨学基金等の名称で固定資産に計上されます。基本金明細表を示しますと、次のようになります。

基本金明細表

事　項	要組入額	組入額	未組入額	摘　要
第3号基本金 　○○大学奨学基金	－	×××	－	

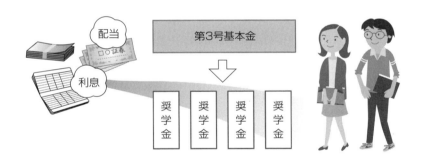

第6章 基本金

6-10 第4号基本金

> 恒常的に保持すべき資金として別に文部科学大臣の定める額
> （基準第30条第1項第4号）

　第4号基本金の「恒常的に保持すべき資金」とは、学校法人を経営していくために日常必要な支払準備資金としての運転資金を基本金として持つことを求めているのです。貸借対照表上、学校の財政状態には全く問題がないようでも、とっさの支払いに窮することは往々にしてあるものです。

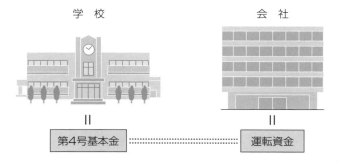

　さて、基準の定義にある「別に文部科学大臣の定める額」とはどのように計算するのでしょうか。計算方法については、「学校法人会計基準第30条第1項第4号に規定する恒常的に保持すべき資金の額について」（昭和62年8月31日文部大臣裁定（平成25年9月2日最終改正））で次のように示されています。
（原則）
　前年度の事業活動収支計算書における教育活動収支の人件費（退職

給与引当金繰入額及び退職金を除く。)、教育研究経費（減価償却額を除く。)、管理経費（減価償却額を除く。）及び教育活動外収支の借入金等利息の決算額の合計の12分の1の額（以下、「計算額」という。）とする。なお、計算額が前年度の保持すべき資金の額を下回るときは、その差額を取崩しの対象としなければならない。

(特例)
 ア．計算額が、前年度保持すべき資金の額の80％以上100％未満の場合は、前年度の保持すべき資金の額をもって、当年度の保持すべき資金の額とする。
 イ．計算額が、前年度保持すべき資金の額の100％を超えて120％以内の場合は、前年度の保持すべき資金の額をもって、当年度の保持すべき資金の額とすることができる。

　上記（原則）の計算額の計算式を見てみますと、学校を経営していくために必要な運転資金として、退職関連支出と減価償却額を除いた年間支出額の1ヶ月分を「恒常的に保持すべき式の額」、すなわち、第4号基本金としていることがわかります。
　この第4号基本金は支払資金ですから、第2号基本金や第3号基本金のように、対応する資産を流動資産から固定資産に振り替えることまでは求めていません。しかし、支払資金である以上、資金の換金性・流動性は求められますので、換金に手間がかかったり、時価変動により含み損が生じうるような金融商品は不適切でしょう。

　では、設例を用いて第4号基本金の繰入額の計算をしてみることにします。

第6章 基本金

例題 （前年度の実績）

人件費の総額	10,000
うち、退職給与引当金繰入額	850
教育研究経費	6,000
うち、減価償却額	1,800
管理経費	1,460
うち、減価償却額	600
借入金等利息	1,270

（当年度の恒常的に保持すべき資金の額の原則的な算出）

　まず、前年度の各実績値により、次の計算式を用いて当年度に保持すべき原則的な金額を算出します。

　＝原則的計算式に基づく当年度の恒常的に保持すべき資金の額

　＝（人件費の総額－退職給与引当金繰入額＋教育研究経費＋減価償却額（教育研究経費）＋管理経費－減価償却額（管理経費）＋借入金等利息）÷12

　＝（10,000－850＋6,000－1,800＋1,460－600＋1,270）÷12

　＝1,290

当年度に保持すべき資金の原則的な金額は1,290と算出されました。

（当年度における第4号基本金の考え方）

　次に、前年度の保持すべき資金の額を3つのケースに分けて当年度における第4号基本金の金額を検討することにします。

A）前年度の保持すべき資金の額が1,320の場合

　前年度の保持すべき資金の額が1,320であったとします。

$(1,320 \times 80\% =) 1,056 < 1,290 < 1,320$

となり、前述の（特例）のア．に該当します。よって、前年度の保持すべき資金の額 1,320 が第 4 号基本金になります。

B）前年度の保持すべき資金の額が 1,180 の場合

前年度の保持すべき資金の額が 1,180 であったとしますと、

$1,180 < 1,290 < 1,416 (= 1,180 \times 120\%)$

となり、前述の（特例）のイ．を適用するならば、前年度の保持すべき資金の額 1,180 をもって当年度の第 4 号基本金とすることができることになります。ただし、これはあくまでも「できる」規定ですので、当年度に計算した原則的な金額 1,290 をもって第 4 号基本金とすることも一向に支障はありません。

C）前年度の保持すべき資金の額が 1,050 の場合

前年度の保持すべき資金の額が 1,050 であったとしますと、

$(1,050 \times 120\% =) 1,260 < 1,290$

となり、1,290 をもって第 4 号基本金としなければなりません。

第 4 号基本金にかかる基本金明細表ですが、次のように示すことになります。

基本金明細表

事　項	要組入額	組入額	未組入額	摘　要
第 4 号基本金				
前期繰越高	×××	×××	0	
当期組入高	××	××	0	
当期末残高	×××	×××	0	

第6章 基本金

　なお、「当該会計年度の末日において第30条第1項第4号に掲げる金額に相当する資金を有していない場合には、その旨及び当該資金を確保するための対策を脚注として記載するものとする。」（基準第34条第7項）とされており、同条項に該当する場合には注記を求められています。

6-11 基本金の取崩し

1．基本金取崩しとは

　平成17年3月に学校法人会計基準の一部改正があり、基本金の取崩しに関して弾力的な措置が図られています。

> 　学校法人は、次の各号のいずれかに該当する場合には、当該各号に定める額の範囲内で基本金を取り崩すことができる。
> 一　その諸活動の一部又は全部を廃止した場合　その廃止した諸活動に係る基本金への組入額
> 二　その経営の合理化により前条第1項第1号に規定する固定資産を有する必要がなくなった場合　その固定資産の価額
> 三　前条第1項第2号に規定する金銭その他の資産を将来取得する固定資産の取得に充てる必要がなくなった場合　その金銭その他の資産の額
> 四　その他やむを得ない事由がある場合　その事由に係る基本金への組入額
>
> （学校法人会計基準第31条）

　上記の第1号は従来の基本金の取崩しに関する規定を継承しているもので、学校の撤退、廃校、廃部など規模の縮小の場合を指しています。第2号以下が今回の改正で加えられた条項で、基本金の弾力的運営を定めたものです。学校を取り巻く経営環境が大きく変化する中で、一旦組み入れた基本金を第1号に定める事象が発生しない限り取り崩

第6章 基本金

すことができないとなると、財務構造の硬直化を招き、機動的な運営の支障になりかねません。そこで、学校法人の経営方針を基本金組入方針に反映する方法として第2号から第4号が措置されました。

基本金の取崩し対象は第1号基本金から第3号基本金であり、固定資産の取得のために事前に組み入れていた第2号基本金の、資産取得予定計画が変更になった場合の取崩しが同条第3号に規定され、奨学基金等の趣旨で組み入れていた第3号基本金組入対象資産からの果実が見込めなくなり、評価減を行ったが、他の資産を追加購入することなく、奨学事業の縮小等をせざるを得なくなった場合等の取崩しが同条第4号に規定されました。この第2号基本金及び第3号基本金は組入計画及びその実行状況において、計画変更を行うことが必要になります。

また、「平成17年4月1日現在有している基本金の繰延額は、学校法人がその諸活動の計画に基づき必要な資産を継続的に保持するために維持すべきものを除き、平成17年度決算の基本金取崩しの対象とすること。」(17高私参第1号(通知))とされており、平成16年度より繰り延べてきた基本金額(「翌年度以降組入予定の基本金繰延高」)も、学校法人の経営計画を検討し、基本金組入対象資産の取得計画がない等、維持すべきものではないと判断されれば、取崩しの対象にすることとされました。

ただし、上記条文でも積極的に基本金を取り崩すことを求めているのではなく、取崩しができるとしているのであり、学校法人の経営者には慎重な対応が求められています。すなわち、教育の質を低下させるような資産の除却とそれに伴う基本金の任意取崩しは許されないとの基本的な考え方に変更はないからです。

２．基本金取崩しの具体例（取崩要因）

　ここで、学校法人会計基準第 31 条第 1 号から第 4 号の基本金の取り崩しになる場合の例を具体的にご紹介します。

(1) 諸活動の一部又は全部を廃止した場合（学校法人会計基準第 31 条第 1 号）
　　・学部、学科等を廃止し、又は定員が減少した場合
　　・学生寮事業を廃止した場合
　　・○○奨学事業縮小又は廃止した場合

(2) 経営の合理化により固定資産を有する必要がなくなった場合（学校法人会計基準第 31 条第 2 号）
　　・複数キャンパスの統合により不要となる固定資産を除却した場合
　　・学生通学用バスを売却し、再取得しない場合
　　・校舎等の建替えに要する額が、当初取得価額を下回った場合
　　・年度一括対応によっている機器備品について除却資産の取得価額よりも新たに取得した資産の取得価額の合計額が少なく、今後当該除却資産と同等の金額水準まで機器備品を取得しない場合

(3) 将来取得する固定資産のために計画的に組み入れてきた資金（第 2 号基本金）が不要になった場合（学校法人会計基準第 31 条第 3 号）
　　・施設整備計画を大幅に見直し、計画規模を縮小した場合
　　・学部設置計画や体育館新築計画を廃止又は変更した場合

(4) その他やむをえない場合（学校法人会計基準第 31 条第 4 号）
　　・地方公共団体等による土地の収用などの外的要因によるもの

　イメージがつかめましたでしょうか。

第6章 基本金

この取崩の要因に係らしめて把握された金額は、「基本金取崩対象額」となります。

3．基本金の「組入対象額」と「取崩対象額」の比較

前述のように、平成17年に改正された学校法人会計基準第31条において基本金の取崩しができる場合と取崩しの限度額が規定されました。

これに関連し、「学校法人会計基準の一部改正に伴う計算書類の作成について（通知）（17高私参第1号）」のⅠ．基本金の取崩し要件の見直し（第31条関係）では、基本金取崩しの計算方法について次のように通知しています。

> 基本金の組入額及び取崩額の計算は、第30条第1項各号の基本金毎に、組入れの対象となる金額が取崩しの対象となる金額を超える場合には、その超える金額を基本金の組入額として取り扱うものとし、また、取崩しの対象となる金額が組入れの対象となる金額を超える場合には、その超える金額を基本金の取崩額として取り扱うものとすること。ただし、固定資産を取得するために、第2号基本金を第1号基本金に振り替える場合には、この計算に含めないこと。

すなわち、学校法人会計基準第30条に規定されている第1号基本金から第3号基本金の各号の基本金ごとにそれぞれ、「取崩対象額」と「組入対象額」を比較し、前者が後者を超える場合に、その差額について基本金を取り崩すこととされています。後段のただし書きは、先行組入された基本金に関する取扱いについて注意喚起しているものです。このように、基本金の取崩しは、取崩対象額が把握されたから

といって直ちに行われるのではなく、組入対象額との比較計算を行った結果次第であることに注意する必要があります。

【基本金組入額又は基本金取崩額】

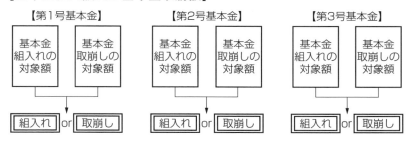

4．基本金組入対象資産の除売却に係る基本金の処理類型

基本金組入対象資産の除却・売却が行われた場合には、通常、次のような処理につながることが想定されます。

(1) 除却又は売却した資産と同一種類の資産を再取得する場合
　① 資産を再取得するまで基本金を繰り延べる。
　② 基本金の取崩対象額が組入対象額を下回る場合、その差額を組み入れる。
　③ 基本金の取崩対象額が組入対象額を上回る場合、その差額を取崩す。

(2) 除却又は売却した資産と同一種類の資産を再取得しない場合
　① 基本金の取崩対象額が組入対象額を下回る場合、その差額を組み入れる。
　② 基本金の取崩対象額が組入対象額を上回る場合、その差額を取り崩す。

第6章 基本金

　上記の類型を念頭に、以下の取引に関する処理を基本金明細表の記載方法とともに検討してみましょう。

(1) 除却又は売却した資産と同一種類の資産を再取得する場合
　① 資産を再取得するまで基本金を繰り延べる。

> （前提）
> ・本年度に1号館（取得価額1,000）を除却した。
> ・除却した資産の取得価額以上の価額で翌年度に新館を建設する計画がある。

基本金明細表

事　項	要組入額	組入額	未組入額	摘　要
第1号基本金				
前期繰越高	10,000	10,000	0	
当期組入高				
建　物				
1号館除却	△1,000			
翌年度基本金組入の繰延高	1,000			
計	0	0	0	
当期末残高	10,000	10,000	0	

（解説）
　翌年度以降に繰り延べる場合、要組入額の列において、除却に係る「△1,000」を相殺する形で「1,000」を記載し、当期の「取崩対象額」はないものとして表現しています。

> （留意点）
> 　平成17年改正において、基本金の繰り延べという処理が認められるのは、除売却した資産と同一種類の資産の再取得に関する計画が存在する場合に限定されました。したがって、漠然と「将来再取得する可能性がある」、というような場合には、除売却された資産に組み入れられた基本金は、取崩対象額として把握することになります。

6-11 基本金の取崩し

② 基本金の取崩対象額が組入対象額を下回る場合

（前提）
・本年度に1号館（取得価額1,000）を除却した。
・除却した資産の取得価額以上の価額で翌年度に新館を建設する計画がある。
・本年度中に取替更新により取得した教育研究用機器備品があり、その取得価額は2,000、対応して除却した資産の取得価額は500であった。
・その他に除却したその他機器備品の取得価額は100であった。

基本金明細表

事　項	要組入額	組入額	未組入額	摘　要
第1号基本金				
前期繰越高	10,000	10,000	0	
当期組入高				
建　物				
1号館除却	△1,000			
翌年度基本金組入の繰延高	1,000			
小計	0	0	0	
教育研究用機器備品				
当期取得	2,000			
当期除却	△500			
小計	1,500	1,500	0	
その他機器備品				
当期除却	△100	△100	0	
小計	△100	△100	0	
計	1,400	1,400	0	
当期末残高	11,400	11,400	0	
合　計				
前期繰越高	－	10,000	0	
当期組入高	－	1,400		
当期末残高	－	11,400	0	

（解説）

　この場合、各種固定資産の増減がありますが、取替更新による教育研究用機器備品の取得価額2,000が組入対象額です。一方、除却した教育研究用機器備品とその他機器備品の取得価額がそれぞれ500と100で、その合計額600が取崩対象額となります。ここで、取崩対象額600は組入対象額2,000を下回りますので、その差額1,400を第1号基本金として組み入れることになります。基本金明細表の「事項」欄は、「当期組入高」の中で内訳明細を記載しています。

第6章 基本金

③ 基本金の取崩対象額が組入対象額を上回る場合

（前提）
- 本年度に1号館（取得価額1,000）を除却した。
- 除却した資産の代わりに翌年度に新館を800で建設する計画がある。
- 本年度中に取替更新により取得した教育研究用機器備品があり、その取得価額は1,700、対応して除却した資産の取得価額は2,000であった。
- 取崩対象額が組入対象額を上回った部分について、資産を再取得しない。

基本金明細表

事　項	要組入額	組入額	未組入額	摘　要
第1号基本金				
前期繰越高	10,000	9,000	1,000	
当期取崩高				
建　物				
1号館除却	△1,000			
翌年度基本金組入の繰延高	800			
小計	△200	△200	0	
教育研究用機器備品				
当期取得	1,700			
当期除却	△2,000			
小計	△300	△300	0	
計	△500	△500	0	
当期末残高	9,500	8,500	1,000	
合　計				
前期繰越高	—	9,000	1,000	
当期取崩高	—	△500		
当期末残高	—	8,500	1,000	

（解説）

　再取得を予定している新1号館の価額800と取替更新による教育研究用機器備品の取得価額1,700の合計2,500が組入対象額です。一方、除却した1号館の建物及び教育研究用機器備品のそれぞれの取得価額1,000と2,000の合計額3,000が取崩対象額となります。ここで、取崩対象額3,000は組入対象額2,500を上回り、かつ、その差額部分に関して資産の再取得を予定していませんので、その差額500を第1号基本金から取り崩すことになります。この場合、基本金明細表の「事項」欄では、「前期繰越高」に続き、「当期取崩高」を掲げてその中で内訳明細を記載しています。

(2) 除却又は売却した資産と同一種類の資産を再取得しない場合

① 基本金の取崩対象額が組入対象額を下回る場合

(前提)
・本年度に1号館(取得価額1,000)を除却したが、再取得の計画はない。
・本年度に新たにグランド用地を5,000で取得した。

基本金明細表

事　項	要組入額	組入額	未組入額	摘　要
第1号基本金				
前期繰越高	10,000	10,000	0	
当期組入高				
土　地				
グラウンド用地	5,000			
小計	5,000	5,000	0	
建　物				
1号館除却	△1,000			
小計	△1,000	△1,000	0	
計	4,000	4,000	0	
当期末残高	14,000	14,000	0	

(解説)

再取得を行わず除却した1号館の取得価額1,000が取崩対象額です。一方、新たに取得したグランドの取得価額5,000が組入対象額となります。ここで、基本金の取崩対象額1,000は、組入対象額5,000を4,000下回りますので、この差額4,000を第1号基本金に組み入れます。

第 6 章 基本金

② 基本金の取崩対象額が組入対象額を上回る場合

> (前提)
> ・本年度に学生会館（取得価額1,500）を除却したが、再取得の計画はない。
> ・本年度に新たに1号館を建築し、1,000で取得した。
> ・第3号基本金の△△奨学事業に係る本年度の組入計画は800であった。
> ・第3号基本金の〇〇奨学事業を廃止し、同基本金を500取り崩した。

基本金明細表

事　項	要組入額	組入額	未組入額	摘　要
第1号基本金				
前期繰越高	10,000	10,000	0	
当期取崩高				
建　物				
1号館建築	1,000			
学生会館除却	△1,500			
小計	△500	△500	0	
当期末残高	9,500	9,500	0	
第3号基本金				
前期繰越高	―	1,500	0	
当期組入高				
△△奨学基金	―	800		
〇〇奨学基金廃止に伴う取崩し	―	△500		
計		300	0	
当期末残高	―	1,800		
合　計	―			
前期繰越高		11,500	0	
当期組入高	―	300		
当期取崩高	―	△500		
当期末残高		11,300	0	

（解説）

他の種類の資産（ここでは1号館）の取得に係る基本金の組入対象額1,000が学生会館の除却に伴う取崩対象額1,500を下回るので、その差額500が第1号基本金の取崩額となります。一方、第3号基本金の〇〇奨学事業廃止に伴う取崩対象額は500ですが、△△奨学

事業に係る組入対象額は 800 ですので、組入対象額が取崩対象額を 300 上回っています。この差額 300 は第 3 号基本金に組み入れることになります。

したがって、ここでは第 1 号基本金は取崩し、第 3 号基本金は逆に組入れとなるため、「合計」の内訳に「当期組入高」と「当期取崩高」を設け、それぞれ 300 と △500 を記載します。

以上により、基本金組入対象資産の除却により、「基本金取崩対象額」が認識されても直ちに基本金が取り崩されるわけではなく、当期組入高との比較の上で、当期取崩額が決まることがお分かりいただけたと思います。

第 6 章 基本金

6-12 基本金明細表

　今までの各章において基本金明細表の記載方法について説明してきましたが、次ページで全体を通して見てみましょう。

6-12　基本金明細表

（高私参第1号　文部科学省高等教育局私学部参事官通知より）

基本金明細表の記載例　　　　　　　　　　　　　　　　　　　　　　（単位：円）

事項	要組入高	組入高	未組入高	摘要
第1号基本金				
前期繰越高	14,000,000,000	11,500,000,000	2,500,000,000	
当期組入高				
1．土　地				
○○地区グランド用地取得に係る組入れ				
用地取得	1,200,000,000	350,000,000		
第2号基本金から振替		600,000,000		
小　　計	1,200,000,000	950,000,000	250,000,000	
2．建　物				
○○学科校舎改築に係る組入れ				
校舎建築	500,000,000	100,000,000		
第2号基本金から振替		200,000,000		
除去した旧校舎に係る基本金額	△ 50,000,000			
△△学科校舎増築に係る組入れ				
校舎建築	150,000,000	150,000,000		
□□学科廃止に伴う取崩し	△ 250,000,000	△ 250,000,000		
小　　計	350,000,000	200,000,000	150,000,000	
過年度未組入れに係る当期組入れ				
○○体育館建築に係る組入れ		30,000,000	△ 30,000,000	
3．教育用機器備品				
機器備品の購入に係る組入れ	20,000,000	10,000,000		
除去した機器備品に係る基本金額	△ 10,000,000			
小　　計	10,000,000	10,000,000	0	
計	1,560,000,000	1,190,000,000	370,000,000	
当期末残高	15,560,000,000	12,690,000,000	2,870,000,000	
第2号基本金				
前期繰越高	―	1,200,000,000	―	
当期組入高				
第1号基本金への振替	―	△ 800,000,000	―	
計	―	△ 800,000,000	―	
当期取崩高				
○○講堂改築資金	―	120,000,000	―	
○○学部校舎改築資金	―	80,000,000	―	
△△整備計画廃止に伴う取崩し	―	△ 300,000,000	―	
計	―	△ 100,000,000	―	
当期末残高	―	300,000,000	―	
第3号基本金				
前期繰越高	―	100,000,000	―	
当期組入高				
○○奨学基金	―	10,000,000	―	
△△奨学基金廃止に伴う取崩し	―	△ 5,000,000	―	
計	―	5,000,000	―	
当期末残高	―	105,000,000	―	
第4号基本金				
前期繰越高	300,000,000	300,000,000	0	
当期組入高	9,000,000	9,000,000	0	
当期末残高	309,000,000	309,000,000	0	
合　　計				
前期繰越高	―	3,100,000,000	2,500,000,000	
当期組入高	―	404,000,000		
当期取崩高	―	△ 100,000,000		
当期末残高	―	13,404,000,000	2,870,000,000	

第 6 章 基本金

6-13 基本金に関する管理

　基本金の組入対象資産は有形固定資産と無形固定資産の全体に及んでいます。ここの基本金組入対象資産に関しては、次の項目を整理するために、基本金管理台帳を作成しておくべきでしょう。
・発生年月日
・資産の種別と取得の履歴
・取得価額
・基本金組入額と未組入額
・取得資金が借入金等の負債による場合の支払状況と基本金組入状況
・資産を除却した場合の既基本金組入額の処理

　上記の項目を整理しておかないと、過去の基本金の組入状況が分からなくなるおそれがあります。

　また以下の項目に関しても、記録を残しておくべきでしょう。
①　固定資産であっても基本金組入対象外になっている資産の明細。
②　固定資産取得のために調達した借入金との関係。
③　除却した資産の代替取得資産と、その基本金の充当関係。

④ 第2号基本金及び第3号基本金の組入計画と組入実績の管理資料。
⑤ 第2号基本金から他の基本金への振替状況。
⑥ 第4号基本金の算出過程に関する記録。

―― コーヒーブレイク ――

学校法人が解散した場合の基本金

　学校法人が解散した場合にはこの基本金はどのようになるのでしょうか。基本金に関して最初に記載したように、寄付によって学校法人のものとなった財産は元の寄付者の手を離れており、学校法人が解散したとしても、当初の寄付者に戻ることはありません。学校法人の残余財産に関しては、私立学校法に規定されています。

> **残余財産の帰属（私立学校法第51条）**
> 1　解散した学校法人の残余財産は、合併及び破産手続開始の決定による解散の場合を除くほか、所轄庁に対する清算結了の届出の時において、寄附行為の定めるところにより、その帰属すべき者に帰属する。
> 2　前項の規定により処分されない財産は、国庫に帰属する。

　この1の趣旨は、学校法人の財産は私立学校教育のために寄付行為によって無償で出捐されたものであり、永続的に教育の用に供されるべきものと考えているのです。ですから寄付行為によって他の教育機関に移転すべきことを定めていることになるでしょう。
　当該学校法人の寄付行為に、解散した場合の残余財産の帰属先を定めていない場合には、第51条第2項にいうように、国庫に帰属することになります。学校法人には、本来の教育・研究活動を行っている限り、法人税、住民税、事業税そして固定資産税等の多くの税金の課税対象にはなっておりません。それは学校法人に負託されている社会的役割を重く見て、措置されたものです。この意味では、学校法人そのものがもはや社会的存在になっていると考えられます。その社会的存在を本来の趣旨に沿って存続できるように、残余財産はその本来の役割を果たせるよう、引き継がれてゆくことを定めているのです。

第 7 章

注記事項

　多くの面で財務情報の開示が進む中で、学校法人が公表する計算書類は、一般の企業会計に馴染んでいる人でも難解と言われています。規制緩和の中で多くの大学が新たに設置認可を受け、とりわけ受験生を子に持つ世代にとって子弟の受験する学校法人の財務内容に対する注目が集まっているところです。そこで、学校法人が作成する計算書類に付される注記事項に関して、平成17年3月及び平成25年4月に学校法人会計基準が改正されたことによって、企業会計にならった注記の充実が図られ、財務内容の透明性の確保と説明責任の明確化の方策が講じられました。

第7章 注記事項

7-1 学校法人会計で記載が求められる注記事項

1．学校法人会計基準の規定

　学校法人会計基準第34条（重要な会計方針等の記載方法）では、以下の内容について計算書類の脚注として注記することを規定しています。
(1) 　重要な会計方針
(2) 　重要な会計方針の変更
(3) 　減価償却額の累計額の合計額
(4) 　徴収不能引当金の合計額
(5) 　担保に供されている資産の種類及び額
(6) 　翌会計年度以降の会計年度において基本金への組入れを行うこととなる金額
(7) 　会計年度の末日に第4号基本金に相当する資金を有していない場合におけるその旨及びその資金を確保するための対策
(8) 　その他財政及び経営の状況を正確に判断するために必要な事項

2．（通知）による取扱い

　平成17年5月に文部科学省から注記事項の記載例が公表された後、リース取引や退職給与引当金に関連する注記の改正がなされました。さらに平成25年9月に「学校法人会計基準の一部改正に伴う計算書類の作成について（通知）（25高私参第8号）」が発出されました。これらの改正を踏まえた学校法人会計基準34条の記載内容は、以下のとおりです。

7-1 学校法人会計で記載が求められる注記事項

(1) **重要な会計方針**
　① 従来の徴収不能引当金の計上方法に加えて退職給与引当金等の引当金の計上方法について必ず記載します。
　② その他重要性があると認められる場合には、以下の会計方針を記載します。
　　ア．有価証券の評価基準及び評価方法
　　イ．たな卸資産の評価基準及び評価方法
　　ウ．外貨建資産・負債等の本邦通貨への換算基準
　　エ．預り金その他経過項目に係る収支の表示方法
　　オ．食堂その他教育活動に付随する活動に係る収支の表示方法
　　　等

(2) **重要な会計方針の変更**
　重要な会計方針を変更した場合には、変更の旨、変更理由及び当該変更が計算書類に与える影響額を記載します。詳細は後述する **7-3**（P.293〜）を参照してください。

(3) **減価償却額の累計額の合計額**
　貸借対照表上で減価償却資産の取得価額から減価償却額の累計額を直接控除している場合に、その減価償却額の累計額の合計額を記載します。

(4) **徴収不能引当金の合計額**
　貸借対照表上で債権から徴収不能引当金を直接控除している場合に、その引当金の合計額を記載します。

第7章 注記事項

(5) 担保に供されている資産の種類及び額

学校法人でも銀行から借入れを行う場合に何らかの資産を担保として提供していることがあります。そのような場合には担保に供されている資産についてその種類及び額を記載します。

(6) 翌会計年度以降の会計年度において基本金に組入れを行うこととなる金額

第6章で説明したように基本金組入対象資産の取得代金の一部を外部からの負債(銀行からの借入金など)により賄っている場合に、その未組入額を記載します。

(7) 会計年度の末日に第4号基本金に相当する資金を有していない場合におけるその旨及びその資金を確保するための対策

平成25年の基準改正により新たに追加された項目です。詳細は後述するP.299を参照してください。

(8) その他財政及び経営の状況を正確に判断するために必要な事項

重要性があると認められる場合には以下の事項を記載します。
① 有価証券の時価情報
② デリバティブ取引
③ 学校法人の出資による会社に係る事項
④ 主な外貨建資産・負債
⑤ 偶発債務
⑥ 通常の賃貸借取引に係る方法に準じた会計処理を行っている所有権移転外ファイナンス・リース取引
⑦ 純額で表示した補助活動に係る収支

⑧　関連当事者との取引
⑨　後発事象
⑩　学校法人間の取引　等

なお、基準第 34 条に規定する注記事項は貸借対照表の末尾に一括して記載する必要があります。

第 7 章 注記事項

7-2 重要な会計方針の内容

1．重要な会計方針とは

　会計方針とは、計算書類の作成者が会計処理の対象となる取引を計算書類に反映させるにあたって、どのような考え方を採用したのかを示すものです。すなわち、計算書類を作成するにあたり、1つの会計事象に対して2つ以上の選択可能な会計処理方法が認められている場合に、いずれの方法を選択しているのかを示すものです。

　会計処理の前提となる方針が示されないならば、計算書類の読者は、会計事象がどのような方法によって計算・処理されているかが分からず、結果として、他の学校法人の計算書類との比較ができないという状況になってしまいます。したがって、採用する会計方針を明示することが必要とされています。

　また、会計の世界では「継続性の原則」という考え方があり、一旦採用した会計方針は毎期継続して適用することが求められます。なぜなら、同一の会計処理が継続的に適用されていませんと、当該学校法人の財政状態や経営成績が複数年度間で比較できなくなってしまうためです。

2．会計方針の記載内容

　会計方針の具体的な内容について項目ごとに、もう少し詳しく見てみましょう。

(1) 徴収不能引当金及び退職給与引当金等の引当金の計上基準

引当金とは、将来の特定の費用又は損失であって、その発生が当期以前の事象に起因し、発生の可能性が高く、かつ、その金額を合理的に見積ることができる場合には、当期の負担に属する金額を当期の費用又は損失として計上するとともに、当該引当金の残高を貸借対照表の負債の部又は資産の部から控除する形式で計上するものです。

学校法人会計では、引当金の計上基準について、必ず記載する重要な会計方針として記載を求めており、その中でも特に徴収不能引当金と退職給与引当金については、大半の学校法人で計上が必要になると考えられることから例示的に取り上げています。これら以外にも引当金の計上は考えられますが、引当金は将来事象に対する見積りを行う点で、作成者が恣意性を介入させることで計算書類の内容を歪める可能性が高い項目と考えられています。したがって、引当金については、その計上基準（計上の理由、計算の基礎、その他の設定根拠）を記載することが求められています。

なお、会計年度末の計上残高がない場合でも、引当金の計上基準の注記は必要とされています。

(2) 有価証券の評価基準及び評価方法

学校法人会計基準上、有価証券の評価基準は原価法とされており選択の余地はありません。また、評価方法についても平成23年2月に公表された会計方針の統一に関する通知によって移動平均法によることとされたため選択の余地はなくなりましたが、重要性があると認められる場合には会計方針として記載することになります。なお、特定資産として処理されている有価証券についても記載の対象になることに留意する必要があります。

(3) たな卸資産の評価基準及び評価方法

　たな卸資産の評価基準は有価証券と同様に原価法ですが、評価方法に関しては複数の選択肢がありますので、重要性がある場合には注記が求められます。一般的な評価方法としては、先入先出法、総平均法、移動平均法等があります。

(4) 外貨建資産・負債等の本邦通貨への換算基準

　外貨建資産・負債は、円貨に換算して表示することになりますが、対象となる資産・負債の内容により、年度末日の為替相場で換算するものと取得時又は発生時の為替相場で換算するものがあるため、外貨建資産・負債等に重要性がある場合には、本邦通貨への換算基準を注記することが必要となります。

(5) 預り金その他経過項目に係る収支の表示方法

　計算書類に記載する金額は、総額主義によって表示するのが原則ですが、預り金のように、単に学校法人の会計を通過する収支取引を総額で表示すると、かえって学校法人の収支を適正に示せないおそれがあるため、純額による表示も認められています。その場合には、例外的な表示方法であることを明らかにするため、特定の勘定科目に係る収入と支出は相殺して表示している旨の注記をすることが求められます。

(6) 食堂その他教育活動に付随する活動に係る収支の表示方法

　前項の預り金その他経過項目と同様、食堂等の補助活動事業の収支を純額で表示した場合には、その旨を注記する必要があります。

7-3 重要な会計方針の変更等の注記

　重要な会計方針の注記が求められるのは、前述のとおり1つの会計事象に対する会計処理方法に複数の選択肢がある場合に、いずれの方法を採用したかを明示することによって計算書類の読者が、学校法人の財政状態及び経営成績を正しく判断できるようにするためです。

　一度採用した会計方針は毎期継続して適用されないと、計算書類の期間比較可能性が害されることになります。また、会計方針の安易な変更は、決算操作に悪用されることが懸念されます。そのため、会計方針を変更する場合には、変更すべき正当な理由の存在が求められます。

　正当な理由による会計方針の変更には、(1)会計基準等の改正に伴う会計方針の変更と(2)それ以外の自発的な会計方針の変更がありますが、後者における正当な理由については、「計算書類の注記事項の記載に関するQ&A」（学校法人委員会研究報告第16号）において以下のように考えることが適当とされています。

① 　会計方針の変更は学校法人の事業内容及び学校法人内外の経営環境の変化に対応して行われるものであること。
② 　変更後の会計方針が一般に公正妥当と認められる学校法人の会計基準に照らして妥当であること。
③ 　会計方針の変更は会計事象等を計算書類により適正に反映するために行われるものであること。
④ 　会計方針の変更が財務情報を不当に操作することを目的として

第7章 注記事項

いないこと。

　なお、会計方針を変更した場合には、変更の旨、変更理由及び当該変更が計算書類に与える影響額（増減額）を記載することになります。

　会計方針の変更に類似したものに表示方法の変更があります。表示方法の変更とは、従来採用していた一般に公正妥当と認められる表示方法から他の一般に公正妥当と認められる表示方法に変更することです。貸借対照表や資金収支計算書において区分を超えて重要な表示方法の変更が行われた場合には、重要な会計方針の変更と同様、変更の旨、変更理由及び当該変更が計算書類に与える影響額を「重要な会計方針の変更等」に含めて注記することになります。

　なお、固定資産の減価償却における耐用年数を変更するなどの会計上の見積りの変更を行った場合は、会計方針の変更に該当しませんが、計算書類に重要な影響を与える場合には、変更の内容及び計算書類に与える影響額を記載することが望ましいとされています。

会計基準等の改正に伴う変更も正当な理由による会計方針の変更に該当します。

7-4 その他財政及び経営の状況を正確に判断するために必要な事項等

平成17年3月及び平成25年4月の学校法人会計基準の一部改正により、財務内容の透明性の確保と説明責任の明確化の方策として企業会計にならった以下の注記の充実が図られました。

(1) 有価証券の時価情報

学校法人が保有する有価証券の評価基準は原価法ですが、時価が変動する有価証券を保有している場合は市場リスクにさらされていますので、相当の含み損を抱えている場合も考えられます。学校法人の財政状態を適正に表示するために、時価のある有価証券の貸借対照表計上額及びその時価並びにその差額を注記します。また、保有の有無に拘らず有価証券の種類ごと（債券、株式、投資信託、貸付信託等）に時価情報として明細表を注記することが求められます。なお、注記の対象となる時価のある有価証券の範囲には特定目的の引当資産に含まれる有価証券も含まれます。

(2) デリバティブ取引

近年、金融工学を駆使した先物取引とオプション取引を組み合わせた仕組み債券が考案され、ハイリターンを売り物にして多くの投資家を集めています。また、想定元本を元にした金利スワップ取引や通貨スワップ取引が資産運用の一方法として投資対象にしている学校法人もあります。こうしたデリバティブ取引は、損失額が確定しているか、又は確定が見込まれる場合を除き、契約上の決済時まで会計処理が行

われません。したがって、取引の契約金額又は決済金額に重要性がある場合には決済時に多額の損益が計上される可能性があります。したがって、会計年度末において時価の変動による影響額を把握するためには注記が必要となります。

注記内容としては、デリバティブ取引の対象物、種類、当年度末の契約金額等、契約金額のうち1年超の金額、その時価及び評価損益を表示することになります。また、当該デリバティブ取引の利用目的として、ヘッジ目的あるいは投機目的である旨を注記することが望ましいとされています。

(3) 学校法人の出資による会社に係る事項

従来より学校法人の出資割合が2分の1以上の会社がある場合には、所定の注記を求められており、その記載内容は次のとおりです。

① 会社の名称及び事業内容
② 資本金又は出資金の額
③ 学校法人の出資金額及び当該会社の総株式等に占める割合並びに当該株式等の入手日
④ 当期中に学校法人が当該会社から受け入れた配当及び寄付金の金額並びにその他の取引の額
⑤当該会社の債務に係る保証債務

(4) 主な外貨建資産・負債

外貨建資産及び負債の換算基準は重要な会計方針で記載しますが、その内容は外貨建残高のある科目名、外貨名、貸借対照表計上額、年度末日の為替相場による円換算額、換算差額をここで注記することになります。

(5) 偶発債務

　将来においてその学校法人の負担となる可能性のあるものをいい、将来債務を負う、または損害を被る可能性が年度末において既に存在しているため注記が求められるものです。その主なものは、保証債務、係争中の事件、手形の割引又は裏書等が考えられます。ただし、既に注記した事項は重複して注記する必要はありません。

(6) 通常の賃貸借取引に係る方法に準じた会計処理を行っている所有権移転外ファイナンス・リース取引

　最近多くの学校法人では、固定資産等の購入に代えてリースによって固定資産等を使用する例が多くなっていますが、「リース取引に関する会計処理について」(学校法人委員会報告第41号)によって、ファイナンス・リース取引によって使用している資産に対しては、原則として通常の売買取引に係る方法に準じた会計処理(つまり、リース物件を固定資産に計上する方法)を行うことになります。ただし、リース契約上でリース資産の所有権が借手に移転しない所有権移転外ファイナンス・リース取引で、リース契約1件当たりのリース料総額が300万円以下のもの、または平成21年3月31日以前の契約に係るものについては、その支払リース料の総額の合計額に重要性があるときには、「リース物件(又はリース資産)の種類」、「リース料総額」及び「未経過リース料期末残高」等の注記が求められています。

(7) 純額で表示した補助活動に係る収支

　重要な会計方針で、補助活動事業の収支を純額で表示している旨の注記をした場合には、収支相殺の範囲及び金額を注記することになります。

(8) 関連当事者との取引

関連当事者との取引には恣意性が介入する余地があるため、取引内容を注記することで、計算書類の透明性を高めることが求められています。例えば、役員との取引や学校法人との出資関係等を通じて特殊な関係にある関係法人との取引の内容を開示するもので、関連当事者との関係内容、取引内容及び取引金額等を注記することになります。

(9) 後発事象

学校法人会計における後発事象とは、会計年度末日の翌日以降に惹起した会計事象で、学校法人の財政及び経営の状況に影響を及ぼす事象をいいます。この後発事象の中には、当年度の決算に反映すべき事象と、次年度以降の決算に反映すべき事象があり、前者を修正後発事象といい、後者を開示後発事象といいます。

修正後発事象は当年度の計算書類の修正を要しますが、開示後発事象は次年度以降の学校法人の財政及び経営の状況を正確に判断するために、注記が求められます。

(10) 学校法人間の取引

学校法人の経営状況や財務状態についてより明らかにするために、関連当事者の注記に該当しない場合であっても、学校法人間の取引に重要性があれば、取引内容を注記します。例えば、学校法人間の貸付金や債務保証等が考えられます。

(11) その他の注記

学校法人の計算書類の明瞭表示にために必要な注記は、積極的に開示することになります。

たとえば、減価償却計算における残存価額を備忘価額とした場合、教職員に対する退職年金制度、また、いわゆる「継続企業の前提」に該当するような経営困難に陥った学校法人の計算書類に、自主的に講じている対策等を注記することなどが考えられます。

⑿ 平成25年の基準改正

平成25年4月の学校法人会計基準の一部改正において、従来から記載を要することとされていた「減価償却額の累計額の合計額」、「徴収不能引当金の合計額」、「担保に供されている資産の種類及び額」及び「翌会計年度以後の会計年度において基本金への組入れを行うこととなる金額」に加えて、当該会計年度の末日において第4号基本金に相当する資金を有していない場合には、その旨と対策を注記として記載することになりました。学校法人の継続性に関する重要な情報の1つとして記載することが義務付けられたといえるでしょう。

なお、第4号基本金に相当する資金を有している場合でも、「第4号基本金に相当する資金を有しており、該当しない。」旨の記載を行うことになります。

第7章 注記事項

7-5 注記事項の記載例

　以下に文部科学省が公表している計算書類の注記事項の記載例を示します。注記事項のイメージをつかんでください。

　この他、活動区分資金収支計算書の注記事項として、活動区分ごとの調整勘定等の加減の計算過程を同計算書の末尾に注記することになりました。記載例については第4章のP.154を参照してください。

注記事項記載例（「学校法人会計基準の一部改正に伴う計算書類の作成について（通知）（25高私参第8号）」より）

＜例1＞
1．重要な会計方針
　(1) 引当金の計上基準
　　　徴収不能引当金
　　　　…未収入金の徴収不能に備えるため、個別に見積もった徴収不能見込額を計上している。
　　　退職給与引当金
　　　　…退職金の支給に備えるため、期末要支給額×××円の100％を基にして、私立大学退職金財団に対する掛金の累積額と交付金の累積額との繰入れ調整額を加減した金額を計上している。
　(2) その他の重要な会計方針
　　　有価証券の評価基準及び評価方法
　　　　…移動平均法に基づく原価法である。
　　　たな卸資産の評価基準及び評価方法
　　　　…移動平均法に基づく原価法である。
　　　外貨建資産・負債等の本邦通貨への換算基準

…外貨建短期金銭債権債務については、期末時の為替相場により円換算しており、外貨建長期金銭債権債務については、取得時又は発生時の為替相場により円換算している。
　　預り金その他経過項目に係る収支の表示方法
　　　…預り金に係る収入と支出は相殺して表示している。
　　食堂その他教育活動に付随する活動に係る収支の表示方法
　　　…補助活動に係る収支は純額で表示している。

2．重要な会計方針の変更等
　　学校法人会計基準の一部を改正する省令（平成25年4月22日文部科学省令第15号）に基づき、計算書類の様式を変更した。なお貸借対照表（固定資産明細表を含む。）について前年度末の金額は改正後の様式に基づき、区分及び科目を組み替えて表示している。

3．減価償却額の累計額の合計額　　　×××円

4．徴収不能引当金の合計額　　　×××円

5．担保に供されている資産の種類及び額
　　担保に供されている資産の種類及び額は、次のとおりである。
　　　土　　地　　　×××円
　　　建　　物　　　×××円
　　　定期預金　　　×××円

6．翌会計年度以後の会計年度において基本金への組入れを行うこととなる金額
　　　　×××円

7．当該会計年度の末日において第4号基本金に相当する資金を有していない場合のその旨と対策
　　第4号基本金に相当する資金を以下のとおり有していない。

第7章 注記事項

　　　　第4号基本金　　　×××円
　　　　資金
　　　　　現金預金　　　　×××円
　　　　　有価証券（※1）　×××円
　　　　　○○特定資産（※2）×××円
　　　　　　計　　　　　　×××円
　　　　※1 有価証券は現金預金に類する金融商品である。
　　　　※2 ○○特定資産は第4号基本金に対応した特定資産である。
　現在、主要な債権者である○○等と協議の上、平成○○年度から平成○○年度までの経営改善計画を作成し、○○等の経営改善に向けた活動を行っている。

8．その他財政及び経営の状況を正確に判断するために必要な事項
(1) 有価証券の時価情報
　① 総括表

（単位 円）

	当年度（平成××年3月31日）		
	貸借対照表計上額	時　価	差　額
時価が貸借対照表計上額を超えるもの	×××	×××	×××
（うち満期保有目的の債券）	(××)	(××)	(××)
時価が貸借対照表計上額を超えないもの	×××	×××	△×××
（うち満期保有目的の債券）	(××)	(××)	(△××)
合　計	×××	×××	×××
（うち満期保有目的の債券）	(××)	(××)	(××)
時価のない有価証券	××		
有価証券合計	×××		

② 明細表

(単位 円)

種類	当年度（平成××年3月31日）		
	貸借対照表計上額	時価	差額
債券	×××	×××	(△)××
株式	×××	×××	(△)××
投資信託	×××	×××	(△)××
貸付信託	×××	×××	(△)××
その他	×××	×××	(△)××
合計	×××	×××	×××
時価のない有価証券	××		
有価証券合計	×××		

(2) デリバティブ取引

デリバティブ取引の契約額等、時価及び評価損益

(単位 円)

対象物	種類	当年度（平成××年3月31日）			
		契約額等	契約額等のうち1年超	時価	評価損益
為替予約取引	売建 米ドル	×××	×××	××	××
金利スワップ取引	受取固定・支払変動	×××	×××	××	××
合計		×××	×××	××	××

(注1) 上記、為替予約取引及び金利スワップ取引は将来の為替・金利の変動によるリスク回避を目的としている。
(注2) 時価の算定方法
　　　為替予約取引…先物為替相場によっている。
　　　金利スワップ取引…取引銀行から提示された価格によっている。

(3) 学校法人の出資による会社に係る事項

当学校法人の出資割合が総出資額の2分の1以上である会社の状況は次のとおりである。

① 名称及び事業内容　株式会社○○　清掃・警備・設備関連業務の委託
② 資本金の額　×××円
③ 学校法人の出資金額等及び当該会社の総株式等に占める割合並びに

第7章 注記事項

　　　　当該株式等の入手日
　　　　　平成××年××月××日　×××円　×××株
　　　　　総出資金額に占める割合　×××％
　　④　当期中に学校法人が当該会社から受け入れた配当及び寄附の金額並びにその他の取引の額
　　　　　受入配当金××円　寄付金××円
　　　　　当該会社からの長期借入金×××円
　　⑤　当該会社の債務に係る保証債務　学校法人は当該会社について債務保証を行っていない。
(4) 主な外貨建資産・負債

（単位　円）

科　目	外貨建	貸借対照表計上額	年度末日の為替相場による円換算額	換算差額
その他の固定資産（定期預金）	米ドル　××	××	××	△××
長期借入金	ユーロ　××	××	××	××

(5) 偶発債務
　　　　下記について債務保証を行っている。
　　　　　教職員の住宅資金借入れ　　　　　　　　　　　×××円
　　　　　役員の銀行借入金　　　　　　　　　　　　　　×××円
　　　　　A学校法人（姉妹校）の銀行借入金　　　　　　×××円
　　　　　B社（食堂業者）の銀行借入金　　　　　　　　×××円
　　　　　理事（又は監事）が取締役であるC社の銀行借入金　×××円
(6) 通常の賃貸借取引に係る方法に準じた会計処理を行っている所有権移転外ファイナンス・リース取引
　　① 平成21年4月1日以降に開始したリース取引

リース物件の種類	リース料総額	未経過リース料期末残高
教育研究用機器備品	××円	××円
管理用機器備品	××円	××円
車両	××円	××円
教育研究用消耗品	××円	××円

② 平成 21 年 3 月 31 日以前に開始したリース取引

リース資産の種類	リース料総額	未経過リース料期末残高
教育研究用機器備品	××円	××円
管理用機器備品	××円	××円
車両	××円	××円

(7) 純額で表示した補助活動に係る収支

純額で表示した補助活動に係る収支の相殺した科目及び金額は次のとおりである。

(単位　円)

支　出	金　額	収　入	金　額
人件費支出	×××	補助活動収入（売上高）	×××
管理経費支出（経費支出）	×××	その他の受取利息・配当金収入	×××
借入金等利息支出	××	雑収入	××
計	×××	計	×××
純額			××

(8) 関連当事者との取引

関連当事者との取引の内容は、次のとおりである。

(単位　円)

属性	役員、法人等の名称	住所	資本金又は出資金	事業内容又は職業	議決権の所有割合	関係内容 役員の兼任等	関係内容 事業上の関係	取引の内容	取引金額	勘定科目	期末残高
理事	鈴木一郎	—	—	A社代表取締役	—	—	—	資金の貸付	××	貸付金	××
理事長××が議決権の過半数を有している会社	B社	東京都××区	××	不動産の賃貸及び管理他	×%	兼任1人	不動産の賃貸借契約の締結	家賃の支払	××	敷金	××
理事	田中二郎	—	—	—	—	—	—	無償の土地使用	0	—	0

(注) 貸付金については、市場金利を勘案して貸付金利を合理的に決定している。

(9) 後発事象

平成××年5月×日、○○高等学校本館が火災により焼失した。この火災による損害額及び保険の契約金額は次のとおりである。

第 7 章 注記事項

　　　　　　　　　（損害額）　（契約保険金額）
　　　建　物　　　××円　　　　××円
　　　構築物　　　××円　　　　××円
　　なお、機器備品の損害額は調査中である。
(10) 学校法人間の財務取引
　　学校法人間取引の内容は、次のとおりである。

（単位　円）

学校法人名	住所	取引の内容	取引金額	勘定科目	期末残高	関連当事者
○○学園	東京都○○区	資金の貸付	×××	貸付金	×××	
●●学園	大阪府○○市	債務保証	×××	―	×××	

＜例2＞
1．重要な会計方針
　　　引当金の計上基準
　　　　徴収不能引当金
　　　　　…未収入金の徴収不能に備えるため、個別に見積もった徴収不能見込額を計上している。
　　　　退職給与引当金
　　　　　…期末要支給額×××円は、退職金財団よりの交付金と同額であるため、退職給与引当金は計上していない。

2．重要な会計方針の変更等
　　学校法人会計基準の一部を改正する省令（平成25年4月22日文部科学省令第15号）に基づき、計算書類の様式を変更した。なお貸借対照表（固定資産明細表を含む。）について前年度末の金額は改正後の様式に基づき、区分及び科目を組み替えて表示している。

3．減価償却額の累計額の合計額　　　×××円

4．徴収不能引当金の合計額　　　0円

5．担保に供されている資産の種類及び額
　担保に供されている資産の種類及び額は、次のとおりである。
　　土　　地　　×××円
　　建　　物　　×××円
　　定期預金　　×××円

6．翌会計年度以後の会計年度において基本金への組入れを行うこととなる金額
　　×××円

7．当該会計年度の末日において第4号基本金に相当する資金を有していない場合のその旨と対策
　第4号基本金に相当する資金を有しており、該当しない。

8．その他財政及び経営の状況を正確に判断するために必要な事項　なし

第8章

学校法人と税金

　学校法人も税金とは無縁ではありません。本来教育という事業は営利事業ではありませんので、収益を生むという感覚はないのですが、税法上の規定に照らしてみますと、そこに課税所得が生じることがあります。また、学校法人も最終消費者という立場から消費税も負担します。
　そのため、学校法人における課税関係を理解することも必要となってきます。

第8章 学校法人と税金

8-1 学校法人と収益事業

1．学校法人と税金

　学校法人にとって税金と言う言葉は、あまり関係がないように思われるでしょう。学校は一般の企業のように商品や製品を売って儲けること、すなわち、利益を追求することを目的としている訳ではなく、学校が税金を負担することがあるのだろうかと考えてしまいます。

　学校法人は、法人税法上、公益法人に該当するので、本来の教育事業に伴う利益については税金が課されない、すなわち、非課税となっています。

　一方、学校法人は、本来学校が行う教育・研究活動に付随して様々な事業を営んでいることがあります。こうした事業から生じた儲け、つまり、利益は、その内容によって税金を課されることがあります。

　では、そもそも学校法人が利益の稼得を目的とする事業、すなわち、収益事業を行うことができるのはどのような場合でしょうか。学校法人は本来教育・研究という、いわば公益を目的に設立されたものであり、利益の稼得を目的とする事業には馴染まないものと考えられます。しかし、学校法人もその法人の経営を永続的に続けていくためには、学校法人の教職員とその施設・設備を維持していかなければなりません。そのために、収益事業を行うことが一定の制約の下で可能なのです。

２．収益事業とは

　学校法人にとっての収益事業には、2つのとらえ方があります。

　その1は私立学校法に定める収益事業です。私立学校法には、「学校法人は、その設置する私立学校の教育に支障のない限り、その収益を私立学校の経営に充てるため、収益を目的とする事業を行うことができる。」（私立学校法第26条）と定められています。この条文によると、学校法人の本分である「教育」が大前提になっており、この教育水準を維持していくために、利益の稼得を目指す収益事業を行うことが許容されているのです。例えば、学校が所有する土地や建物の賃貸、カルチャーセンターや各種学校の経営、セミナーや講演会の開催、書籍や雑誌などの出版などです。

　そしてもう1つは税務上の収益事業です。学校法人としては収益事業を営んでいるとは認識していなくても、税務当局としてはそこに課税所得が発生しているとして税金の納付を求めてくることがあるのです。例えば、学生用の購買部の経営、公衆電話の設置、研究の受託行為、学用品の販売取次ぎなど、学校の中で自然に行われている行為が思いもよらず収益事業と認定され、課税所得を算出されることがあるのです。

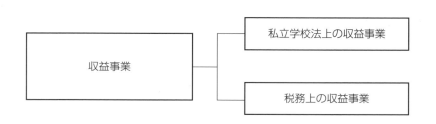

第8章 学校法人と税金

8-2 私立学校法上の収益事業

　学校法人は本来教育を行うものであり、収益を目的とするのは本末転倒と考えられるでしょう。もちろん、そのとおりなのです。しかし、学校法人が本来の教育研究事業を継続的に運営できるように、経済的な基盤をもつ必要があるのは当然のことでしょう。その収益事業から稼得された利益を、学校経営に充てることで教育水準の維持向上が期待できるのです。

　では、学校法人は自由に収益事業を行うことが許されるのでしょうか。文部科学大臣所轄学校法人が行うことのできる私立学校法上の収益事業は、以下18種類の事業になっています。

---

①農業、林業　②漁業　③鉱業、採石業、砂利採取業　④建設業　⑤製造業（「武器製造業」を除く。）　⑥電気・ガス・熱供給・水道業　⑦情報通信業　⑧運輸業・郵便業　⑨卸売・小売業　⑩金融業・保険業（「保険媒介代理業」及び「保険サービス業」に限る。）　⑪不動産業（「建物売買業」、「土地売買業」を除く。）　⑫学術研究、専門・技術サービス業　⑬宿泊業、飲食サービス業（「料亭」、「酒場、ビアホール」及び「バー、キャバレー、ナイトクラブ」を除く。）　⑭生活関連サービス業、娯楽業（「遊戯業」を除く。）　⑮教育、学習支援業　⑯医療、福祉　⑰複合サービス事業　⑱サービス業（他に分類されないもの。）

　上記のとおりで、ほとんどすべての業種を網羅しています。

ただし、収益事業は、以下のいずれにも該当しないものでなければなりません。
① 経営が投機的に行われるもの
② 風営法に規定する営業及びこれらに類似する方法によって経営されるもの
③ 規模が学校の状態に照らして不適当なもの
④ 自己の名義をもって他人に行わせるもの
⑤ 学校の教育に支障のあるもの
⑥ 学校法人としてふさわしくない方法によって経営されるもの

　学校が行う事業である以上、学校の本則を逸脱してはならないのは当然でしょう。事業の継続はあくまでも学校経営に資するものであることが求められます。除外されている事業として、公序良俗に反する事業が挙げられており、水商売や歓楽業は学校が行うべき事業ではないと考えられます。また、学校の財政状態をリスクにさらすような投機的な事業に手を染めることは、学校経営を危うくすることになりかねません。土地や株式の投機的な取引なども当然ですが、慎まなければなりません。そのほか、教育事業に比べてどちらが本業なのかわからないような規模の事業を行うことは、学校法人が隠れ蓑のようになってしまい、学校本来の事業が疎かになってしまいます。
　このように多くの制約はありますが、原則的な考え方としては、学校法人の本業である教育事業の継続的経営に支障がなければ、私立学校法上は、学校法人が収益事業を行うことを認めています。
　なお、私立学校法上の収益事業を行う場合には、寄附行為に収益事業に関する事項を定め、所轄庁の許可を受ける必要があります。

第8章 学校法人と税金

8-3 税務上の収益事業

　税務上の収益事業とは、税法（具体的には法人税法）に照らしてその事業が課税客体、すなわち課税対象になると判断されるかどうかによります（実務上は、学校を所轄する納税地の税務署によって判断が異なることがよくあるのです。）。したがって、学校法人としては税務上の収益事業を行っているという認識がなくても、税務署から課税を行う旨を通知されることがあるのです。

　学校法人の行う事業を税務上の収益事業とみなすのには、次の要件が満たされることが必要になります。

① 課税事業であること。税務上の課税事業はその事業名を列挙していますが、ほぼ全事業をカバーしており、解釈によってはすべて収益事業とみなされることになるでしょう。
② その行為が継続して営まれていること。
③ 事業所を設けていること。

　以上の要件が満たされるか否かですが、税法では学校法人の目的とは関係なく税務上の収益事業ととらえることになります。

　したがって、実際には学校と税務当局との見解の相違が生じることがあります。

　通常、次のような場合には税務上の収益事業として課税の対象となるのです。

a．校内に売店を設けて図書、文房具、制服や食料品の販売
b．生協等に建物の一部の賃貸

c．第三者主宰のコンサート等のための講堂やホールの貸出し
d．公衆電話の設置
e．医学部等の受託研究費

　学校にとっては、通常の教育研究活動の一環として実施しており、決して利益の稼得を目的にしてはいないのですが、税務上は収益事業とされて課税されることがあるのです。

　物品販売業を例に、税務上の収益事業に該当するかどうかを見てみます（実務問答集 382）。

例	収益事業
教科書その他これに類する教材以外の出版物の販売	該当する
ノート、筆記具等の文房具の販売	該当する
制服、制帽等の販売	該当する
学校法人が行うバザーで年 1、2 回開催される程度のもの	該当しない

8-4 収益事業の会計処理

　私立学校法上の収益事業に関する会計については、「私立学校法第26条第1項に規定する事業（収益事業のこと）に係る会計処理及び計算書類の作成は、一般に公正妥当と認められる企業会計の原則に従って行わなければならない。」（学校法人会計基準第3条）と規定され、収益事業の会計処理は企業会計の会計処理の原則に従った方法によらなければならないとしています。

　ただ、学校法人は文部科学省令に定める「学校法人会計基準」に従って会計処理されており、企業会計に定める損益計算書は通常作成していません。そこで収益事業に関する経理方法を考えてみます。

(1) 経理を区分する原則的方法

　学校法人が行う収益事業に関する経理を、学校本来の教育研究活動と区分して経理する方法です。学校本来の教育研究事業を記録する帳簿と収益事業を記録する帳簿を分けるのです。決して収益事業に関する裏帳簿（このような名称をいってはいけないのですが）を作成する訳ではありません。税法においてもこの方法を求めています。

(2) 年度末に収益事業に関する取引を分離する方法

　これはあくまでも簡便法です。年度中の取引はすべて学校法人の帳簿に集中して記録し、年度末になってから収益事業に属する収益とその収益を稼得するために費やされた費用を抽出して、収益事業に関する損益計算書を作成する方法です。

学校法人にかかる税金の種類

　所得を課税対象としている税金は、法人税、道府県民税と市町村民税という住民税、そして同様に所得を課税対象とする事業税があります。また、所得以外のものを課税対象としている税金として、所有する土地や建物を対象にしている固定資産税、事業所の規模を対象にしている事業所税、そして、購入した商品や提供を受けたサービスに関連して最終消費者として負担しなければならない消費税と地方消費税（以下、2つをあわせて「消費税等」と表記します。）があります。

　しかし、上記のうち固定資産税は、学校本来の事業のために保有する校地や校舎は、固定資産税の対象とはなりません。

　これに対して、課税所得のあるなしにかかわらず、実質的に税負担を強いられているのは、消費税等です。

所得を課税対象にしている税金	法人税、住民税、事業税
所有する不動産や事業規模を対象にしている税金	固定資産税、事業所税
最終消費者として負担している税金	消費税、地方消費税

8-6 所得を課税対象としている税金

1．法人税

　法人税は国税であり、個人（自然人）に対する所得税とともに国税の双璧になっています。学校法人は法人ですから、この国税のうち法人税の対象になります。国税である所得税に関しては、教職員に対して給与や報酬を支給していますので、所得税法上の源泉徴収義務を負っており、時として源泉徴収に関する税務調査を受けることがあるのは、この所得税法の規定に従った処理が行われているかを調査するためのものです。

　法人税の課税所得は、税務上の用語で説明しますと「益金」から「損金」を控除することで算出されます。一般的には、この「益金」が会計上の収益に該当し、「損金」が会計上の費用・損失に該当しますが、税務上の「益金」と「損金」の考え方が、必ずしも会計上の考え方と一致しているわけではなく、税務上「益金」や「損金」となる項目に対する別段の定め（税務ではこのように表現します）が規定されています。このため、税務上の課税所得は、企業会計の原則に従って計算した会計上の利益と一致しないことがあります。このことが税金計算を難しくしています。

　したがって、実務では学校法人が計算した損益計算書上の利益をもとにして、これに別段の定めに従った加減算をして課税所得を算出することになります。

　この別段の定めですが、税務計算では確定決算主義という手段を

とっており、学校法人の決算を前提にして、この損益計算書で示されている当期利益に調整（税務調整又は申告調整といいます。）を行って、課税所得を計算するのです。

税務調整の基本的パターン
① 益金不算入：税務上は益金にならないもの。通常、会計上は収益として認識した項目が益金として認められない場合を指します。
② 損金不算入：税務上は損金にならないもの。通常、会計上は費用・損失として認識した項目が損金として認められない場合を指します。

この中でもっとも課税所得計算に影響するのは、交際費と寄付金でしょう。交際費は会計上費用ですが、税務上はこの支出を認めないという立場から、取引先とのお付き合い（飲み食いや贈答のこと）に支出したものを原則として損金としては認めないのです（ですから、飲み屋で一杯、バーでカラオケは、後で追加の税金を払わなければならないことになるのです。）。寄付金は学校にとって受け取ることしか頭に思い浮かばないと思いますが、ここでいう寄付金は学校が支払う寄付金のことで、会計上は学校以外の第三者に支出されたのですから費用となるのですが、税務上は損金算入限度額があり、支出した寄付金全額が損金となる訳ではありません。

なお、私立学校法上の収益事業で得られた利益を学校会計に繰り入れる場合には、収益事業の寄付金とみなされます。この寄付金とみなされた金額について、当該事業年度の所得金額の50％に相当する額（その金額が年200万円に満たない場合には年200万円）を超える額は損金

第 8 章 学校法人と税金

として認められません。

このようにして計算した課税所得に税率を乗じて税金を納付することになります。この税金の納付にも一定の様式があり、この様式を確定申告書といいます。前述の税法規定に従って税額を計算し、確定申告書を税務署に提出し、税金を納付することになります。

２．住民税

道府県民税と市町村民税を併せて住民税といいます。いずれも地方税です。住民税の課税所得は法人税額そのものとしていますので、法人税額に税率を乗じることで法人税額（遡れば法人税の課税所得になりますが）に連動した住民税、法人税額割になります。また、住民税には課税所得の有無に拘わらず納付する税額があり、均等割額といいます。この均等割額は地方自治体に対する共通経費の負担と考えたらいいでしょう（個人に対する住民税においても均等割額がありますので。）。住民税は前述の法人税割額と均等割額の合計額を納付します。

３．事業税

事業税は道府県民税で、詳細は各地方自治体の条例によって決められます。この事業税は原則として法人税で算出した課税所得に税率を乗じて税額を算出しています。

４．確定申告

所得を課税対象としている法人税、住民税及び事業税は会計年度終了後２カ月以内に課税所得を計算して、確定申告をしなければなりません。法人税は国税ですから税務署に、住民税と事業税は地方自治体に確定申告書を提出するとともに税金を納付することになります。つ

8-6 所得を課税対象としている税金

まり税法の立場からは、納税者自らが課税所得を認識して課税所得を計算し、納税額を算出して申告納付する、いわゆる確定申告納付制度をとっているのです。納税者自らが納付義務を認識するということは、その申告内容に異議がないことを自らが認めたことになり、後になって申告内容について争うことはできないことになります。

第 8 章　学校法人と税金

8-7 所得以外を課税対象にしている税金

1．固定資産税

　固定資産税は市町村民税という地方税の1つです。その課税対象は所有する固定資産つまり土地、建物そして大型の償却資産になります。ただし、学校法人の「直接保育又は教育の用に供する固定資産」に対しては、非課税とされています。これは学校法人の事業目的が公益性を持っていることに起因しているためと考えられます。

　もし、学校法人が他の者に固定資産を賃貸している場合には、本来の教育研究用に使用されていないため、その固定資産に対しては当然のことですが固定資産税が課税されることになります。学校法人に対する自治体の税務調査では、学校法人が所有する固定資産の用途が問題になります。

2．事業所税

　事業所税は政令指定都市等が、その域内のある事業のうち一定規模以上のものに対して課税するのであり、その税額計算には2通りあり、事業所の床面積を課税の対象として1m^{2}当たり600円の税率による資産割と、事業所の給与総額を課税の対象とし総額の0.25％の税率による従業者割があります。

　この事業所税における収益事業とは、法人税法にいう収益事業であって、学生又は生徒のために行う事業以外のものとなっています。

8-8 消費税

1．消費税の考え方

　消費税は代表的な間接税で、商品やサービスの最終消費者が税金を負担する仕組みになっています。私達が日々生活必需品を店で買っても、必ず8％の消費税等（消費税及び地方消費税）を代金に上乗せして支払っています。「当店は消費税を頂いておりません！」といったバーゲンの広告を目にすることがありますが、この消費税は「国内において事業者が行った資産の譲渡等には、この法律により、消費税を課する。」（消費税法第4条）としており、また「国内において課税資産の譲渡等につき、この法律により、消費税を納める義務がある。」（消費税法第5条）として、事業者に納税義務を課しているのです。ですから広告にいうように「消費税を頂いていない」のではなく、その商品の価格の中に消費税等が含まれているのであり、その価格の108分の8相当額が消費税として納付されることになります。

　私達が生活の中で商品を購入してそれを消費するということは、私達が最終消費者ということになり、実質的にこの消費税等を負担することになるのです。

　このことは学校法人にとっても変わるところはありません。学校法人は商品を仕入れて学生に売っている訳ではないので、消費税とは無関係と思われがちですが、そうではありません。学校法人が購入する教育用の機器備品や日頃支出している経費、例えば、JRの運賃でも消費税が含まれているのですから、消費税を負担していることは明ら

かです。ここまでの話ですと、学校法人が最終消費者であり、消費税を負担しているということで終わってしまうのですが、学校法人にも学生からの納付金やその他様々な収入があります。それぞれの収入の性質に応じて消費税法上の取扱いが異なるため、税額の計算過程が複雑になっています。まずは、課税取引について理解しましょう。

2．消費税法上の課税取引

　消費税法では課税の対象となる取引を課税取引としていますが、この課税取引とは何のことなのでしょう。課税取引とは、商品の販売やサービスの提供による課税売上と、商品の仕入や費用の支出という課税仕入のことです。

　消費税等を簡単にいってしまうと、課税売上によってお客さんから預かった消費税等の金額から、課税仕入によって支払った消費税等の金額を差し引いた額を納税することになるのです。たとえば800円で仕入れた商品を1,000円で売った場合、お客さんからは1,000円と消費税等80円（＝1,000円×8％）を受け取り、商品を仕入れた際に支払った消費税等64円（＝800円×8％）を差し引いた残額、つまり16円を納税することになるのです。

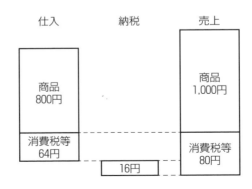

このように課税取引があると、預かった額と納めた額の差額を納税しなければならないことになるのです。

3．学校にとっての課税取引

では、学校法人の収入の中に課税取引はあるのでしょうか。当然のことですが、学校が提供する教育というサービスは非課税です。具体的には、学校が受け取っている次の収入は消費税法上、非課税とされています。

① 授業料、保育料、教育費、学習費、指導料、補習料、聴講料、実験実習費、演習料、教育充実費、教職課程履修費、教育実習手数料等
② 施設設備の整備、維持を目的として徴収する施設設備費
③ 入学検定料、選考料、再試験料、追試験料
④ 在学証明書、卒業証明書、卒業見込証明書等の手数料

以上の項目を見てみますと、学校本来の教育事業のための収入が非課税取引に該当しています。

では、上記の範疇に入らない収入はどのようになるのでしょうか。非課税取引以外は、課税取引、不課税取引及び免税取引に分類されます。まず、学校法人にとって課税取引となるのは次の項目になります。

① 校舎などを使用させることで受け取る施設設備利用収入
② 土地を除く資産の売却収入
③ 受託事業収入
④ 附属事業収入
⑤ 補助活動収入
⑥ 収益事業に係る収入

上記のうち⑥は学校法人自らが収益事業としているので、消費税法

第8章 学校法人と税金

上も課税取引になります。その他①から⑤の収入は学校法人が必ずしも利益の稼得を目的にしている訳ではありませんが、課税取引に該当します。

次に、不課税取引ですが、定義としては消費税法上、課税の対象とならない取引を不課税取引といい、海外での取引や資産の譲渡や役務の提供の対価ではない取引になります。例えば、学校法人では借入金による収入、補助金収入、寄付金収入等です。

最後に、免税取引ですが、この典型例が輸出取引です。学校法人では該当する取引を想定しにくいので、説明は省略します。

消費税法上		
学校法人の収入		
課税売上	非課税売上	不課税売上

4．消費税の会計処理

消費税の会計処理には税抜方式と税込方式があります。例えば、本の値段を見てみますと、「本体1,000円+税」となっていますとこれは税抜方式となり、実際に購入する際には1,080円を支払うことになります。もし「税込み1,000円」となっていれば、本自体の価格は926円で消費税が74円となります。ご存知のように会計処理は一般的に税抜方式が広く採られており、売上を計上した場合は、次のようになります。

（借方）現　　　　金	1,080	（貸方）売　　　　　　上	1,000
		預 り 消 費 税	80

ところが学校の会計処理は原則として税込方式によることになっています。それは学校法人の会計の特殊性から次の理由によって説明されています（学校法人委員会報告第34号）。

① 消費税の課税対象外取引（不課税取引）及び非課税取引が主要な部分を占めているため、消費税の負担者となる法人が多いこと。
② 学校法人の会計が資金収支を主とする予算会計によっているため、資金の出入りになじみやすい。
③ 基本金対象資産に係る消費税を当該資産の取得価額に含めて処理することが学校法人の財務の健全性の観点から望ましい。

5．納付すべき消費税額の計算

学校法人が納付しなければならない消費税の額は、次の式で計算します。

〔納付税額〕＝〔課税売上に係る消費税額〕－〔課税仕入に係る消費税額〕

以上の式で算出できるならば簡単なのですが、この仕入に係る消費税額つまり控除できる消費税額の計算が難しいのです。

(1) 課税売上に係る消費税額

課税売上高に係る消費税額、つまり学校が受け取っていると認められる消費税額は、次の式で計算します。

$$課税売上に係る消費税額＝課税売上高 \times \frac{6.3}{108}$$

第 8 章 学校法人と税金

税込みですから収入金額をいわゆる本体価格と消費税額に分ける計算ですが、何故 108 分の 6.3 なのか疑問を持たれることでしょう。

消費税には国に納付される消費税と地方自治体に納付される地方消費税とがあり、6.3％部分が国に、1.7％部分が地方自治体に納付されます。納付すべき消費税額の計算方法で、地方消費税の税額計算が国の消費税額の 63 分の 17 となっており、先ず国に納付すべき消費税を計算する順序になっているからです。

消費税率と地方消費税率の関係

適用開始日	平成 9 年 4 月 1 日	平成 26 年 4 月 1 日（現行）
消費税率	4.0%	6.3%
地方消費税率	1.0%（消費税額の 25/100）	1.7%（消費税額の 17/63）
合計	5.0%	8.0%

（注）平成 28 年 4 月に消費税法の一部が改正され、平成 31 年 10 月 1 日から、消費税及び地方消費税の税率が 8％から 10％へ引き上げられ、同時に消費税の軽減税率制度が実施される予定です。

適用開始日	平成 31 年 10 月 1 日	
	標準税率	軽減税率
消費税率	7.8%	6.24%
地方消費税率	2.2%（消費税額の 22/78）	1.76%（消費税額の 22/78）
合計	10.0%	8.0%

なお、軽減税率の対象品目は飲食料品と新聞ですが、軽減税率対象取引か否かについては十分留意する必要があります。

(2) 仕入に係る消費税額

　企業では、消費税法上の課税売上高が全売上高のほとんどを占めているので、商品の仕入代金やその他の経費に関連して支払った消費税を〔課税仕入れに係る消費税額〕として控除できるのです。つまり、次の式で計算します。

$$課税仕入に係る消費税額 = 課税仕入高 \times \frac{6.3}{108}$$

　しかし、学校法人では、前述のとおり学校の主たる事業である教育に係る収入が非課税です。消費税法では、課税仕入つまり消費税を負担している支出額（必要経費等の額）の考え方として、課税売上のための支出と非課税売上のための支出があると考えるのです。

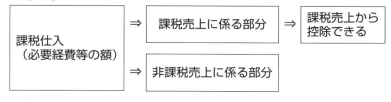

　この〔課税仕入のうち課税売上に係る消費税額〕は、課税仕入に係る消費税額に次に示す課税売上割合を掛けて算出することになります。
　計算式は次のとおりです。

$$課税売上割合 = \frac{課税売上高}{(課税売上高 + 非課税売上高)}$$

　その上に学校法人特有の収入に特定収入という収入があり、これを

第 8 章 学校法人と税金

考慮しなければなりません。

(3) 特定収入に係る控除消費税額

学校法人にとっての特定収入とは、補助金、寄付金、出資に対する配当金、保険金、損害賠償金及び資産の譲渡等の対価に該当しない負担金や会費等になります。

$$特定収入割合 = \frac{特定収入}{((課税売上高 + 非課税売上高) + 特定収入)}$$

上記の算式で計算した特定収入割合が5％を超える場合には、この特定収入にかかる課税仕入の消費税額を計算して、控除額から差し引くことになります。つまり、課税売上に係る消費税額から差し引くことになるのは、上記(2)で計算した額に代えて、次の式で算出することになります。

〔仕入控除税額〕＝〔課税仕入のうち課税売上に係る消費税額〕
　　　　　　　－〔特定収入にかかる消費税額〕

(4) 地方消費税

(1)で説明したように、国に対して納付する消費税の税率は6.3％で、地方自治体に納付する地方消費税は、国に対して納付する消費税額の63分の17になります。施設設備利用料や手数料として受け取った額の108分の8が仮受消費税で、経費等で支払った額の108分の8が仮払消費税ですから、この仮受額から仮払額を控除した額を国と地方自治体に納付しなければなりません。

このため、国に対する消費税を6.3％と計算しておいて、その金額の63分の17を地方消費税とすることでそれぞれの納付すべき税額が求められます。

8-9 源泉徴収義務

1．源泉徴収とは

　毎月学校法人が給与や報酬の支払者として、教職員に対して支給する月給から控除している額のうちには、所得税と住民税があります（その他に控除しているものとしては、健康保険料と厚生年金掛金があり、学校法人では共済掛金という名称になっています。）。この税金ですが、本来給与を受け取る個人に申告納税義務があり、個々人で確定申告をして納税するのが原則なのですが（医療費控除や住宅取得控除を受けるときには、税務署に行って確定申告をしますのでお分かりでしょう。）、我が国ではその納税事務を簡素化して、給与や報酬の支給時に税金を徴収する手続きを採用しており、このことを源泉徴収といいます。
　この手続きの法的な根拠は所得税法の規定によるもので、給与や報酬を個人に支払う場合には一定の計算に従って算出される税額を控除して、個人に代わって国等に納付することになるのです。
　会計処理としては、給料や報酬の支払い時に教職員から源泉徴収した所得税と住民税を預り金に計上しておいて、翌月の10日までに国・地方自治体に納付するのです。このように源泉徴収とは、個人に代わってその支払者が納税手続を代行することになるのです。国や地方自治体にとっては、徴税の確保が図られる大変意義のある制度になっています。

2．源泉徴収義務

　所得税法で、給与や退職金を教職員に対して支給する際に、その支払者に対して所得税の源泉徴収を義務付けています。また、教職員以外の者に対する報酬などの支払いに対しても、その支払者に源泉徴収義務を課しています。

　学校法人では、雇用契約のある教職員以外にも、アルバイトやパートで勤務する者もいますし、その他にも報酬を支払う業務を外部に委託することがよくあります。当然学生を使ったアルバイトであっても、一定額を超える支払いをする場合には源泉徴収をしなければなりませんし、個人に対して手数料等の報酬を支払う際にも、一定率の源泉徴収をしなければなりません。

　もしこの源泉徴収を忘れて支給した場合には、税務当局によって、学校法人がその支払いにあたり実際に源泉徴収所得税相当額を控除して支払ったかどうかを問わず、その所得税を支払者が徴収されることになります。いわゆる源泉徴収義務違反になるわけです。

　学校法人の経理が把握していない支払いがなされると、この源泉徴収の調査を受けた際に、罰課金とあわせて徴収されることになりますので注意が必要でしょう。

補　章

寄附金について

　最近、学校経営の財源として寄附金がクローズアップされています。国立大学では法人化以後毎年国費で財政措置している運営費交付金が削減され続け、平成16年度当時からすると既に十数％ダウンとなっています。その一方で各大学に対して積極的に外部資金の調達を促し、その一つに寄附金の募集が挙げられています。

　この財源の問題では学校法人も同様の状況に置かれています。欧米諸国では公益に資する団体に対する寄附行為は社会的に定着していますが、我が国の現状は寄附そのものの理解が進んでいません。寄附金は反対給付を求めない善意の出捐ですので、寄附者にとって不利な結果とならないように寄附受入の対応に十分な注意を払わなければなりません。公益的なサービスを提供している機関で声高に寄附を話題としている現状で、敢えてこの寄附金についてこの章で触れることにします。また、本章の税務に関する事項では「寄付」ではなく国税庁の文書で示している「寄附」を使っています。

補章 寄附金について

補-1 寄附者の税務上の手当

最初に寄附者の立場から税務上の取扱いを簡略に解説します。

1．個人に対する税務上の取扱い

① 所得控除

個人が学校法人に寄附した場合、寄附金額から2,000円を差し引いた額を所得税の計算上、課税所得額から控除ができます。ただ、この寄附金額は所得税法上の総所得金額の40％を上限としていますので、この額を超過した額は控除の対象にはなりません。

② 税額控除

一定の要件を満たした学校法人への寄附に対しては、税額控除制度を選択することができます。寄附金額（①と同様に総所得金額の40％が上限になります）から2,000円を差し引いた額に40％を乗じた額を所得税額から控除できるのです。ただし、この税額控除額は所得税額の25％が上限になります。

一定の要件を満たしている学校法人に寄附した個人は、所得税の確定申告時に所得控除と税額控除のいずれかを選択することができます。この「一定の要件」ですが、租税特別措置法施行令第26条の28の2第1項に規定されていますが、一般的な学校法人はこの要件を満たしているものと考えられます。

2．法人に対する税務上の取扱い

法人税法では法人が支出した寄附金を無制限に損金（税務上の用語

補-1 寄附者の税務上の手当

で経費の意味）に算入できない制度になっており、損金算入限度額を設けています。この限度額を超えて寄附金を支出しても、その超過額は法人税法上の課税所得に算入されて、法人税が課されます。

① 一般の寄附金損金算入限度額

下記の算式で求められる額が損金算入限度額になります。

$$\left\{資本金等の額 \times \frac{当期の月数}{12} \times \frac{2.5}{1,000} + 所得の金額 \times \frac{2.5}{100}\right\} \times \frac{1}{4}$$

当期の月数とは、その法人が1年決算ではない場合にその決算月数を入れて計算することになります。

② 特定公益増進法人に対する寄附金の損金算入限度額

一定の条件を満たす学校法人に対する寄附金には、①の限度額とは別に次の算式で計算した額と特定公益増進法人に対する寄附金の合計額との何れか少ない額が別途損金に算入できるのです。

$$\left\{資本金等の額 \times \frac{当期の月数}{12} \times \frac{3.75}{1,000} + 所得の金額 \times \frac{6.25}{100}\right\} \times \frac{1}{2}$$

補章　寄附金について

補-2　受配者指定寄付金制度

1. 受配者指定寄付金制度とは

　私立学校の教育研究の発展に寄与するために日本私立学校振興・共済事業団（以下事業団とします）を通じて寄付者が指定した学校法人に寄付する制度で、寄付者に対して税務上の優遇措置を適用する制度です。

2. 受配者指定寄付金制度の内容

　平成16年度以降この制度の使い勝手が改善され、その制度の特徴は次のとおりです。

① 寄付の募集前に募集の対象となる事業を特定する必要がないこと。
② 寄付の期間を制限せず、常時寄付ができるようにしたこと。
③ 寄付金は学校法人経由以外に、寄付者から直接事業団に入金可能となったこと。
④ 当該寄付者に反対給付がないことと、学校の教育研究に充てられることの確認によって審査が行われること。

　このように学校法人にとって、寄付者の意思が反映されて寄付金が事業団を経由して入金されるため、大いに利用価値があると考えられます。

3. 寄付者にとって

　寄付者が法人である場合には、税法上の解釈として事業団に対する寄付になるため、寄附額全額が損金となります。

　一方寄付者が個人の場合には、所得税法上の特定公益増進法人に対する寄附金となるため、事業団を経由せずに直接学校法人に寄付をした場合と税務上では変わるところがありません。事業団では原則として個人からの当該寄付金は取り扱わないとしています。

補章 寄附金について

補-3 財産の贈与又は遺贈

1．所得税法の考え方

　個人が、土地、建物、株式など譲渡所得の基因になる資産を学校法人に寄附した場合には、その寄附した時点での当該資産の価額に相当する金額により譲渡があったものとして、寄附者であるその個人が当該資産を譲渡したことによる譲渡所得が生じたものと解されます。当該資産が寄附者の取得時から価格が上昇していれば、その値上がり益が譲渡所得とされて所得税が課税されます。寄附をしてその代金を受け取った訳ではないのに、所得税法第59条の規定によって譲渡益があったとみなされて課税されてしまうのです。この法令の趣旨は、個人財産を法人に移転させることで譲渡課税の回避を防止するためです。

　この所得税法の規定ですと、個人が学校法人に土地、建物、株式などの資産を寄附するのは難しくなってしまいます。

2．譲渡所得等の非課税の特例

　しかし、寄附が公益の増進に著しく寄与する場合には非課税とする税法上の対応がなされています。国税庁長官が上記の非課税承認を行う要件は次のとおりです。

① 寄附が公益の増進に著しく寄与すること。
② 寄附財産が、その寄附日から2年経過する日までの期間内に寄附を受けた学校法人の公益目的事業の用に直接供されること、又は供される見込みであること。

③ 寄附をしたことによって、寄附者の所得税又は寄附者の親族等の相続税や贈与税の負担を不当に減少させる結果にならないこと。

上記の要件を満たすことで寄附者に譲渡課税が及ばないのですが、②の「2年間」という要件が高いハードルになっていました。

3. 承認特例対象法人

上記2.で要件をより利用し易いように手当てした法律改正が行われ、平成30年4月1日より適用されました。この規定の対象となる法人を「承認特例対象法人」といい、次の要件を満たすことで学校法人も該当します。

① 寄附者が寄附を受けた法人の理事、監事、評議員等並びにこれらの者の親族等に該当しないこと。
② 寄附財産が、寄附を受けた法人の財政基盤の強化を図るために、学校法人会計基準第30条第1項第1号から第3号までに掲げる金額に相当する金額を同項に規定する基本金に組み入れる方法により管理されていること。

この規定によって学校法人として寄付を受けやすくなりました。卒業生や父兄、そして退職を迎えた教職員から金銭以外の資産を受け入れ易くなりました。

4. 寄付者に対する手当

多くの学校法人では同窓会や父母の会に積極的に接して、折あるごとに寄付の勧誘をしています。法人としては、寄付者に対して寄付のお礼状と共に、所得税の確定申告時に提出しなければならない控除証明書を交付することになりますが、それに加えてお礼の品や記念品を贈っている例も多いのではないかと思います。また、校内に寄付者の

補章　寄附金について

銘板を掲げている法人も多いです。ただ、お礼の品や記念品は寄付者の善意に対する謝意を伝えるものであり、世間で非難されるような「ふるさと納税」のようなものになると本来の趣旨を逸脱してしまいます。

　また、所得税法上寄附金控除の対象にならない寄附金があることも注意しなければなりません。所得税法に「学校の入学に関してするものを除く」(所得税法第78条第2項)としています。この税法規定について詳しく触れておきます。

① 「学校の入学に関してするもの」とは、自己又は子女等の入学を希望する学校に対してする寄附金で、その納入がない限り入学を許されないこととされるものその他当該入学と相当の因果関係のあるものをいうものとする。この場合において、入学願書受付の開始日から入学が予定される年の年末までの期間内に納入したもの(入学決定後に募集の開始があったもので、新入生以外の者と同一の条件で募集される部分を除く。)は、原則として、「入学と相当の因果関係のあるもの」に該当するものとする(所得税基本通達78-2)。

② 「入学に関してするもの」については、次のことに留意する。

(1) 自己又は子女等の入学を希望して支出する寄附金は、入学辞退等により結果的に入学しないこととなった場合においても、これに該当すること。

(2) 自己又は子女等が入学する学校に対して直接支出する寄附金のほか、当該学校と特殊の関係にある団体等に対して支出するものもこれに該当すること (所得税基本通達78-3)。

　この通達を読んで奇異に思われた読者がいるでしょう。寄付金の「納入がない限り入学を許されないこととされるもの」という表現がありますが、現状では厳しく禁止されています。昭和40年代の戦後

ベビーブーム当時には、寄付金納付を条件に入学を許可することが常態化していました。有名な大手の大学でも入試の点数によって寄附金額が決まり、納付を入学許可の条件にしていました。今では考えられないことですが、その名残が通達に残っているのです。

5. 寄付を受けた学校法人での会計処理

前記の3.②に記載されているように、寄付された財産が学校法人の財政基盤の強化を図るためという趣旨のもとにこの税法の改正が行われました。寄付された財産はその内容と目的によって基本金に組み入れることが求められます。

寄付財産が固定資産で、その資産を学校法人が教育研究用に活用するのであれば第1号基本金に繰り入れます。

寄付財産が金融資産又は固定資産であって、将来の教育研究用資産の取得計画を策定し、その財源とする場合には第2号基本金に繰り入れます。

寄付財産を以って学生・生徒等の奨学資金の財源とするのであれば第3号基本金に繰り入れることになります。

第2号基本金及び第3号基本金に組み入れられた財産は、固定資産の部に特定引当資産として計上されることになります。

【参考法令】

学校法人会計基準

(昭和46年4月1日文部省令第18号)

最終改正:平成25年4月22日文部科学省令第15号

第一章　総則

(学校法人会計の基準)
第1条　私立学校振興助成法(昭和50年法律第61号。以下「法」という。)第14条第1項に規定する学校法人(法附則第2条第1項に規定する学校法人以外の私立の学校の設置者にあつては、同条第3項の規定による特別の会計の経理をするものに限るものとし、以下第六章を除き「学校法人」という。)は、この省令で定めるところに従い、会計処理を行い、財務計算に関する書類(以下「計算書類」という。)を作成しなければならない。
2　学校法人は、この省令に定めのない事項については、一般に公正妥当と認められる学校法人会計の原則に従い、会計処理を行ない、計算書類を作成しなければならない。

(会計の原則)
第2条　学校法人は、次に掲げる原則によつて、会計処理を行ない、計算書類を作成しなければならない。
一　財政及び経営の状況について真実な内容を表示すること。
二　すべての取引について、複式簿記の原則によつて、正確な会計帳簿を作成すること。
三　財政及び経営の状況を正確に判断することができるように必要な会計事実を明りように表示すること。
四　採用する会計処理の原則及び手続並びに計算書類の表示方法については、毎会計年度継続して適用し、みだりにこれを変更しないこと。

（収益事業会計）

第3条　私立学校法（昭和24年法律第270号）第26条第1項に規定する事業に関する会計（次項において「収益事業会計」という。）に係る会計処理及び計算書類の作成は、一般に公正妥当と認められる企業会計の原則に従つて行わなければならない。

2　収益事業会計については、前2条及び前項の規定を除き、この省令の規定は、適用しない。

（計算書類）

第4条　学校法人が作成しなければならない計算書類は、次に掲げるものとする。
一　資金収支計算書並びにこれに附属する次に掲げる内訳表及び資金収支計算書に基づき作成する活動区分資金収支計算書
　　イ　資金収支内訳表
　　ロ　人件費支出内訳表
二　事業活動収支計算書及びこれに附属する事業活動収支内訳表
三　貸借対照表及びこれに附属する次に掲げる明細表
　　イ　固定資産明細表
　　ロ　借入金明細表
　　ハ　基本金明細表

（総額表示）

第5条　計算書類に記載する金額は、総額をもつて表示するものとする。ただし、預り金に係る収入と支出その他経過的な収入と支出及び食堂に係る収入と支出その他教育活動に付随する活動に係る収入と支出については、純額をもつて表示することができる。

第二章　資金収支計算及び資金収支計算書

（資金収支計算の目的）

第6条　学校法人は、毎会計年度、当該会計年度の諸活動に対応するすべて

の収入及び支出の内容並びに当該会計年度における支払資金(現金及びいつでも引き出すことができる預貯金をいう。以下同じ。)の収入及び支出のてん末を明らかにするため、資金収支計算を行なうものとする。

(資金収支計算の方法)
第7条　資金収入の計算は、当該会計年度における支払資金の収入並びに当該会計年度の諸活動に対応する収入で前会計年度以前の会計年度において支払資金の収入となつたもの(第11条において「前期末前受金」という。)及び当該会計年度の諸活動に対応する収入で翌会計年度以後の会計年度において支払資金の収入となるべきもの(第11条において「期末未収入金」という。)について行なうものとする。

2　資金支出の計算は、当該会計年度における支払資金の支出並びに当該会計年度の諸活動に対応する支出で前会計年度以前の会計年度において支払資金の支出となつたもの(第11条において「前期末前払金」という。)及び当該会計年度の諸活動に対応する支出で翌会計年度以後の会計年度において支払資金の支出となるべきもの(第11条において「期末未払金」という。)について行なうものとする。

(勘定科目)
第8条　学校法人は、この章の規定の趣旨に沿つて資金収支計算を行なうため必要な勘定科目を設定するものとする。

(資金収支計算書の記載方法)
第9条　資金収支計算書には、収入の部及び支出の部を設け、収入又は支出の科目ごとに当該会計年度の決算の額を予算の額と対比して記載するものとする。

(資金収支計算書の記載科目)
第10条　資金収支計算書に記載する科目は、別表第一のとおりとする。

（前期末前受金等）
第11条　当該会計年度の資金収入のうち前期末前受金及び期末未収入金は、収入の部の控除科目として、資金収支計算書の収入の部に記載するものとする。
2　当該会計年度の資金支出のうち前期末前払金及び期末未払金は、支出の部の控除科目として、資金収支計算書の支出の部に記載するものとする。

（資金収支計算書の様式）
第12条　資金収支計算書の様式は、第一号様式のとおりとする。

（資金収支内訳表の記載方法等）
第13条　資金収支内訳表には、資金収支計算書に記載される収入及び支出で当該会計年度の諸活動に対応するものの決算の額を次に掲げる部門ごとに区分して記載するものとする。
　一　学校法人（次号から第5号までに掲げるものを除く。）
　二　各学校（専修学校及び各種学校を含み、次号から第5号までに掲げるものを除く。）
　三　研究所
　四　各病院
　五　農場、演習林その他前2号に掲げる施設の規模に相当する規模を有する各施設
2　前項第2号に掲げる部門の記載にあたつては、二以上の学部を置く大学にあつては学部（当該学部の専攻に対応する大学院の研究科、専攻科及び別科を含む。）に、二以上の学科を置く短期大学にあつては学科（当該学科の専攻に対応する専攻科及び別科を含む。）に、二以上の課程を置く高等学校にあつては課程（当該課程に対応する専攻科及び別科を含む。）にそれぞれ細分して記載するものとする。この場合において、学部の専攻に対応しない大学院の研究科は大学の学部とみなす。
3　学校教育法（昭和22年法律第26号）第103条に規定する大学に係る前項の規定の適用については、当該大学に置く大学院の研究科は大学の学部とみなす。

4　通信による教育を行なう大学に係る第2項の規定の適用については、当該教育を担当する機関は大学の学部又は短期大学の学科とみなす。
5　資金収支内訳表の様式は、第二号様式のとおりとする。

（人件費支出内訳表の記載方法等）
第14条　人件費支出内訳表には、資金収支計算書に記載される人件費支出の決算の額の内訳を前条第1項各号に掲げる部門ごとに区分して記載するものとする。
2　前条第2項から第4項までの規定は、前項の規定による記載について準用する。
3　人件費支出内訳表の様式は、第三号様式のとおりとする。
第14条の2　活動区分資金収支計算書には、資金収支計算書に記載される資金収入及び資金支出の決算の額を次に掲げる活動ごとに区分して記載するものとする。
　一　教育活動
　二　施設若しくは設備の取得又は売却その他これらに類する活動
　三　資金調達その他前2号に掲げる活動以外の活動
2　活動区分資金収支計算書の様式は、第四号様式のとおりとする。

第三章　事業活動収支計算及び事業活動収支計算書

（事業活動収支計算の目的）
第15条　学校法人は、毎会計年度、当該会計年度の次に掲げる活動に対応する事業活動収入及び事業活動支出の内容を明らかにするとともに、当該会計年度において第29条及び第30条の規定により基本金に組み入れる額（以下「基本金組入額」という。）を控除した当該会計年度の諸活動に対応する全ての事業活動収入及び事業活動支出の均衡の状態を明らかにするため、事業活動収支計算を行なうものとする。
　一　教育活動
　二　教育活動以外の経常的な活動
　三　前2号に掲げる活動以外の活動

（事業活動収支計算の方法）
第16条 事業活動収入は、当該会計年度の学校法人の負債とならない収入を計算するものとする。
2 事業活動支出は、当該会計年度において消費する資産の取得価額及び当該会計年度における用役の対価に基づいて計算するものとする。
3 事業活動収支計算は、前条各号に掲げる活動ごとに前2項の規定により計算した事業活動収入と事業活動支出を対照して行うとともに、事業活動収入の額から事業活動支出の額を控除し、その残額から基本金組入額を控除して行うものとする。

（勘定科目）
第17条 学校法人は、この章の規定の趣旨に沿つて事業活動収支計算を行うため必要な勘定科目を設定するものとする。

（事業活動収支計算書の記載方法）
第18条 事業活動収支計算書には、第15条各号に掲げる活動ごとに事業活動収入の部及び事業活動支出の部を設け、事業活動収入又は事業活動支出の科目ごとに当該会計年度の決算の額を予算の額と対比して記載するものとする。

（事業活動収支計算書の記載科目）
第19条 事業活動収支計算書に記載する科目は、別表第二のとおりとする。

（当年度収支差額等の記載）
第20条 第15条各号に掲げる活動ごとの当該会計年度の収支差額（事業活動収入の額から事業活動支出の額を控除した額をいう。以下同じ。）は、事業活動支出の部の次に予算の額と対比して記載するもとする。
2 当該会計年度の経常収支差額（第15条第1号に掲げる活動の収支差額に同条第2号に掲げる活動の収支差額を加算した額をいう。以下同じ。）は、同号に掲げる活動の収支差額の次に予算の額と対比して記載するものとする。

【参考法令】 学校法人会計基準

3 当該会計年度の基本金組入前当年度収支差額（経常収支差額に第15条第3号に掲げる活動の収支差額を加算した額をいう。以下同じ。）は、同号に掲げる活動の収支差額の次に予算の額と対比して記載するものとする。
4 当該会計年度の基本金組入額は、基本金組入前当年度収支差額の次に予算の額と対比して記載するものとする。
5 当該会計年度の当年度収支差額（基本金組入前当年度収支差額から基本金組入額を控除した額をいう。以下同じ。）は、基本金組入額の次に予算の額と対比して記載するものとする。

（翌年度繰越収支差額）
第21条　当該会計年度において次に掲げる額がある場合には、当該額を加算した額を、翌年度繰越収支差額として、翌会計年度に繰り越すものとする。
　一　当年度収支差額
　二　前年度繰越収支差額（当該会計年度の前会計年度の翌年度繰越収支差額をいう。）
　三　第31条の規定により当該会計年度において取り崩した基本金の額

（翌年度繰越収支差額等の記載）
第22条　翌年度繰越収支差額は、当年度収支差額の次に、前条の規定による計算とともに、予算の額と対比して記載するものとする。

（事業活動収支計算書の様式）
第23条　事業活動収支計算書の様式は、第五号様式のとおりとする。

（事業活動収支内訳表の記載方法等）
第24条　事業活動収支内訳表には、事業活動収支計算書に記載される事業活動収入及び事業活動支出並びに基本金組入額の決算の額を第13条第1項各号に掲げる部門ごとに区分して記載するものとする。
2　事業活動収支内訳表の様式は、第六号様式のとおりとする。

第四章　貸借対照表

第一節　資産

(資産の評価)
第25条　資産の評価は、取得価額をもつてするものとする。ただし、当該資産の取得のために通常要する価額と比較して著しく低い価額で取得した資産又は贈与された資産の評価は、取得又は贈与の時における当該資産の取得のために通常要する価額をもつてするものとする。

(減価償却)
第26条　固定資産のうち時の経過によりその価値を減少するもの(以下「減価償却資産」という。)については、減価償却を行なうものとする。
2　減価償却資産の減価償却の方法は、定額法によるものとする。

(有価証券の評価換え)
第27条　有価証券については、第25条の規定により評価した価額と比較してその時価が著しく低くなつた場合には、その回復が可能と認められるときを除き、時価によつて評価するものとする。

(徴収不能額の引当て)
第28条　金銭債権については、徴収不能のおそれがある場合には、当該徴収不能の見込額を徴収不能引当金に繰り入れるものとする。

第二節　基本金

(基本金)
第29条　学校法人が、その諸活動の計画に基づき必要な資産を継続的に保持するために維持すべきものとして、その事業活動収入のうちから組み入れた金額を基本金とする。

(基本金への組入れ)
第30条　学校法人は、次に掲げる金額に相当する金額を、基本金に組み入れ

【参考法令】 学校法人会計基準

るものとする。
一 学校法人が設立当初に取得した固定資産（法附則第2条第1項に規定する学校法人以外の私立の学校の設置者にあつては、同条第3項の規定による特別の会計を設けた際に有していた固定資産）で教育の用に供されるものの価額又は新たな学校（専修学校及び各種学校を含む。以下この号及び次号において同じ。）の設置若しくは既設の学校の規模の拡大若しくは教育の充実向上のために取得した固定資産の価額
二 学校法人が新たな学校の設置又は既設の学校の規模の拡大若しくは教育の充実向上のために将来取得する固定資産の取得に充てる金銭その他の資産の額
三 基金として継続的に保持し、かつ、運用する金銭その他の資産の額
四 恒常的に保持すべき資金として別に文部科学大臣の定める額
2 前項第2号又は第3号に規定する基本金への組入れは、固定資産の取得又は基金の設定に係る基本金組入計画に従い行うものとする。
3 学校法人が第1項第1号に規定する固定資産を借入金（学校債を含む。以下この項において同じ。）又は未払金（支払手形を含む。以下この項において同じ。）により取得した場合において、当該借入金又は未払金に相当する金額については、当該借入金又は未払金の返済又は支払（新たな借入金又は未払金によるものを除く。）を行つた会計年度において、返済又は支払を行つた金額に相当する金額を基本金へ組み入れるものとする。

（基本金の取崩し）
第31条 学校法人は、次の各号のいずれかに該当する場合には、当該各号に定める額の範囲内で基本金を取り崩すことができる。
一 その諸活動の一部又は全部を廃止した場合 その廃止した諸活動に係る基本金への組入額
二 その経営の合理化により前条第1項第1号に規定する固定資産を有する必要がなくなつた場合 その固定資産の価額
三 前条第1項第2号に規定する金銭その他の資産を将来取得する固定資産の取得に充てる必要がなくなつた場合 その金銭その他の資産の額
四 その他やむを得ない事由がある場合 その事由に係る基本金への組入

額

第三節　貸借対照表の記載方法等

（貸借対照表の記載方法）

第32条　貸借対照表には、資産の部、負債の部及び純資産の部を設け、資産、負債及び純資産の科目ごとに、当該会計年度末の額を前会計年度末の額と対比して記載するものとする。

（貸借対照表の記載科目）

第33条　貸借対照表に記載する科目は、別表第三のとおりとする。

（重要な会計方針等の記載方法）

第34条　引当金の計上基準その他の計算書類の作成に関する重要な会計方針については、当該事項を脚注（注記事項を計算書類の末尾に記載することをいう。以下この条において同じ。）として記載するものとする。

2　重要な会計方針を変更したときは、その旨、その理由及びその変更による増減額を脚注として記載するものとする。

3　減価償却資産については、当該減価償却資産に係る減価償却額の累計額を控除した残額を記載し、減価償却額の累計額の合計額を脚注として記載するものとする。ただし、必要がある場合には、当該減価償却資産の属する科目ごとに、減価償却額の累計額を控除する形式で記載することができる。

4　金銭債権については、徴収不能引当金の額を控除した残額を記載し、徴収不能引当金の合計額を脚注として記載するものとする。ただし、必要がある場合には、当該金銭債権の属する科目ごとに、徴収不能引当金の額を控除する形式で記載することができる。

5　担保に供されている資産については、その種類及び額を脚注として記載するものとする。

6　翌会計年度以後の会計年度において基本金への組入れを行うこととなる金額については、当該金額を脚注として記載するものとする。

7　当該会計年度の末日において第30条第1項第4号に掲げる金額に相当

する資金を有していない場合には、その旨及び当該資金を確保するための対策を脚注として記載するものとする。
8 　前各項に規定するもののほか、財政及び経営の状況を正確に判断するために必要な事項については、当該事項を脚注として記載するものとする。

(貸借対照表の様式)
第35条　貸借対照表の様式は、第七号様式のとおりとする。

(附属明細表の記載方法等)
第36条　固定資産明細表、借入金明細表及び基本金明細表には、当該会計年度における固定資産、借入金及び基本金の増減の状況、事由等をそれぞれ第八号様式、第九号様式及び第十号様式に従つて記載するものとする。

(計算書類の作成に関する特例)
第37条　都道府県知事を所轄庁とする学校法人(以下「知事所轄学校法人」という。)は、第4条の規定にかかわらず、活動区分資金収支計算書又は基本金明細表(高等学校を設置するものにあつては、活動区分資金収支計算書に限る。)を作成しないことができる。

第五章　知事所轄学校法人に関する特例

(徴収不能引当ての特例)
第38条　知事所轄学校法人(高等学校を設置するものを除く。次条において同じ。)は、第28条の規定にかかわらず、徴収不能の見込額を徴収不能引当金に繰り入れないことができる。

(基本金組入れに関する特例)
第39条　知事所轄学校法人は、第30条第1項の規定にかかわらず、同項第4号に掲げる金額に相当する金額の全部又は一部を基本金に組み入れないことができる。

第六章　認定こども園である幼保連携施設を構成する幼稚園及び保育所を設置する社会福祉法人に関する特例

第40条　法第14条第1項に規定する学校法人（法附則第2条第1項に規定する学校法人以外の私立の学校の設置者であって、同条第3項の規定による特別の会計の経理をするものに限る。）のうち、認定こども園（就学前の子どもに関する教育、保育等の総合的な提供の推進に関する法律（平成18年法律第77号）第7条第1項に規定する認定こども園をいう。）である同法第3条第2項の幼保連携施設を構成する幼稚園及び保育所（児童福祉法（昭和22年法律第164号）第39条第1項に規定する保育所をいう。）を設置する社会福祉法人（社会福祉法（昭和26年法律第45号）第22条に規定する社会福祉法人をいう。）については、第1条第1項及び第2項の規定にかかわらず、一般に公正妥当と認められる社会福祉法人会計の基準に従うことができる。

附　則

1　この省令は、公布の日から施行する。
2　法第14条第1項の規定が初めて適用される学校法人（文部科学大臣を所轄庁とする学校法人及び法による改正前の私立学校法第59条第8項の規定の適用を受けた学校法人を除く。次項において同じ。）については、法第14条第1項の規定が初めて適用される会計年度における資金収支計算に係る会計処理以外の会計処理及び資金収支計算書（これに附属する内訳表を含む。）以外の計算書類の作成は、なお従前の例によることができる。
3　学校法人が前項に規定する会計年度の末日に有している資産に係る評価及び減価償却の方法については、第25条及び第26条第2項の規定によらないことができる。
4　当分の間、学校法人のうち、法附則第2条第1項に規定する学校法人以外の私立の学校の設置者に対する第26条第2項の規定の適用については、同項中「定額法」とあるのは「定額法又は定率法」とする。

附　則　（昭和51年1月10日文部省令第1号）

この省令は、学校教育法の一部を改正する法律（昭和50年法律第59号）の施行の日（昭和51年1月11日）から施行する。

附　則　（昭和51年4月1日文部省令第14号）

この省令は、私立学校振興助成法の施行の日（昭和51年4月1日）から施行する。

附　則　（昭和62年8月31日文部省令第25号）

1　この省令は、昭和63年4月1日から施行する。ただし、第30条第1項第4号の改正規定は、公布の日から施行する。
2　改正後の学校法人会計基準の規定は、昭和63年度以後の会計年度に係る会計処理及び計算書類の作成について適用し、昭和62年度以前の会計年度に係るものについては、なお従前の例による。

附　則　（平成6年7月4日文部省令第31号）

この省令は、公布の日から施行し、平成6年度以後の会計年度に係る会計処理及び計算書類の作成について適用する。

附　則　（平成12年10月31日文部省令第53号）　抄

（施行期日）
第一条　この省令は、内閣法の一部を改正する法律（平成11年法律第88号）の施行の日（平成13年1月6日）から施行する。

附　則　（平成17年3月31日文部科学省令第17号）

1　この省令は、平成17年4月1日から施行する。
2　改正後の学校法人会計基準の規定は、平成17年度以後の会計年度に係る会計処理及び計算書類の作成について適用し、平成16年度以前の会計年度に係るものについては、なお従前の例による。

　　附　則　（平成19年12月25日文部科学省令第40号）　抄

この省令は、学校教育法等の一部を改正する法律の施行の日（平成19年12月26日）から施行する。

　　附　則　（平成22年2月25日文部科学省令第2号）

1　この省令は、平成22年4月1日から施行する。
2　改正後の学校法人会計基準の規定は、平成22年度以後の会計年度に係る会計処理及び計算書類の作成について適用し、平成21年度以前の会計年度に係るものについては、なお従前の例による。

　　附　則　（平成23年10月19日文部科学省令第37号）

この省令は、平成24年4月1日から施行する。

　　附　則　（平成25年4月22日文部科学省令第15号）

1　この省令は、平成27年4月1日から施行する。
2　改正後の学校法人会計基準の規定は、平成27年度（都道府県知事を所轄庁とする学校法人にあっては、平成28年度）以降の会計年度に係る会計処理及び計算書類の作成について適用し、平成26年度（都道府県知事を所轄庁とする学校法人にあっては、平成27年度）以前の会計年度に係るものについては、なお従前の例による。

【参考法令】 学校法人会計基準

別表第一　資金収支計算書記載科目（第10条関係）

収入の部

科目		備考
大科目	小科目	
学生生徒等納付金収入		
	授業料収入	聴講料、補講料等を含む。
	入学金収入	
	実験実習料収入	教員資格その他の資格を取得するための実習料を含む。
	施設設備資金収入	施設拡充費その他施設・設備の拡充等のための資金として徴収する収入をいう。
手数料収入		
	入学検定料収入	その会計年度に実施する入学試験のために徴収する収入をいう。
	試験料収入	編入学、追試験等のために徴収する収入をいう。
	証明手数料収入	在学証明、成績証明等の証明のために徴収する収入をいう。
寄付金収入		土地、建物等の現物寄付金を除く。
	特別寄付金収入	用途指定のある寄付金をいう。
	一般寄付金収入	用途指定のない寄付金をいう。
補助金収入		
	国庫補助金収入	日本私立学校振興・共済事業団からの補助金を含む。
	地方公共団体補助金収入	
資産売却収入		固定資産に含まれない物品の売却収入を除く。
	施設売却収入	
	設備売却収入	
	有価証券売却収入	
付随事業・収益事業収入		
	補助活動収入	食堂、売店、寄宿舎等教育活動に付随する活動に係る事業の収入をいう。
	附属事業収入	附属機関（病院、農場、研究所等）の事業の収入をいう。
	受託事業収入	外部から委託を受けた試験、研究等による収入をいう。
	収益事業収入	収益事業会計からの繰入収入をいう。
受取利息・配当金収入		
	第3号基本金引当特定資産運用収入	第3号基本金引当特定資産の運用により生ずる収入をいう。
	その他の受取利息・配当金収入	預金、貸付金等の利息、株式の配当金等をいい、第3号基本金引当特定資産運用収入を除く。
雑収入		施設設備利用料収入、廃品売却収入その他学校法人の負債とならない上記の各収入以外の収入をいう。
	施設設備利用料収入	
	廃品売却収入	
借入金等収入		
	長期借入金収入	その期限が貸借対照表日後1年を超えて到来するものをいう。
	短期借入金収入	その期限が貸借対照表日後1年以内に到来するものをいう。
	学校債収入	
前受金収入		翌年度入学の学生、生徒等に係る学生生徒等納付金収入その他の前受金収入をいう。
	授業料前受金収入	
	入学金前受金収入	
	実験実習料前受金収入	
	施設設備資金前受金収入	
その他の収入		上記の各収入以外の収入をいう。
	第2号基本金引当特定資産取崩収入	
	第3号基本金引当特定資産取崩収入	
	（何）引当特定資産取崩収入	
	前期未収入金収入	前会計年度末における未収入金の当該会計年度における収入をいう。
	貸付金回収収入	
	預り金受入収入	

支出の部		備考
科目		
大科目	小科目	
人件費支出	教員人件費支出	教員（学長、校長又は園長を含む。以下同じ。）に支給する本俸、期末手当及びその他の手当並びに所定福利費をいう。
	職員人件費支出	教員以外の職員に支給する本俸、期末手当及びその他の手当並びに所定福利費をいう。
	役員報酬支出	理事及び監事に支払う報酬をいう。
	退職金支出	
教育研究経費支出		教育研究のために支出する経費（学生、生徒等を募集するために支出する経費を除く。）をいう。
	消耗品費支出	
	光熱水費支出	電気、ガス又は水の供給を受けるために支出する経費をいう。
	旅費交通費支出	
	奨学費支出	貸与の奨学金を除く。
管理経費支出		
	消耗品費支出	
	光熱水費支出	
	旅費交通費支出	
借入金等利息支出		
	借入金利息支出	
	学校債利息支出	
借入金等返済支出		
	借入金返済支出	
	学校債返済支出	
施設関係支出		整地費、周旋料等の施設の取得に伴う支出を含む。
	土地支出	
	建物支出	建物に附属する電気、給排水、暖房等の設備のための支出を含む。
	構築物支出	プール、競技場、庭園等の土木設備又は工作物のための支出をいう。
	建設仮勘定支出	建物及び構築物等が完成するまでの支出をいう。
設備関係支出		
	教育研究用機器備品支出	標本及び模型の取得のための支出を含む。
	管理用機器備品支出	
	図書支出	
	車輌支出	
	ソフトウエア支出	ソフトウエアに係る支出のうち資産計上されるものをいう。
資産運用支出		
	有価証券購入支出	
	第2号基本金引当特定資産繰入支出	
	第3号基本金引当特定資産繰入支出	
	（何）引当特定資産繰入支出	
	収益事業元入金支出	収益事業に対する元入額の支出をいう。
その他の支出		
	貸付金支払支出	収益事業に対する貸付金の支出を含む。
	手形債務支払支出	
	前期末未払金支払支出	
	預り金支払支出	
	前払金支払支出	

（注）1. 小科目については、適当な科目を追加し、又は細分することができる。
　　　2. 小科目に追加する科目は、形態分類による科目でなければならない。ただし、形態分類によることが困難であり、かつ、金額が僅少なものについては、この限りでない。
　　　3. 大科目と小科目の間に適当な中科目を設けることができる。
　　　4. 都道府県知事を所轄庁とする学校法人にあつては、教育研究経費支出の科目及び管理経費支出の科目に代えて、経費支出の科目を設けることができる。
　　　5. 都道府県知事を所轄庁とする学校法人にあつては、教育研究用機器備品支出の科目及び管理用機器備品支出の科目に代えて、機器設備支出の科目を設けることができる。

【参考法令】 学校法人会計基準

別表第二　事業活動収支計算書記載科目（第19条関係）

		科　　　　目	備　　　考
	大　科　目	小　科　目	
教育活動収支	学生生徒等納付金	授　業　料	聴講料、補講料等を含む。
		入　学　金	
		実　験　実　習　料	教員資格その他の資格を取得するための実習料を含む。
		施　設　設　備　資　金	施設拡充費その他施設・設備の拡充等のための資金として徴収する収入をいう。
	手　数　料	入　学　検　定　料	その会計年度に実施する入学試験のために徴収する収入をいう。
		試　験　料	編入学、追試験等のために徴収する収入をいう。
		証　明　手　数　料	在学証明、成績証明等の証明のために徴収する収入をいう。
	寄　付　金	特　別　寄　付　金	施設設備寄付金以外の寄付金をいう。
		一　般　寄　付　金	用途指定のない寄付金をいう。
		現　物　寄　付	施設設備以外の現物資産等の受贈額をいう。
	経常費等補助金	国　庫　補　助　金	施設設備補助金以外の補助金をいう。日本私立学校振興・共済事業団からの補助金を含む。
		地方公共団体補助金	
	付随事業収入		動に係る事業の収入をいう。
		補　助　活　動　収　入	食堂、売店、寄宿舎等教育活動に付随する活動に係る事業の収入をいう。
		附　属　事　業　収　入	附属機関（病院、農場、研究所等）の事業の収入をいう。
		受　託　事　業　収　入	外部から委託を受けた試験、研究等による収入をいう。
	雑　収　入		施設設備利用料、廃品売却収入その他学校法人の負債とならない上記の各収入以外の収入をいう。
		施　設　設　備　利　用　料	
		廃　品　売　却　収　入	売却する物品に帳簿残高がある場合には、売却収入が帳簿残高を超える額をいう。

		科　　　　目		備　　　　　考
		大　科　目	小　科　目	
事業活動支出の部	人　件　費		教　員　人　件　費	教員（学長、校長又は園長を含む。以下同じ。）に支給する本俸、期末手当及びその他の手当並びに所定福利費をいう。
			職　員　人　件　費	教員以外の職員に支給する本俸、期末手当及びその他の手当並びに所定福利費をいう。
			役　員　報　酬	理事及び監事に支払う報酬をいう。
			退職給与引当金繰入額	
			退　　職　　金	退職給与引当金への繰入れが不足していた場合には、当該会計年度における退職金支払額と退職給与引当金計上額との差額を退職金として記載するものとする。
	教育研究経費			教育研究のために支出する経費（学生、生徒等を募集するために支出する経費を除く。）をいう。
			消　耗　品　費	
			光　熱　水　費	電気、ガス又は水の供給を受けるために支出する経費をいう。
			旅　費　交　通　費	
			奨　　学　　費	貸与の奨学金を除く。
			減　価　償　却　額	教育研究用減価償却資産に係る当該会計年度分の減価償却額をいう。
	管　理　経　費			
			消　耗　品　費	
			光　熱　水　費	
			旅　費　交　通　費	
			減　価　償　却　額	管理用減価償却資産に係る当該会計年度分の減価償却額をいう。
	徴収不能額等			
			徴収不能引当金繰入額	
			徴　収　不　能　額	徴収不能引当金への繰入れが不足していた場合には、当該会計年度において徴収不能となった金額と徴収不能引当金計上額との差額を徴収不能額として記載するものとする。

		科　　　　目		備　　　　　考
		大　科　目	小　科　目	
教育活動外収支	事業活動収入の部	受取利息・配当金		
			第３号基本金引当特定資産運用収入	第３号基本金引当特定資産の運用により生ずる収入をいう。
			その他の受取利息・配当金	預金、貸付金等の利息、株式の配当金等をいい、第３号基本金引当特定資産運用収入を除く。
		その他の教育活動外収入		
			収　益　事　業　収　入	収益事業会計からの繰入収入をいう。

		科　　　　目		備　　　　　考
		大　科　目	小　科　目	
	事業活動支出の部	借入金等利息		
			借　入　金　利　息	
			学　校　債　利　息	
		その他の教育活動外支出		

【参考法令】 学校法人会計基準

		科	目	備　　　　　考
特別収支	事業活動収入の部	大　科　目	小　科　目	
		資産売却差額		資産売却収入が当該資産の帳簿残高を超える場合のその超過額をいう。
		その他の特別収入		
			施 設 設 備 寄 付 金	施設設備の拡充等のための寄付金をいう。
			現　物　寄　付	施設設備の受贈額をいう。
			施 設 設 備 補 助 金	施設設備の拡充等のための補助金をいう。
			過 年 度 修 正 額	前年度以前に計上した収入又は支出の修正額で当年度の収入となるもの。

		科	目	備　　　　　考
	事業活動支出の部	大　科　目	小　科　目	
		資産処分差額		資産の帳簿残高が当該資産の売却収入金額を超える場合のその超過額をいい、除却損又は廃棄損を含む。
		その他の特別支出		
			災　害　損　失	
			過 年 度 修 正 額	前年度以前に計上した収入又は支出の修正額で当年度の支出となるもの。

(注) 1. 小科目については、適当な科目を追加し、又は細分することができる。
　　 2. 小科目に追加する科目は、形態分類による科目でなければならない。ただし、形態分類によることが困難であり、かつ、金額が僅少なものについては、この限りでない。
　　 3. 大科目と小科目の間に適当な科目を設けることができる。
　　 4. 都道府県知事を所轄庁とする学校法人にあつては、教育研究経費の科目及び管理経費の科目に代えて、経費の科目を設けることができる。

別表第三　貸借対照表記載科目（第 33 条関係）

資産の部			
科目			備考
大科目	中科目	小科目	
固定資産	有形固定資産		貸借対照表日後1年を超えて使用される資産をいう。耐用年数が1年未満になっているものであっても使用中のものを含む。
		土地	
		建物	建物に附属する電気、給排水、暖房等の設備を含む。
		構築物	プール、競技場、庭園等の土木設備又は工作物をいう。
		教育研究用機器備品	標本及び模型を含む。
		管理用機器備品	
		図書	
		車輌	
		建設仮勘定	建設中又は製作中の有形固定資産をいい、工事前払金、手付金等を含む。
	特定資産		使途が特定された預金等をいう。
		第2号基本金引当特定資産	
		第3号基本金引当特定資産	
		(何)引当特定資産	
	その他の固定資産		
		借地権	地上権を含む。
		電話加入権	専用電話、加入電話等の設備に要する負担金額をいう。
		施設利用権	
		ソフトウエア	
		有価証券	長期に保有する有価証券をいう。
		収益事業元入金	収益事業に対する元入額をいう。
		長期貸付金	その期限が貸借対照表日後1年を超えて到来するものをいう。
流動資産			
		現金預金	
		未収入金	学生生徒等納付金、補助金等の貸借対照表日における未収額をいう。
		貯蔵品	減価償却の対象となる長期的な使用資産を除く。
		短期貸付金	その期限が貸借対照表日後1年以内に到来するものをいう。
		有価証券	一時的に保有する有価証券をいう。

【参考法令】　学校法人会計基準

負債の部		
科　　目		備　　　考
大　科　目	小　科　目	
固　定　負　債	長　期　借　入　金 学　　校　　債 長　期　未　払　金 退 職 給 与 引 当 金	その期限が貸借対照表日後1年を超えて到来するものをいう。 同上 同上 退職給与規程等による計算に基づく退職給与引当額をいう。
流　動　負　債	短　期　借　入　金 1年以内償還予定学校債 手　形　債　務 未　　払　　金 前　　受　　金 預　　り　　金	その期限が貸借対照表日後1年以内に到来するものをいい、資金借入れのために振り出した手形上の債務を含む。 その期限が貸借対照表日後1年以内に到来するものをいう。 物品の購入のために振り出した手形上の債務に限る。 教職員の源泉所得税、社会保険料等の預り金をいう。

純資産の部		
科　　目		備　　　考
大　科　目	小　科　目	
基　本　金	第　1　号　基　本　金 第　2　号　基　本　金 第　3　号　基　本　金 第　4　号　基　本　金	第30条第1項第1号に掲げる額に係る基本金をいう。 第30条第1項第2号に掲げる額に係る基本金をいう。 第30条第1項第3号に掲げる額に係る基本金をいう。 第30条第1項第4号に掲げる額に係る基本金をいう。
繰 越 収 支 差 額	翌年度繰越収支差額	

（注）1. 小科目については、適当な科目を追加し、又は細分することができる。
　　　2. 都道府県知事を所轄庁とする学校法人にあつては、教育研究用機器備品の科目及び管理用機器備品の科目に代えて、機器備品の科目を設けることができる。

第一号様式（第12条関係）

資 金 収 支 計 算 書

年　月　日から
年　月　日まで

（単位　円）

収　入　の　部			
科　　　　　　目	予　　算	決　　算	差　　異
学生生徒等納付金収入			
授業料収入			
入学金収入			
実験実習料収入			
施設設備資金収入			
（何）			
手数料収入			
入学検定料収入			
試験料収入			
証明手数料収入			
（何）			
寄付金収入			
特別寄付金収入			
一般寄付金収入			
資産運用収入			
奨学基金運用収入			
受取利息・配当金収入			
施設設備利用料収入			
（何）			
資産売却収入			
施設売却収入			
設備売却収入			
有価証券売却収入			
（何）			
付随事業・収益事業収入			
補助活動収入			
附属事業収入			
受託事業収入			
収益事業収入			
（何）			
受取利息・配当金収入			
第3号基本金引当特定資産運用収入			
その他の受取利息・配当金収入			
雑　収　入			
廃品売却収入			
（何）			

【参考法令】 学校法人会計基準

科目	予算	決算	差異
借入金等収入			
長期借入金収入			
短期借入金収入			
学校債収入			
前受金収入			
授業料前受金収入			
入学金前受金収入			
実験実習料前受金収入			
施設設備資金前受金収入			
(何)			
その他の収入			
第2号基本金引当特定資産取崩収入			
第3号基本金引当特定資産取崩収入			
(何)引当特定資産取崩収入			
前期末未収入金収入			
貸付金回収収入			
預り金受入収入			
(何)			
資金収入調整勘定	△	△	
期末未収入金	△	△	
前期末前受金	△	△	
(何)	△	△	
前年度繰越支払資金			
収入の部合計			
支出の部			
科目	予算	決算	差異
人件費支出			
教員人件費支出			
職員人件費支出			
役員報酬支出			
退職金支出			
(何)			
教育研究経費支出			
消耗品費支出			
光熱水費支出			
旅費交通費支出			
奨学費支出			
(何)			
管理経費支出			
消耗品費支出			
光熱水費支出			
旅費交通費支出			
(何)			

借入金等利息支出			
借入金利息支出			
学校債利息支出			
借入金等返済支出			
借入金返済支出			
学校債返済支出			
施設関係支出			
土地支出			
建物支出			
構築物支出			
建設仮勘定支出			
(何)			
設備関係支出			
教育研究用機器備品支出			
管理用機器備品支出			
図書支出			
車輌支出			
ソフトウエア支出			
(何)			
資産運用支出			
有価証券購入支出			
第2号基本金引当特定資産繰入支出			
第3号基本金引当特定資産繰入支出			
(何) 引当特定資産繰入支出			
収益事業元入金支出			
(何)			
その他の支出			
貸付金支払支出			
手形債務支払支出			
前期末未払金支払支出			
預り金支払支出			
前払金支払支出			
(何)			
〔予　備　費〕	(　　　　　)		
資金支出調整勘定	△	△	
期末未払金	△	△	
前期末前払金	△	△	
(何)	△	△	
翌年度繰越支払資金			
支出の部合計			

(注) 1. この表に掲げる科目に計上すべき金額がない場合には、当該科目を省略する様式によるものとする。
　　 2. この表に掲げる科目以外の科目を設けている場合には、その科目を追加する様式によるものとする。
　　 3. 予算の欄の予備費の項の (　　) 内には、予備費の使用額を記載し、(　　) 外には、未使用額を記載する。予備費の使用額は、該当科目に振り替えて記載し、その振替科目及びその金額を注記する。

【参考法令】 学校法人会計基準

第二号様式（第13条関係）

資 金 収 支 内 訳 表

年　月　日から
年　月　日まで

収 入 の 部

（単位 円）

部門 科目	学校法人	（何）大　学		計	（何）幼稚園	研究所	（何）病院	総　額
		（何）学部						
学生生徒等納付金収入								
授業料収入								
入学金収入								
実験実習料収入								
施設設備資金収入								
（何）								
手数料収入								
入学検定料収入								
試験料収入								
証明手数料収入								
（何）								
寄付金収入								
特別寄付金収入								
一般寄付金収入								
補助金収入								
国庫補助金収入								
地方公共団体補助金収入								
（何）								
資産売却収入								
施設売却収入								
設備売却収入								
有価証券売却収入								
（何）								
付随事業・収益事業収入								
補助活動収入								
附属事業収入								
受託事業収入								
収益事業収入								
（何）								
受取利息・配当金収入								
第3号基本金引当特定資産運用収入								
その他の受取利息・配当金収入								
雑収入								
廃品売却収入								
（何）								
借入金等収入								
長期借入金収入								
短期借入金収入								
学校債収入								
計								

支 出 の 部　　　　　　　　　　　　　　　　　　　　　　　　　　　（単位　円）

部門 / 科目	学校法人	(何)大学		(何)幼稚園	研究所	(何)病院	総額
		(何)学部	計				
人件費支出							
教員人件費支出							
職員人件費支出							
役員報酬支出							
退職金支出							
(何)							
教育研究経費支出							
消耗品費支出							
光熱水費支出							
旅費交通費支出							
奨学費支出							
(何)							
管理経費支出							
消耗品費支出							
光熱水費支出							
旅費交通費支出							
(何)							
借入金等利息支出							
借入金利息支出							
学校債利息支出							
借入金等返済支出							
借入金返済支出							
学校債返済支出							
施設関係支出							
土地支出							
建物支出							
構築物支出							
建設仮勘定支出							
(何)							
設備関係支出							
教育研究用機器備品支出							
管理用機器備品支出							
図書支出							
車両支出							
ソフトウエア支出							
(何)							
計							

(注) 1. 学校法人が現に有している部門のみを掲げる様式によるものとする。
　　 2. この表に掲げる科目に計上すべき金額がない場合には、当該科目を省略する様式によるものとする。
　　 3. この表に掲げる科目以外の科目を設けている場合には、その科目を追加する様式によるものとする。
　　 4. どの部門の収入又は支出であるか明らかでない収入又は支出は、教員数又は在学者数の比率等を勘案して、合理的に各部門に配付する。

【参考法令】 学校法人会計基準

第三号様式（第14条関係）

人　件　費　支　出　内　訳　表
年　月　日から
年　月　日まで

（単位 円）

部門 科　目	学校法人	(何)大　学		(何)幼稚園	研究所	(何)病院	総　額
		(何)学部	計				
教育人件費支出							
本務教員							
本　俸							
期末手当							
その他の手当							
所定福利費							
(何)							
兼務教員							
職員人件費支出							
本務教員							
本　俸							
期末手当							
その他の手当							
所定福利費							
(何)							
兼務職員							
役員報酬支出							
退職金支出							
教　員							
職　員							
(何)							
計							

（注）1. 学校法人が現に有している部門のみを掲げる様式によるものとする。
　　　2. どの部門の支出であるか明らかでない人件費支出は、教員数又は職員数の比率等を勘案して、合理的に各部門に配付する。

第四号様式（第14条の2関係）

活 動 区 分 資 金 収 支 計 算 書

年　月　　日から
年　月　　日まで

（単位　円）

		科　　　　　目	金　　額
教育活動による資金収支	収入	学生生徒等納付金収入	
		手数料収入	
		特別寄付金収入	
		一般寄付金収入	
		経常費等補助金収入	
		付随事業収入	
		雑収入（何）	
		教育活動資金収入計	
	支出	人件費支出	
		教育研究経費支出	
		管理経費支出	
		教育活動資金支出計	
		差引	
		調整勘定等	
	教育活動資金収支差額		

		科　　　　　目	金　　額
施設整備等活動による資金収支	収入	施設設備寄付金収入	
		施設設備補助金収入	
		施設設備売却収入	
		第2号基本金引当特定資産取崩収入	
		（何）引当特定資産取崩収入	
		（何）	
		施設整備等活動資金収入計	
	支出	施設関係支出	
		設備関係支出	
		第2号基本金引当特定資産繰入支出	
		（何）引当特定資産繰入支出	
		（何）	
		施設整備等活動資金支出計	
		差引	
		調整勘定等	
	施設整備等活動資金収支差額		
小計（教育活動資金収支差額＋施設整備等活動資金収支差額）			

【参考法令】 学校法人会計基準

		科　　　　　目	金　　額
その他の活動による資金収支	収入	借入金等収入	
		有価証券売却収入	
		第３号基本金引当特定資産取崩収入	
		（何）引当特定資産取崩収入	
		（何）	
		小計	
		受取利息・配当金収入	
		収益事業収入	
		（何）	
		その他の活動資金収入計	
	支出	借入金等返済支出	
		有価証券購入支出	
		第３号基本金引当特定資産繰入支出	
		（何）引当特定資産繰入支出	
		収益事業元入金支出（何）	
		小計	
		借入金等利息支出（何）	
		その他の活動資金支出計	
	差引		
	調整勘定等		
	その他の活動資金収支差額		
支払資金の増減額（小計＋その他の活動資金収支差額）			
前年度繰越支払資金			
翌年度繰越支払資金			

（注）1　この表に掲げる科目に計上すべき金額がない場合には、当該科目を省略する様式によるものとする。
　　　2　この表に掲げる科目以外の科目を設けている場合には、その科目を追加する様式によるものとする。
　　　3　調整勘定等の項には、活動区分ごとに、資金収支計算書の調整勘定（期末未収入金、前期末前受金、期末未払金、前期末前払金等）に調整勘定に関連する資金収入（前受金収入、前期末未収入金収入等）及び資金支出（前期末未払金支出、前払金支出等）を相互に加減した額を記載する。また、活動区分ごとの調整勘定等の加減の計算過程を注記する。

第五号様式（第 23 条関係）

事 業 活 動 収 支 計 算 書

年　月　日から
年　月　日まで

（単位　円）

		科　　　　目	予　　算	決　　算	差　　異
事業活動収入の部	教育活動収支	学生生徒等納付金			
		授 業 料			
		入 学 金			
		実験実習料			
		施設設備資金			
		（何）			
		手 数 料			
		入学検定料			
		試 験 料			
		証明手数料			
		（何）			
		寄 付 金			
		特別寄付金			
		一般寄付金			
		現物寄付			
		経常費等補助金			
		国庫補助金			
		地方公共団体補助金			
		（何）			
		付随事業収入			
		補助活動収入			
		附属事業収入			
		受託事業収入			
		（何）			
		雑 収 入			
		施設設備利用料			
		廃品売却収入			
		（何）			
		教育活動収入計			

【参考法令】 学校法人会計基準

		科　　　　　目	予　　算	決　　算	差　　異
事業活動支出の部		人　件　費			
		教員人件費			
		職員人件費			
		役員報酬			
		退職給与引当金繰入額			
		退職金			
		(何)			
		教育研究経費			
		消耗品費			
		光熱水費			
		旅費交通費			
		奨　学　費			
		減価償却額			
		(何)			
		管　理　経　費			
		消耗品費			
		光熱水費			
		旅費交通費			
		減価償却額			
		(何)			
		徴収不能額等			
		徴収不能引当金繰入額			
		徴収不能額			
		教育活動支出計			
		教育活動収支差額			

		科　　　　　目	予　　算	決　　算	差　　異
教育活動外収支	事業活動収入の部	受取利息・配当金			
		第3号基本金引当特定資産運用収入			
		その他の受取利息・配当金			
		その他の教育活動外収入			
		収益事業収入			
		(何)			
		教育活動外収入計			

		科　　　　目	予　　算	決　　算	差　　異
事業活動支出の部		借入金等利息			
		借入金利息			
		学校債利息			
		その他の教育活動外支出			
		（何）			
		教育活動外支出計			
		教育活動外収支差額			
		経常収支差額			

		科　　　　目	予　　算	決　　算	差　　異
特別収支	事業活動収入の部	資産売却差額			
		（何）			
		その他の特別収入			
		施設設備寄付金			
		現物寄付			
		施設設備補助金			
		過年度修正額			
		（何）			
		特別収入計			

		科　　　　目	予　　算	決　　算	差　　異
	事業活動支出の部	資産処分差額			
		（何）			
		その他の特別支出			
		災害損失			
		過年度修正額			
		（何）			
		特別支出計			
		特別収支差額			

〔予備費〕	（　　　）		
基本金組入前当年度収支差額			
基本金組入額合計	△	△	
当年度収支差額			
前年度繰越収支差額			
基本金取崩額			
翌年度繰越収支差額			

（参考）

事業活動収入計			
事業活動支出計			

（注）1. この表に掲げる科目に計上すべき金額がない場合には、当該科目を省略する様式によるものとする。
　　　2. この表に掲げる科目以外の科目を設けている場合には、その科目を追加する様式によるものとする。
　　　3. 予算の欄の予備費の項の（　）内には、予備費の使用額を記載し、（　）外には、未使用額を記載する。予備費の使用額は、当該科目に振り替えて記載し、その振替科目及びその金額を注記する。

【参考法令】 学校法人会計基準

第六号様式（第24条関係）

事 業 活 動 収 支 内 訳 表

年　月　日から
年　月　日まで

（単位　円）

科　目	部　門	学校法人	(何)大学	(何)幼稚園	研究所	(何)病院	総　額
教育活動収支	事業活動収入の部	学生生徒等納付金					
		授業料					
		入学金					
		実験実習料					
		施設設備資金					
		(何)					
		手数料					
		入学検定料					
		試験料					
		証明手数料					
		(何)					
		寄付金					
		特別寄付金					
		一般寄付金					
		現物寄付					
		経営費等補助金					
		国庫補助金					
		地方公共団体補助金					
		(何)					
		付随事業収入					
		補助活動収入					
		附属事業収入					
		受託事業収入					
		(何)					
		雑収入					
		施設設備利用料					
		廃品売却収入					
		(何)					
		教育活動収入計					
	事業活動支出の部	人件費					
		教員人件費					
		職員人件費					
		役員報酬					
		退職給与引当金繰入額					
		退職金					
		(何)					
		教育研究経費					
		消耗品費					
		光熱水費					
		旅費交通費					
		奨学費					
		減価償却額					
		(何)					
		管理経費					
		消耗品費					
		光熱水費					
		旅費交通費					
		減価償却額					
		(何)					
		徴収不能額等					
		徴収不能引当金繰入額					

		徴収不能額									
		教育活動支出計									
		教育活動収支差額									
教育活動外収支	事業活動収入の部	受取利息・配当金									
		第3号基本金引当特定資産運用収入									
		その他の受取利息・配当金									
		その他の教育活動外収入									
		収益事業収入									
		(何)									
		教育活動外収入計									
	事業活動支出の部	借入金等利息									
		借入金利息									
		学校債利息									
		その他の教育活動外支出									
		(何)									
		教育活動外支出計									
		教育活動外収支差額									
		経常収支差額									
特別収支	事業活動収入の部	資産売却差額									
		(何)									
		その他の特別収入									
		施設設備寄付金									
		現物寄付									
		施設設備補助金									
		過年度修正額									
		(何)									
		特別収入計									
	事業活動支出の部	資産処分差額									
		(何)									
		その他の特別支出									
		災害損失									
		過年度修正額									
		(何)									
		特別支出計									
		特別収支差額									
基本金組入前当年度収支差額											
基本金組入額合計			△	△	△	△	△	△	△	△	
当年度収支差額											
(参考)											
事業活動収入計											
事業活動支出計											

(注) 1. 学校法人が現に有している部門のみを掲げる様式によるものとする。
　　 2. この表に掲げる科目に計上すべき金額がない場合には、当該科目を省略する様式によるものとする。
　　 3. この表に掲げる科目以外の科目を設けている場合には、その科目を追加する様式によるものとする。
　　 4. どの部門の事業活動収入又は事業活動支出であるか明らかでない事業活動収入又は事業活動支出は、教員数又は在学者数の比率等を勘案して、合理的に各部門に配布する。

【参考法令】 学校法人会計基準

第七号様式（第35条関係）

貸 借 対 照 表

年　月　日

（単位　円）

資　産　の　部

科　　　　　目	本年度末	前年度末	増　　減
固定資産			
有形固定資産			
土地			
建物			
構築物			
教育研究用機器備品			
管理用機器備品			
図書			
車両			
建設仮勘定			
（何）			
特定資産			
第2号基本金引当特定資産			
第3号基本金引当特定資産			
（何）引当特定資産			
その他の固定資産			
借地権			
電話加入権			
施設利用権			
ソフトウェア			
有価証券			
収益事業元入金			
長期貸付金			
（何）			
流動資産			
現金預金			
未収入金			
貯蔵品			
短期貸付金			
有価証券			
（何）			
資産の部合計			

負 債 の 部			
科　　　　目	本年度末	前年度末	増　　減
固定負債			
長期借入金			
学校債			
長期未払金			
退職給与引当金			
（何）			
流動負債			
短期借入金			
１年以内償還予定学校債			
手形債務			
未払金			
前受金			
預り金			
（何）			
負債の部合計			
純 資 産 の 部			
科　　　　目	本年度末	前年度末	増　　減
基本金			
第１号基本金			
第２号基本金			
第３号基本金			
第４号基本金			
繰越収支差額			
翌年度繰越収支差額			
純資産の部合計			
負債及び純資産の部合計			

注　記　　重要な会計方針
　　　　　重要な会計方針の変更等
　　　　　減価償却額の累計額の合計額
　　　　　徴収不能引当金の合計額
　　　　　担保に供されている資産の種類及び額
　　　　　翌会計年度以後の会計年度において基本金への組入れを行うこととなる金額
　　　　　当該会計年度の末日において第４号基本金に相当する資金を有していない場合のその旨と対策
　　　　　その他財政及び経営の状況を正確に判断するために必要な事項
（注）1. この表に掲げる科目に計上すべき金額がない場合には、当該科目を省略する様式によるものとする。
　　　2. この表に掲げる科目以外の科目を設けている場合には、その科目を追加する様式によるものとする。

【参考法令】　学校法人会計基準

第八号様式（第36条関係）

固　定　資　産　明　細　表

　　　年　月　日　から
　　　年　月　日　まで

（単位　円）

科　　目	期首残高	当期増加額	当期減少額	期末残高	減価償却額の累計額	差引期末残高	摘　要
有形固定資産　土　地							
建　物							
構築物							
教育研究用機器備品							
管理用機器備品							
図　書							
車　両							
建設仮勘定							
（何）							
計							
特定資産　第2号基本金引当特定資産							
第3号基本金引当特定資産							
（何）引当特定資産							
計							
その他の固定資産　借地権							
電話加入権							
施設利用権							
ソフトウエア							
有価証券							
収益事業元入金							
長期貸付金							
（何）							
計							
合　　計							

（注）1. この表に掲げる科目に計上すべき金額がない場合には、当該科目を省略する様式によるものとする。
　　　2. この表に掲げる科目以外の科目を設けている場合には、その科目を追加する様式によるものとする。
　　　3. 期末残高から減価償却額の累計額を控除した残高を差引期末残高の欄に記載する。
　　　4. 贈与、災害による廃棄その他特殊な事由による増加若しくは減少があった場合又は同一科目について資産総額の1/100に相当する金額（その額が3,000万円を超える場合には、3,000万円）を超える額の増加若しくは減少があった場合には、それぞれの事由を摘要の欄に記載する。

第九号様式（第36条関係）

借 入 金 明 細 表

　年　月　日から
　年　月　日まで

（単位　円）

借入先		期首残高	当期増加額	当期減少額	期末残高	利率	返済期限	摘要
長期借入金	公的金融機関（何）							
	小　計							
	市中金融機関（何）							
	小　計							
	その他（何）							
	小　計							
短期借入金	公的金融機関（何）							
	小　計							
	市中金融機関（何）							
	小　計							
	その他（何）							
	小　計							
返済期限が1年以内の長期借入金								
	計							
合　計								

（注）1. 摘要の欄には、借入金の使途及び担保物件の種類を記載する
2. 同一の借入先について複数の契約口数がある場合には、借入先別に一括し、利率、返済期限、借入金の使途及び担保物件の種類について要約して記載することができる。

【参考法令】 学校法人会計基準

第十号様式（第36条関係）

基 本 金 明 細 表

年　月　日から
年　月　日まで

（単位　円）

事　　　　項	要 組 入 高	組 入 高	未 組 入 高	摘　　　要
第1号基本金				
前 期 繰 越 高				
当 期 組 入 高				
（何）	△	△		
計	△	△		
当 期 取 崩 高				
（何）				
計				
当 期 末 残 高				
第2号基本金				
前 期 繰 越 高	──		──	
当 期 組 入 高	──		──	
（何）	──		──	
計	──		──	
当 期 取 崩 高	──		──	
（何）	──	△	──	
計	──	△	──	
当 期 末 残 高	──		──	
第3号基本金				
前 期 繰 越 高	──			
当 期 組 入 高	──			
（何）	──			
計	──			
当 期 取 崩 高				
（何）	──	△	──	
計	──	△	──	
当 期 末 残 高	──		──	
第4号基本金				
前 期 繰 越 高				
当 期 組 入 高				
当 期 取 崩 高	△	△		
当 期 末 残 高				
合　　　計				
前 期 繰 越 高	──			
当 期 組 入 高	──			
当 期 取 崩 高	──	△		
当 期 末 残 高	──			

（注）1. この表に掲げる事項に計上すべき金額がない場合には、当該事項を省略する様式によるものとする。
　　　2. 当期組入高及び当期取崩高については、組入れ及び取崩しの原因となる事実ごとに記載する。ただし、第3号基本金以外の基本金については、当期組入れの原因となる事実に係る金額の合計額が前期繰越高の100分の1に相当する金額（その金額が3,000万円を超える場合には、3,000万円）を超えない場合には、資産の種類等により一括して記載することができる。
　　　3. 要組入高の欄には、第1号基本金にあっては取得した固定資産の価額に相当する金額を、第4号基本金にあっては第30条第1項第4号の規定により文部科学大臣が定めた額を記載する。
　　　4. 未組入高の欄には、要組入高から組入高を減じた額を記載する。
（備考）　第2号基本金及び第3号基本金については、この表の付表として、基本金の組入れに係る計画等を記載した表を次の様式に従い作成し、添付するものとする。

様式第一の一

第2号基本金の組入れに係る計画集計表

(単位:円)

番号	計画の名称	第2号基本金当期末残高
	計	

(注) 計画が1件のみの場合は本表の作成を要しない。

様式第一の二

第2号基本金の組入れに係る計画表

番号:　　　　　　　　　　　　　　　　　　　　　　　　　　　　(単位:円)

計画の名称						
固定資産の取得計画及び基本金組入計画の決定機関及び決定年月日	決定機関	当初決定の年月日		変更決定の年月日	摘　要	
固定資産の取得計画及びその実行状況	取得予定固定資産(種類)	取得予定年度	取　得　年　度	取得額	第2号基本金から第1号基本金への振替額	摘　要
			計	計		
基本金組入計画及びその実行状況	組入計画年度	組入予定額	組　入　額	摘　　　要		
	計	計	第2号基本金当期末残高			

(注) 1. 取得予定固定資産の所要見込総額を、当該摘要欄に記載する。
　　 2. 組入予定額及び組入額は、組入計画年度ごとに記載する。

【参考法令】 学校法人会計基準

様式第二の一

第3号基本金の組入れに係る計画集計表

(単位:円)

番号	計画の名称	第3号基本金引当特定資産運用収入	第3号基本金当期末残高
	計		

(注)計画が1件のみの場合は本表の作成を要しない。

様式第二の二

第3号基本金の組入れに係る計画表

番号: 　　　　　　　　　　　　　　　　　　　　　　　　　　　　　　(単位:円)

基金の名称(目的)				
基金の設定計画及び基金組入計画の決定機関及び決定年月日	決定機関	当初決定の年月日	変更決定の年月日	摘　要
基金を運用して行う事業				
基本金組入計画及びその実行状況	組入目標額			
	組入計画年度	組入予定額	組入額	摘　要
	計	計		

(注) 1. この計画表は、組入額が組入目標額に達するまでの間、作成する。ただし、昭和63年度においては、第3号基本金の当期末残高に含まれるものについて作成する。
　　 2. 組入予定額及び組入額は、組入計画年度ごとに記載する。

様式第二の三

第3号基本金の組入れに係る計画表

番号：　　　　　　　　　　　　　　　　　　　　　　　　　　　　　　　　　　　　　　（単位：円）

基金の名称	基金設定計画の当初決定年月日	基金の期首額	運用果実の事業使用残額	特別寄付金の額	基金の期末額	摘　要

（注）　この計画表は、当年度の基本金組入額が、基金の運用果実の事業使用残額又は学校法人の募集によらない特別寄付金の額のみである場合に、様式第二の二に代えて作成することができる。（ただし、当該基金の設定後初めて作成するときを除く。)。

執筆者紹介

増田　正志（ますだ　まさし）
公認会計士
〔主な著書〕
『病院会計入門』、『金融マンの会計と証券の基礎知識』、『国立大学法人会計実務入門』（税務経理協会）
『学校法人会計実務詳解ハンドブック』（共著、同文舘出版）『中小企業の経営改善と会計の知識』（同文舘出版）
『商法決算書の見方・読み方』、『建設業の経理実務詳解』、『学校法人の会計実務詳解』（以上、共著、中央経済社）
『決算書分析ABC』（銀行研修社）他

大竹　栄（おおたけ　さかえ）
公認会計士、税理士
〔主な著書〕
『学校法人会計実務詳解ハンドブック』（共著、同文舘出版）
『建設業の経理実務詳解』、『学校法人の会計実務詳解』、『国・地方自治体の会計と事業評価』（以上、共著、中央経済社）
『行財政改革のための外部監査例～地方公営企業，地方独立行政法人化対象事業』（共著、ぎょうせい）他

奥谷　績（おくたに　いさお）
公認会計士
〔主な著書〕
『学校法人会計実務詳解ハンドブック』（共著、同文舘出版）
『Q&A 学校法人会計の実務ガイダンス』（共著、中央経済社）
『学校法人会計ハンドブック　平成29年度版』（共著、霞出版社）他

編著者との契約により検印省略

平成13年11月15日 初　版　発　行	学校法人会計入門
平成17年10月 1 日 第 2 版　発　行	〔第8版〕
平成20年 5 月20日 第 3 版　発　行	
平成21年 8 月20日 第 4 版　発　行	
平成23年 2 月20日 第 5 版　発　行	
平成25年 4 月20日 第 6 版　発　行	
平成27年 5 月20日 第 7 版　発　行	
平成31年 4 月20日 第 8 版　発　行	

　　　　　　編　著　者　　　増　田　正　志
　　　　　　発　行　者　　　大　坪　克　行
　　　　　　印　刷　所　　　美研プリンティング
　　　　　　製　本　所　　　牧製本印刷株式会社

発行所　東京都新宿区　株式　税務経理協会
　　　　下落合2丁目5番13号　会社
郵便番号　161－0033　振替00190－2－187408　電話(03)3953-3301(編集部)
　　　　FAX (03) 3565-3391　　　　　　　　　(03)3953-3325(営業部)
URL　http://www.zeikei.co.jp
乱丁・落丁の場合はお取替えいたします。

Ⓒ　2019　増田正志　　　　　　　　　　Printed in Japan

本書の無断複写は著作権法上での例外を除き禁じられています。複写される場合は，
そのつど事前に，(社)出版者著作権管理機構（電話03-3513-6969，FAX03-3513-6979，
e-mail：info@jcopy.or.jp）の許諾を得てください。

JCOPY ＜(社)出版者著作権管理機構　委託出版物＞

ISBN978－4－419－06606－2　C3034